仙台を探訪する 55話

——政宗さんは美男子でやさ男

石澤 友隆

※この本に登場する方の年齢、肩書や年号、地名、組織名などの一部は河北仙販発行の情報新聞「ひまわりクラブ」掲載時のままです。

はじめに

仙台の郷土史に興味を持ってから三十年、最新作をまとめたのが本書である。と言っても歴史書のような堅苦しい通史ではない。気軽に読めるノンフィクションあるいは歴史エッセー、そんなところだろうか。新聞社を定年退職する少し前に始めた、いわば「隠居学」みたいなものだが、やってみると生まれ育った町なのに、知らないことのなんと多いことだろう。

遠くは江戸時代、大半は明治以降の仙台が舞台である。「こんなことがあったのか」と驚き、「これだけは書き残しておきたい」と思ったことを採譜する、そういうやり方をしてきた。テーマは暮らし、町の履歴、歴史文化遺産、風土、伝統、戦争中のことなど多岐にわたる。

ひとつ気になっているのは『ローマ人の物語』の著者塩野七生の言葉である。「歴史エッセーとは調べ、考え、再構築すること」。先生は難しいことをおっしゃる。私のつたない作品が、歴史を再構築する文章になっているかと言われると自信はない。

発表の場は、仙台の中心部で河北新報を販売している河北仙販発行の情報新聞『ひまわりクラブ』(十三万部)、ここに「歴史講座・仙台万華鏡」を連載している。ぐうたらな私がここまで続いたのは、毎月締め切りがあるのと、読者から寄せられるお便りや電話によるところが大きい。間違いの指摘、貴重な情報や提案のほか、「仙台に住んでいて初めて知った」とか「よそから移って来て、仙台を理解する上で勉強になる」などの読後感に接すると、少しは役立っているんだ、やっていてよかったと思う。

これまでの連載分は四冊の本にしていていただいた。（末尾に本の内容を紹介）五冊目となる本書には、平成二十六年以降の作品を加筆、修正し、書き下しも加えて五十五話を収録した。


ひとことで言うと『仙台探訪の記』というものになろうか。したがってテーマも内容も種々雑多。

仙台は古くから「全国三大不美人都市」なんて言われてきたそうで、それは、仙台藩の「伊達騒動」に材を取って人気を博した歌舞伎に挿入されたウソの話が端緒だった。根も葉もない俗説が長い間ひとり歩きする中で、明治後期、わが国初めての美人コンクールで、この町から準ミス日本が誕生したのは愉快なことであった。それをまとめたのが「仙台美人論」。

「X橋は見た」は、昨春、スマートな橋に衣替えしたJR仙台駅わきの跨線橋の話だが、大正時代にできた橋の歴史をたどると戦争、空襲、敗戦、占領の時代をじっと見つめてきた仙台の近現代史の目撃者であることが分かる。江戸のころの仙台城→陸軍第二師団→東北最大の占領軍拠点「キャンプ・センダイ」を経て、今の文教・風致地区になった「青葉山・川内四代」の歴史にも共通している。

「広瀬川の岸辺」は皆さんが「仙台のシンボル」と自慢する清流・広瀬川とその周辺に住む人々のかかわりを描いた二十六話で、本書の中では一番の長編となっている。人が生きていく上で最も必要な「水」の恩恵を深く受けている川でありながら、江戸時代五十二回も氾濫し、戦後まで続く洪水常習の暴れ川だったこと。多くのキリシタンが水責めにされた上、処刑された痛ましい歴史があることも忘れてはならない。

川の近く、経ケ峯に初代仙台藩主・伊達政宗の墓所「瑞鳳殿」がある。戦後行われた発掘調査で政宗は戦国武将からは想像できない優男で、顔は細面、鼻筋が通った美男子であることが分かる。本書のサブタイトルはここから採った。

ＮＨＫ「東北うたの本」は、敗戦からわずか半年後にスタートし、十八年間続いたラジオの長寿番組の話である。仙台放送児童合唱団の少年少女たちの元気な歌声が、空襲で焼け野原になった街角に響き、文化国家、平和国家を建設しようと新しい歌づくりに情熱を燃やす大人たちがいた。

このほか「あすと長町と新市立病院」「いまや幻、仙台の屋台」「旧県庁舎はなぜ解体されたのか」「蔵王噴火の歴史」「オートジャイロ仙台上空を飛ぶ」など。一つ一つの話に脈絡はない。が、全体を通して仙台の実像がなんとなく浮かんでくる仕掛けになっている。ぜひお読みいただき、仙台がより好きな町になるよう願っている。

平成三十年十一月

石澤　友隆

目次

仙台万華鏡

「あすと長町」と新市立病院

太白区の「あすと長町」に久しぶりに行ってみたら、すっかり様変わりしていた。四年前までは週に一回、四郎丸の特養ホームで世話になっている母親に会うため、家人と一緒にバスでここを通った。

ＪＲ東北線太子堂駅が長町駅の南隣に誕生したばかりのころで、駅周辺に家がちらほら建ち始めていたが、大半は広大な空き地だった。それが今では東日本大震災の被災者百八十余世帯、三百三十余人が身を寄せ合う仮設住宅が建ち並んでいる。新市立病院や新商業施設、複数の高層マンションが完成あるいは建設中で、大規模再開発事業は順調に進んでいるように見えた。（仮設住宅は平成二十八年十二月解体された）

元は物流の一大拠点

「あすと長町」の土地が細長いのは、国鉄（現ＪＲ）の長町駅貨車操車場（長町ヤード）跡地だからである。同じように細長い土地を活用した例として青葉区台原、警察学校射撃場（その前は陸軍射撃場）の跡地が台原小、中学校になったケースがある。

大正十四年（一九二五）六月十一日、長町操車場の使用開始。それまで貨物の操車はもっぱら仙台駅でやっていた。駅のホーム東側と西側に貨物列車用レールを設け、東側には機関車の方向転換のための転車台を備え付けた。

物資の大量輸送を国鉄に依存していたころで、扱い量は年々増えるのに仙台駅周辺は家屋が立て込んでいて拡張できない。鉄道省は仙台駅南隣の長町駅周辺の陸軍用地、田畑など約十万五千坪を買収して貨物ヤードを建設する。その広さ東京ドームの七・四倍、操車能力千八百両という東北一の規模であった。国鉄の資料によると操車場、中継貨物線の建設は三年かけて行われ、土砂の一部は塩釜港築港の際生まれたものを運んできた。

昭和三十年代の国鉄長町操車場（『写真アルバム・仙台の昭和』いき出版）

さらに戦後の昭和三十年（一九五五）に、大改修工事が行われ、南北三・二キロ、操車能力二千四百両の一大貨物センターが出現した。五十両の蒸気機関車が配置され、もうもうと煙を吐きながらガチャガチャーンという貨車の連結作業の音が深夜まで響いた。

ここが輸送拠点として使われたのはこれが初めてではない。明治二十七年（一八九四）秋、長町軍用臨時停車場が開設され、日清戦争に向かう陸軍第二師団の将兵や武器弾薬、食糧、軍馬などが出発した。そのときの写真が複数残っている。

長町操車場が完成する前年の大正十三年五月、入れ替え作業中の貨車と急行列車が衝突して脱線転覆、三人死亡、二十三人重軽傷という事故が起きている。急行には、仙台で遊説を終えて帰京する高橋是清政友会総裁が乗っていたが、幸い無事だった。政敵の妨害ではないかと議会で問題になり、警察が動いた。翌年、今度は蒸気機関車に石炭を積載中、起重機が倒れて来て機関庫助役が死亡する。

構内が急に大きくなって作業が複雑になったの

が原因だが、こう事故が続くと神頼みしたくなるのは心情として当然のことだろう。構内工事で他に移した「お諏訪様」を急いで長町駅事務室に移しておまつりしたと『ものがたり東北本線史』（国鉄東北支社編）にある。

宮城野原から岩切に移転へ

太平洋戦争後、操車場は宮城野原にもつくられる。一方、空襲で焼失した仙台駅舎は市中心部の戦災復興事業で東へ百六十メートル動く予定だった。国鉄は九十メートル後退を主張して譲らない。結局それもほごにされて移動したのはわずか九メートルだけだった。予定通り駅舎が後退していたら仙台駅西口の景観は今とはずいぶん違ったものになっていただろう。

駅舎の方はそういう状況だったが、宮城野原の仙台貨物ターミナル駅（旧宮城野駅）は旧陸軍演習場と民有地合わせて約五万七千三百坪を買収して工事が進められ、昭和三十六年（一九六一）六月一日開業する。仙台駅を通らずに東仙台―宮城野―長町を結ぶ約六キロの貨物専用線を複線でつくったので、仙台駅の旅客列車発着は改善された。昭和四十年代になるとトラック輸送のシェアが拡大、鉄道貨物輸送は次第に減少する。コンテナ輸送の増加により昭和五十九年（一九八四）二月から長町ヤードの貨物取り扱いは廃止され、長町はご用済みとなった。

最近、県の宮城野原広域防災拠点構想で宮城野原の貨物ターミナル駅も岩切地区に移すことになり、工事が進められている。

市立病院、東二番丁で産声

一方、市立病院は昭和五年（一九三〇）一月三十日、天皇の即位記念事業として東二番丁通、現在のタワービルのところで開業した。「不況で医者にかかれない市民を救う」のが設立の趣旨である。この場所は仙台地裁の庁舎だったが、昭和二年、片平丁に控訴院（今の高裁）、地裁などを一緒にした法務合同庁舎をつくって移転したので、建物ごと仙台市が取得、一時市役所として使った。同四年一月、表小路の今の場所に新しい市役所が完成したので、そのまま病院に充てることにした。

なにしろ場所がいい。繁華街に近い上、市電循環線が開通したばかりで交通の便も抜群。木造二

完成した新市立病院（小崎）

階建て、内科、外科、眼科の三診療科、病床三十床の小さな病院だったが、外来には一日平均二百五十人の患者が訪れた。病院長には東北帝大医学部の一見赳夫博士が就任、同三十七年（一九六二）六月まで運営に携わり「名物院長」と言われた。

同十四年、鉄筋五階建て百七十床に建て直す。二年後、太平洋戦争が始まると金属回収で鉄製ベッドは木造に、暖房用の鉄火鉢は木製になった。敗戦間際の米軍機による空襲で本館三～四階の病棟が全焼し入院患者五人が焼死した。混乱の中、空襲翌日には入院患者を北山に移し、外来患者は焼け残りの器具を使って診療を再開している。

以下、戦後の軌跡を『仙台市立病院五十年のあゆみ』『同病院開院七十年記念誌』を基にたどるとこうなる。

▽昭和三十八年、市内の救急患者の七割を受け入れていた元寺小路、岩本病院が閉院し、市立病院が救急指定病院に。▽同五十年、本館の老朽化激しく、「移転新築すべき」と市立病院審議会が提案。▽清水小路の三島学園が移転することになり、前の病院との土地交換でまとまる。約四千五

百坪、前の約二倍の広さ。▽同五十五年七月から清水小路の十階建て新病院で診療開始。十四診療科、病床数は四百九十七床、九階には五十床の伝染病棟が設置された。

市立病院の清水小路移転で、とばっちりを受けたのは真向かいの現市福祉プラザの場所にあった仙台赤十字病院である。病院の適正配置から見て大病院が同じ場所に二つも必要はなかろうという意見が出て、同五十七年六月、仙台赤十字病院は八木山の市有地に移転、診療を始めた。

平成二十六年（二〇一四）十一月一日、新市立病院は「あすと長町」で開院した。二度目の引っ越しである。本館が地上十一階、地下一階、病床は五百二十五床。屋上にヘリポート、市消防局の救急ステーションも併設された。東北大病院、国立病院機構仙台医療センターとともに仙台医療圏の重症・重篤患者を対象にした救急医療を担っており、平成二十五年には年間五千四百五十人の救急患者（市全体の一三・八％）を受け入れている。

「あすと」は未来都市「明日都」から

再開発事業が進む「あすと長町」の名称は、未来都市を意味する「明日都」と、英語の「US（私たち）」を掛け合わせた造語である。平成十四年（二〇〇二）仙台市が愛称を公募し、千七百十点の中から東京・練馬の主婦山田くに恵さんの「明日都」が選ばれ、それをひらがなに変えた。

事業は、平成三十年度に終わる予定である。約八万坪の土地のほとんどは売却済み。報道によるとショッピングセンター「ヨークタウンあすと長町」や多目的ホール「ゼビオアリーナ仙台」、スウェーデン家具大手の「イケア」も開店、東日本放送本社の建設も予定されている。マンション三棟が建設中、さらに四棟の建設計画があり、これとは別に平成二十六年度中に約三百二十戸分の災害公営住宅三棟も完成した。

国鉄の長町操車場があったころ、長町は鉄道関係者や周辺の工場群で働く人たちでにぎわった。街は再び人、物が行き交う市南部の中核地に戻ろうとしている。

（平成二十六年十月号）

県庁舎はなぜ解体されたのか

この絵は仙台の絵画グループ「風」の門馬駿一さん（八十一歳）＝太白区青山＝が描いた旧宮城県庁舎である。「解体されてからずいぶん時間が経つのに、なんでまた今ごろ？」と聞いたら、「あらためて写真を見ると優雅で格調高い建物だったんだね。実物はもう見られないけど、せめて絵に残しておこうと思って……」という話であった。

旧県庁舎のことは平成二十八年一月に発足した「近代仙台研究会」でも話題になった。仙台空襲のことを長い間調べている新妻博子さんから敗戦直後、米軍が撮影した市中心部の焼け跡の写真が披露され、被害の少なかった市内のビルの一つ、県庁舎の話になった。

「全国には大正末期から昭和十四年にかけて宮城や石川、鹿児島、神奈川県、大阪府など十九府県の庁舎が建設されました。このうち解体された

在りし日の旧宮城県庁舎。当時の写真を基に門馬さんが克明に描いた

のは宮城県と新潟県だけ。十二府県は現役として使われており、残る五県も歴史的建造物として大事に保存されています」と報告があり、会場から「宮城県の人はなぜ古いものを大事にしないのか」と憤りの声があがった。

重厚な赤レンガ、ルネサンス様式

今そびえ立つ十八階、高さ八九・八メートルの県庁舎は数えて四代目。暁鼠（あかつきねず）という耳慣れない色彩だが、落ち着いた単一色で統一されている。平成元年（一九八九）、二百三十四億円をかけて完成した。建設は大林組。

歴史を振り返ると明治時代は仙台藩の藩校・養賢堂の建物をそのまま県庁として使った。歴史的にも貴重な建造物だったが、戦災で焼失している。二代目は大正四年（一九一五）につくられた木造二階建て、養賢堂と併用した。

三代目が前ページの絵の建物である。牛塚虎太郎知事が昭和天皇即位記念事業として新築を提案、昭和六年（一九三一）大林組の手で建設された。仙台市立病院も天皇即位事業として設立されている。全国各地で同じような記念事業が行われたのだろう。

牛塚氏は普請好きの人だったらしく、岩手県知事のときは東北一の規模と機能を持つ県公会堂、群馬県知事時代には県庁舎を計画している。当時、知事は選挙ではなく内務省の人事異動で決まった。宮城県庁舎が完成するころ牛塚氏は宮城県にはおらず、東京府知事に転任していた。

設計者は佐藤功一早大教授（一八七八〜一九四一）である。栃木県生まれ、仙台とはなにかと縁のある方で、大学は東京帝大工学部だが、高校は旧制二高（東北大に合併）。三年間、仙台で学んだ。昭和初期、北六番丁から川内に移転した仙台二中（現仙台二高）の新校舎も佐藤氏の設計、有名な日比谷公会堂、早稲田大の大隈講堂も手掛けている。

数ある氏の作品の中でも宮城県庁舎は特にすぐれたものの一つと言われる。ルネサンス様式を加味した赤レンガ一部四階建て、左右対称の重厚な建物は建築学的に見ると石積みの柱の古典的スタイルや、装飾に使われたレリーフ（浮き彫り）などに特徴がある。氏が設計した群馬、栃木両県庁舎も宮城県と同様ルネサンス様式で今も使われている。

天井や室内に浮彫りされた彫刻が目立つ、かつての県議会議場
『さよなら昭和の殿堂　旧宮城県庁舎の記録』（宮城県発行）

おり、群馬県庁舎は平成八年（一九九六）国の有形登録文化財に指定された。『さよなら昭和の殿堂　旧宮城県庁舎の記録』（宮城県発行）から。

七カ所の候補地から選ぶ

現庁舎建設の動きは昭和五十四年（一九七九）、山本壮一郎知事の年頭発言から始まった。前年、宮城県沖地震に見舞われ、建物の老朽化がさらに進んだというのが理由であった。

県は建設に先立ち敷地候補として現庁舎のほか東北大片平、同農学部、青葉山公園、宮城野原、原町苦竹、幸町の七カ所について検討したという。その結果、①百十数年にわたり県民になじみの深い場所②周辺には市役所や国の合同庁舎がある③地盤が強固で水はけが良好――などから現敷地が最適と結論づけた。ただし「現庁舎のところに建てるとすれば六十年近く県民に親しまれた県民の文化遺産、しかもその時代を代表する建築学的価値がある建物を壊さなければならない」デメリットも示された。

県は現在地に建設を決める。が、庁舎を保存す

旧県庁舎の北側に接続していた県議会議事堂。手前に玄関があった（『旧県庁舎の記録』宮城県発行）

る考えはなかったようだ。昭和五十六年十一月四日開いた県庁舎建設問題協議会（会長・伊沢平勝県商工会議所連合会会長）で石井亨副知事（後の仙台市長）は「宮城県沖地震後調査したところ（現庁舎の）コンクリートの中性化がかなり進んで耐久力に問題があり、このまま残すことは難しい。移転させるにしても五十億円はかかり、財政的には厳しい」と保存に否定的な発言をしている。

委員からは「壊すには忍びないし、一部でも残すわけにはいかないか」「明治の建物ならともかく、保存価値はあまり見当たらないのではないか」「ばらして建てた方が安くつく」などの意見が出された。

結局、全体の保存はやめて庁舎頂頭部分と三階県議会議場のステントグラス窓は保存、議会の正面、天井、側面の植物文様をあしらったレリーフ五点はレプリカで保存することになった。あわせて東北大工学部桂久男教授と同研究室に依頼して学術的な観点から記述したカラー写真入りの豪華本『さよなら昭和の殿堂　旧宮城県庁舎の記録』を刊行した。

「建造物保存では後進県」

そのころ私は転勤で仙台を離れていたので、仙台に戻ったら立派な県庁ができ上がっていたという印象しかない。河北新報データベースで調べてみると当時の投書欄には「現庁舎は仙台で最後の歴史的価値ある建物。保存すべきだ」「新庁舎は宮城野区につくれ」「場所は今の場所でいいが、正面中央部の一区画は保存せよ。並木や花で周囲を緑に」などの意見が掲載されている。これを見る限りでは保存か解体かの大論争にはならなかったようである。右肩上がりの景気が続く中で、行政は箱ものづくりに精を出していた。このような時代風潮の中で新庁舎建設は進められたのだろう。

今となっては仕方ないが、旧庁舎は残すべきだったし、その気になれば残せたと思う。県は最初に西側の低層議会棟を五十七億円かけてつくっている。これをつくらなくても旧庁舎玄関から奥に行ったところの二、三階にあった議会棟——それはステントグラス窓や植物文様のレリーフで飾られた格調高いものだったが——はまだ使うことができた。旧庁舎を残して議会はここを使い、現議会棟の場所に高層庁舎を建てる方法もあったはずだ。

長年、宮城県内の建造物の調査保存に尽力してきた東北大工学部建築学科の小倉強教授は生前「県は土の下のこと（遺跡の発掘や保存）には熱心ですが、土の上のもの（建造物）では全く後進県ですから」と嘆息していたという。

先日、テレビで、政務活動費で問題になった兵庫の「号泣県議」裁判のニュースを見ながら、神戸地裁の建物に感心した。新しい庁舎の前面に古い庁舎のレンガ造りの部分をそっくり残している。こういう保存方法もあるんだなと思った。要は行政や議員に歴史的都市環境を後世に残そうという思想があるかどうかである。

建て替え問題が起きている仙台市役所については論外、格別残すような建物でもない。現在の場所に超高層庁舎を建て、今のタコ足的な分散状態を改善することをまず考えるべきだろう。

（平成二十八年四月号）

いまや幻、仙台の屋台

「熱かんで一杯、懐かしいなぁ」
「おでんや中華そばもうまかった」
思い出がいっぱい詰まった仙台の屋台は、どうやら終焉期を迎えようとしている。今、営業しているのは青葉通の北側、東三番丁と東四番丁間の「大分軒」だけ、それも寒い冬や暑い夏は休むので年に九十日程度の営業だという。

東京の出版社が発行した仙台ガイドの本に「仙台で屋台が少ないのは仙台人の見栄っ張りのせい」とあった。これ、とんでもない誤解で、理由は役所が定めた「露店飲食店処理要項」により営業は一代限りとなっているからだ。

要項は半世紀以上も前の昭和四十年(一九六五)六月、県、県警、仙台市の三者協議で決まった。「道路管理や食品衛生の観点から現在、公道上で露店飲食店を営業している人に限り、道路許可を出す。許可は一人につき一店」というのである。

時が経てば誰でも年輪を重ねる。屋台経営者が「息子や娘に商売を譲ろう」と思っても、どっこいそうはいかない。五年前まで青葉通の仙台銀行前歩道で繁盛していた「喜楽」の磯チカさん（当時八十三歳）が閉店したのも体力が衰えて夜の仕事がきつくなったからだった。「一代限りの規制は厳しいね」とチカさん。

組合設立、四ブロックに

仙台の屋台の歴史は古い。青葉区中央通の中華そば屋ののれんに「昭和十三年（一九三八）屋台創業」と染めてあるのを見つけた。太平洋戦争中、食糧は配給制だったので屋台どころではない。戦争が終わるとお酒と食材を工面して雨後のタケノコのように誕生し、その数四百八十軒に上った。屋台というと下町のイメージが強い。仙台では大通りの通行頻繁な歩道に堂々と店を張っていたという特徴がある。

昭和二十八年（一九五三）、仙台屋台飲食業組合設立。東西南北の四ブロックに分かれ、組合長

にぎやかだったころの仙台の屋台群（小崎）

には「東洋軒」のご主人が選ばれた。加入するかどうかは自由である。

昭和三十三年の調査で組合員は百八十六軒、見取り図も残っている。それを見ると中心部では仙台駅前、青葉通の東四番丁通角から振興相互銀行（現仙台銀行）まで、青葉通と広瀬通間の東五番丁通、X橋から国鉄仙石線東口、東一番丁通。このほか榴岡、長町、大学病院前、木町通、北材木町、北目町にも屋台があった。

その後、仙台駅前の十四軒が都市美観と交通問題を理由に警察から撤去を要請される。居直るなら強制排除も辞さないとの強力な申し入れに泣く泣く廃業した人もいた。「全国的に見ると表向きは衛生上の問題で辞めさせているが、一番気にしていたのはその見てくれ。近代的なビルが立ち並ぶ目抜き通りに貧乏くさい屋台は似合わないということなのだろう」と岩中祥史さんは『博多学』（新潮文庫）に書いている。

屋台にも自動ドア？

屋台飲食業組合の活動状況については、組合発行のニュースを基に丹念に調べ上げた村上善男さんの『仙台屋台史』（駒込書房）が参考になる。それによると、組合加入者は屋台を出す前に次の四項目の誓約書を提出することになっていた。

一、混雑する時間に屋台を引き出して交通を妨害したり営業中の店の前に置かない。

二、高声で話したり歌を歌って近所に迷惑を掛けない。

三、屋台周辺の清掃徹底。

四、客席に出てサービスしない。

店の所在はそれぞれ決まっていた。水はどこから汲むのか、便所、排水処理、屋台の昼間の置き場所などを出店前にクリアしなければならない。青葉通に出すある屋台は某肉店から水の提供を受ける代わり屋台で使う肉は同店で買うことになっていた。

住民からの騒音苦情にはほとほと困ったようで、昭和三十三年二月発行の組合ニュースには警察に呼び出された屋台百二十七軒、うち組合員四十五軒とある。警察や市に寄せられた苦情は移動中の屋台の音がうるさい、屋台で騒ぐので眠れない、新しい店の設置反対など。立ち退きを迫られる店が出ると、組合幹部は自分の商売そっちのけで駆け回った。

その後、屋台の自動ドア論争が起きる。役所は衛生上の理由から飲食店のドアは自動ドアにし、調理台はネズミが飛び上がれない高さの一・二メートル以上にする規則をつくろうと検討。屋台を含めて例外なく適用されるということで、「屋台にも自動ドア？」と報道されて市民の論議を呼んだ。当然ながら「常識はずれ」と反発が出て屋台については沙汰やみになった。

「金は出世払いにすっぺし」

大坂猛さんの写真集『仙臺屋台譚』（ＢｅｅＢｏｏｋｓ）は長い間、屋台を回って撮影した労作である。写っている屋台のおじさん、おばさんの表情がいい。うまそうにお酒を飲む客の表情もいい。当時をほうふつさせる作品がいっぱい掲載されている。

高校時代を仙台で過ごした井上ひさしの青春小説『青葉繁れる』（文春文庫）にも屋台が登場する。客同士が仙台弁でやり取りしたり、主人公の高校生が屋台の水汲みを手伝うシーンも出てくる。

作家、司馬遼太郎の友人に東北大国文科に学ぶ学生がいた。広島県出身の友人は、仙台にいたとき牡鹿半島から出てきたという夫婦の屋台にしばしば飲みに行った。飲む側は貧しく、飲ませる側も豊かでなかったのだが、「金は出世払いにすっぺし」と言って受け取ってくれない。彼が卒業して就職し、その後、仙台に来るたびにその屋台を探すのだが、既になかったという。

「『出世払い』などという明治風の人情が、戦後の焼け跡の仙台に生きていたというのも面白い」と司馬は書いている。『街道をゆく　仙台・石巻』（朝日文庫）

全国の屋台の四割を占める福岡市の繁華街中州で営業する屋台にも「原則一代限り」の規制がある。これではあんまりだと「屋台との共生のあり方研究会」（鳥越俊太郎会長）が二年ほど前、市の重要な観光資源として、新規参入や他人への営業権譲渡を禁じてきた規制を廃止するよう市に提言したと報じられた。

状況が似ている仙台で、仙台文化の一つである屋台を守ろうという動きがあるのだろうか。寡聞にして知らない。おそらくは「屋台がなくても横丁や屋外のテラス席があるさ」といったところだろう。この町の人たちは案外ドライなものの考え方をする。

（平成二十八年一月号）

オートジャイロ　仙台上空を飛ぶ

太平洋戦争中、陸軍の新型航空機が仙台市内の工場で組み立てられ、町の上空で試験飛行を繰り返していたことをご存じだろうか。太白区富沢、北目廣一郎さんから頂戴したお便りで初めて知った。

手紙にはこのようにある。

「小生は昭和十一年（一九三六）生まれ、琵琶首丁（現青葉区大手町）で小学校三年まで生活していました。記憶では昭和十六、七年ごろの夏、花壇にある東北帝大（現東北大）ラグビー場から見慣れない航空機が飛び立ちました。同大工学部航空学科の学生だったたいとこに聞いたところ『あれはオートジャイロという飛行機で、東北帝大が設計し仙台の萱場製作所がつくった新型の飛行機』とのことでした。プロペラ、水平尾翼は普通の飛行機の通りですが、主翼はなくそれにヘリコプターのような大きな回転翼が付いていて、自宅の上空を飛行したのを覚えています。いとこは他界し、小生も記憶が定かではないのですが、調査の上、紙面で紹介してください」

東北帝大に記録がなかった

26ページの挿絵をご覧になると分かるように、飛行機とヘリを一緒にしたような航空機である。プロペラによる前進飛行で機体上部の回転翼を回し、浮揚力を得るのがオートジャイロと物の本にある。

戦時中、同大工学部には航空学科があり、愛知航空工業、中島飛行機と共同で航空機用歯車、ジェットエンジンの研究をしていた。『東北大学五十年史』にこのような記述が見られるが、萱場製作所の名前は見当たらない。同学科は敗戦後廃止された。

仙台に萱場製作所という大きな軍需工場があったことは戦時史を調べていたときに知った。現在の社名はカヤバ工業（通称ＫＹＢ）といって自動車用緩衝器の生産では世界二位を誇る。同社に問い合わせたところ「確かにオートジャイロは当社の仙台工場でつくっていました。仙台工場は戦後の昭和二十九年、閉鎖しております」と返事を頂戴した。

昭和十六年（一九四一）、陸軍技術本部の依頼を受けて米国製オートジャイロの改良に取り組んだ結果、二年後に国産オートジャイロの開発に成功する。普通の飛行機にヘリの要素も加味したオートジャイロは長い滑走路を必要としない。陸軍は「カ号観測機」と名付けて着弾観測用に使うことを決め、萱場製作所に二年間で六十機の生産を命令、翌年になると月産二十機というとんでもない数字を示してきた。それを仙台工場で製造することになった。

萱場製作所仙台工場で組み立て

創業者の萱場資郎さん（一八九七〜一九七四）は仙台市生まれ。東北学院卒業後、早稲田大理工学科に学んだ発明好きの技術者で、昭和十年萱場製作所を創業、株式会社化してからは東京・芝浦で海軍の偵察機、攻撃機の油圧緩衝器をつくっていた。日中戦争が始まると、受注量が増えて生産が追い付かない。宮城県から工場誘致もあったので同十六年、仙台市小田原清水沼に七百坪の用地を取得して工場を建設、操業する。それもすぐ手狭になって翌年、同市八本松（現太白区）、倉敷紡績の敷地約三万坪を買収して工場を移転し、従来の緩衝機のほかオートジャイロの製造を開始した。

仙台では機体の組み立てが主体で、エンジン、燃料タンク、プロペラなどは他社でつくったものを仙台に運んで来た。他社の部品製造が遅れて敗戦までに完成したのは五十機程度。作業は二十四時間のフル操業で、一般従業員に交じって勤労動員の学徒諸君も多数働いていた。清水沼では四百五十人が勤務していたが、八本松に移ってからの正確な従業員数は分からない。

意外に知られていないが、当時、宮城県、特に仙台市長町周辺は軍需工場の集積地だった。県全体で見ると軍の施設として、陸軍は仙台の原町苦竹に造兵廠（ぞうへいしょう）、海軍は多賀城に工廠、船岡（現柴田町と角田市）に火薬廠を持ち、一般工員と学徒勤労動員の中学生から大学生までそれぞれ一万人規模が二十四時間体制で働いていた。

オートジャイロ。仙台上空で試験の時の機体は銀色、戦地向けは迷彩色を塗装した（カヤバ工業提供の写真を参考に描いた）（小崎）

長町周辺に工場が多かったのは、昭和三年（一九二八）、旧名取郡長町が仙台市と合併し、「大仙台構想」によって同町周辺を工業地帯として開発が進んだためである。戦争が激しくなると軍需工場に指定される企業が増え、萱場工業のほか、大日本航空が新型ジェット機「秋水」の訓練用グライダーを製造、東北金属工業がマグネット通信機材、機関砲部品、東北特殊鋼が銃の中心部分となる銃身鋼、防弾鋼、三馬弘進護謨（ごむ）では軍用地下たび、被服などをつくっていた。

北目さんがオートジャイロが飛び立つのを見たという花壇の「東北帝大ラグビー場」は今も東北大が運動場として使っている。常にここから発着していたのかとなると不明。萱場資郎社長の手記には「仙台工場に行くたびに、この飛行機に乗り、浅利飛行士の操縦で急上昇や急降下、敵に襲われた場合の急旋回退避などを試した。また双眼鏡で周囲を眺め観察した。十月末、錦秋に彩られた青葉山の深い谷を見た時の美しさは忘れられない最高の景観であった」とある。（『陸軍カ号観測機』玉手榮治著、光人社）。発着の場所は書いていない。

同書にはこのほか、萱場製作所そばの広瀬川河川敷に完成したばかりのオートジャイロ十機がまるでひなたぼっこしているように並んでいたとか、工場の建物の外では、「決戦非常措置」で高級料亭などが営業停止になり、職を失った芸妓、女給（ホステス）たちが慣れない手つきで尾翼の塗装作業をしていたという記述が見られる。宮城県内では非常措置によって待合、芸妓置屋、カフェ、バー、高級料理店など二百七軒が営業停止になった。

試験飛行待っていたが全焼

敗戦のほぼ一カ月前、仙台市中心部は米軍の空襲で焦土と化す。萱場の工場に被害はなかったが、別棟のメッキ工場に被弾して、試験飛行を待っていたオートジャイロ(九機とも十機とも言われる)は全滅した。

そのころオートジャイロは爆弾を積んで潜水艦警戒、輸送船団護衛の役目が課せられた。生涯にざっと五十機しか生産されず、しかも大した活躍もしないまま敗戦を迎えた「幻の観測機」と言えよう。

（平成二十四年十一月号）

（注）「戦時中、仙台の空をオートジャイロが飛んでいるのを見たことがある」と太白区東郡山遠藤薫さんほか五人から連絡をいただいた。

青葉区台原、佐藤俊夫さんからは「小さいとき、小田原の家の裏に萱場製作所があり、オートジャイロをつくっていた。国民学校二年生の時、予科練を歌った『若い血潮の予科練の　七つボタンは桜に錨（いかり）……』の替え歌をつくって『きょうも飛ぶ飛ぶ萱場のオートジャイロ』と歌いました」とお便りがあった。

太白区八本松一丁目、伊藤喜六さんは「高等小学校高等科二年の時、学校から十人ほどが選ばれて自宅近くの萱場仙台工場に派遣された。勤務は朝九時から夜八時まで。仕事は流れ作業、私はオートジャイロの胴体に羽根を付ける仕事だった。完成品は現在の八本松公園付近に広場があり、そこで試験飛行をしていた」と『八本松・郡山まち物語』（八本松市民センター発行）で証言している。

敗戦の年に健康優良校日本一

高校の同期会が久しぶりであった。旧制中学最後の入学、しかも途中で学制改革に遭遇して中高の六年を同じ学校で過ごした。国民学校（現小学校）のころ、戦争が激しくなってロクなものを食えず「暖衣飽食」が夢の世代でもある。仙台で内科を開業している級友はいつも言う。「おれたち、育ち盛りに十分食えなかったから血管が弱いんだ。気をつけろよ」

同期二百数十人のうち、仙台を中心に消息の分かる九十余人に案内を出し出席は四十人、この一年間で五人の友が亡くなったと幹事から報告があった。私は転校生、しかも高校三年間は組み替えがなかったので、出席者の三分の二は知らない人だが「コラムを読んでいるよ」と何人かに声を掛けられて意を強くした。

隣席の加茂吾郎君から「こんな話、テーマにどうだろう」と話があった。彼は昭和二十一年（一九四六）荒町国民学校の卒業。同校は敗戦の年に東六番丁とともに健康優良校日本一に輝いたというのである。まさか、あの敗戦直後の飢餓のころ、健康優良児でもあるまいと、にわかには信じられなかった。

男女とも一位は仙台から

この話は本当であった。主催した朝日新聞社に問い合わせたところ、正式には全日本健康優良児表彰と言い、第十六回に当たる昭和二十年度の全国一位には男子仙台市荒町国民学校、女子同市東六番丁国民学校が栄冠に輝いた。そればかりか、一学年の在籍児童百人以下の小規模校では宮城師範男子付属国民学校（現宮城教育大付属小）が一位となったのだ。全国二位は男子が東六番丁、女子荒町の各国民学校というのである。喜びが重なった。

表彰式は十一月三日に行われた。敗戦から二カ月余、呆然としている国民に明るいニュースを提供しようという配慮もあったのだろう。

荒町小学校に行ってみた。廊下に同校の歴史を紹介するコーナーがあり、大きな太鼓が飾ってある。堀越清治校長の話では、卒業生の仁科存博士が昭和十九年度の受賞を祝って寄付したのだという。ガラス棚には陶器で作った健康優良校の楯も並んでいた。戦時中、金属は兵器をつくるため供出したので、陶器で代行したのである。

東六番丁にも行ってみた。「郷土の部屋」を菅原光敏教務主任の案内で見せてもらった。荒町と同じようにここも歴史の古い学校で、部屋いっぱい資料であふれていた。昭和二十年度の健康優良児に関連したものはなかったが、戦後受賞した健康優良学校の優勝旗や楯などが保存されていた。

歴史に残る年の健康優良児

いつの世でも子どもが健やかに育つことを願わない親はいない。しかも戦時下では「富国強兵」の国策に合わせ、男子は「強い兵隊さん」、女子は「産めよ増やせよ」の母親像が期待された。健康優良児童の審査対象は日本の植民地・台湾、朝鮮、かいらい政権の満州国を含む五十四地方の初等教育学校。学年ごとの身長、体重、運動能力、健康状態を記入した調査カードが各校から提出され、それを基に審査が行われた。

昭和二十年は歴史に残る年である。戦争は最終段階を迎え、全国の大中都市は空襲で次々廃墟と化し、仙台も例外ではなかった。（幸い全国一になった三つの国民学校に被害はなかった）、広島、長崎への原爆投下、ソ連参戦、そして八月十五日敗戦を迎える。

世の中こういう状態だったから、主食の米は配給量が減らされた上、円滑な配給が行われず、国民は代用食で飢えをしのいでいた。食糧難は敗戦前から深刻になっていたが戦後が特にひどく、弁当に雑炊をいれて登校する子、弁当を持参できず、昼食時には校舎のわきでひなたぼっこをして過ごす子もいた。

宮城師範付属国民学校は、宮城県でただ一校、仙台空襲の後、学校ぐるみで同県宮崎村（現加美町）のお寺に集団疎開した学校である。敗戦を挟んで三十五日間、百二十九人の疎開生活をつづった体験は『仙台空襲・疎開・終戦』（金港堂）に詳しい。「朝晩は雑炊、昼はジャガイモ飯で、夕

「イチ、ニ，サン、シ」校庭で全校ラジオ体操（小崎）

方になると仙台の家族を思い出して泣き出す子もいた」という。

学校給食の先進地

仙台の国民学校がそろって優秀な成績を収めたのは、もちろん各学校が長い間健康増進に取り組んできた成果である。その取り組みの様子は学校の資料や新聞報道で知ることができる。

荒町の場合は市中心部にあり、約二千人が学んでいる割に校庭が狭い。そこで、愛宕橋を渡って愛宕神社まで往復二キロの健康路を設定して走り、それに早朝二時間の柔道、剣道練習、四月～十一月までのはだし励行を実行した。

東六番丁は、大正末期から昭和にかけてトラホーム絶滅運動を進め、太陽灯浴室をつくり虚弱児の健康増進を図った。運動能力向上のため毎日十分間体操、月一回の学級対抗リレーも続けた。

このほかにも、荒町では隣組が学校と協力して自主的に児童に給食を実施、東六番丁でも昭和六年（一九三一）から県内では初めての給食を始めている。『仙台市史』によると、仙台は元々学校給食の先進地で、戦時中、昼食を補う栄養食としてみそ汁に野菜を入れた独自の給食を実施し、それは敗戦の日まで続いた。さらに言えば、大都市でも田舎でもない仙台の微妙な位置が食糧事情にプラスしていると見る人もいる。ちょっと郊外に行けば農村地帯になり、米や野菜の買い出しが他より容易であった。

今の子どもたちと比べてみる

当時の子どもたちと現代っ子の身長、体重はどのくらい違うものだろうか。荒町小学校には平成二十四年度（二〇一二）と昭和十八年度（一九四三）のデータがそろっているので、比べてみよう。カッコ内は昭和十八年度。

▽六年生の平均身長＝男子一四五センチ（一三四センチ）、女子一四八センチ（一三四・五センチ）

▽六年生の平均体重＝男子三七・一キロ（二九・七キロ）女子四〇・九キロ（二九・七キロ）

身長では今の男子が一一センチ、女子は一三・五センチ伸びているし、体重では男子七・二キロ、女子一一・二キロこちらも増えていた。

堀越校長は「昔に比べると各学年とも今の子どもたちの身長、体重が増えていますが、学年が高くなるにつれて昔との差が大きくなっています。昭和十八年度は、本校が男子全国一、女子三位になった年です。日本一でさえこうなのですから、当時の日本人はいかに小さかったかが分かりますね」。

今、町にはおいしいもの、栄養価の高いものが氾濫、肥満が国民的課題になっている。世界には飢えに苦しむ子がたくさんいるというのに、なんとぜいたくな話であろうか。しかもわが国の食糧自給率三九％、飽食を謳歌するこの生活、いつまでも続くとは限らない。

（平成二十四年十月号）

蔵王噴火の歴史をたどる

八五郎「ご隠居さん、長野、岐阜県境の御嶽山（三、〇三六メートル）が突然噴火して多くの犠牲者を出しましたね。（平成二十六年九月）その少し前、信州・中山道の旅の途中、御嶽山を遠くから眺めたのですが、とても穏やかな山に見えました」

ご隠居「自然は豊かな恵みや美しさを見せてくれる半面、非情なまでの冷酷さも持っている。東日本大震災で私たちはそれをいやというほど見せつけられた。しかも大地震は火山活動を活発化させることがある。わが国は火山大国、狭い国土に百余の活火山がひしめいている」

八五郎「火山とは、分かりやすく言うとどのような山なのでしょう」

ご隠居「地下深くにあるマグマが地表に噴出し、溶岩などが堆積した山が火山。その中で一番多いのは、溶岩と砕屑物を交互に噴出する成層火山だ。日本では富士山、羊蹄山、岩木山、岩手山などがそうで、もちろん宮城、山形県境の蔵王もその一つだ」

「岩石雨のごとく降る」

八五郎「蔵王は過去、何度も火山活動を繰り返して来たそうですね」

ご隠居「初めて文献に登場するのは鎌倉時代の安貞元年（一二二七）、『蔵王で爆発あり、芝田郡（現柴田郡）に岩石雨の如く降る』とか『岩石の大きさユズの実大、下道二十四里の間、これに打たるる人馬数を知れず』との記述が『北条九代記』に見られる」

八五郎「この後はどうですか」

ご隠居「時代は下がって江戸初期の元和六年（一六二〇）から六年間、御釜（おかま）近くの刈田岳は何回も噴火を繰り返した。四年後の寛永元年には爆発後に溶岩が流れ、火山灰を降らせた。仙台藩祖・伊達政宗が健在のころで、政宗は七男の宗高に、帰化明人の王翼を山頂に行かせて刈田嶺神社を祀るよう命じる。ところが出発の朝になって大噴火が起き、祈願は中止になった。

この九年前の慶長十五年十月二十八日には、有名な『慶長大震災』が起きている。大地震の後で大津波が三陸沿岸を襲い、仙台藩内では死者千七百八十三人、牛馬八十五頭、南部領人馬約三千の被害を出した、あの震災だ」

八五郎「なるほど、大地震、大津波の後には噴火ですか」

ご隠居「寛文九年（一六六九）から翌年にかけても刈田岳は爆発し、降灰で刈田、柴田、名取など数郡で農作物に被害が出ている。このときも前年七月、仙台地方に大地震があった。

江戸末期から明治にかけても山の活動は活発だった。日清戦争のころの明治二十七年（一八九四）〜同二十九年まで『白煙天を突き、硫黄飛散し、御釜氾濫して松川を押し流し、白石川の魚類皆死す』状態だった。明治二十九年六月十五日には三陸沖でM８・２の地震があり、高さ十〜三十メートルの大津波が三陸沿岸を襲い、死者二万千九百九人を出している」

過去四十七回も火山活動

八五郎「これまで蔵王の火山活動はどのくらいあったのでしょう」

ご隠居「『宮城県郷土史年表』（菊地勝之助、宝文堂）、『宮城県百科事典』（河北新報社）などによると、蔵王の噴火、噴煙などの火山活動は過去四十七回にのぼるそうだ。比較的近いところでは太平洋戦争が始まる二年前の昭和十四年（一九三九）にも御釜の北東約一キロの丸太沢で小規模水蒸気噴火が起き、戦後も新温泉が現れたり地震、地鳴りを観測している」

八五郎「こう見てくると、蔵王噴火のパターンがある程度分かりますね。しかも刈田岳（一、七五九メートル）に集中しているみたい」

ご隠居「どうもそのようだね。刈田岳の火山活動が活発化すると何年間にもわたって噴火し噴煙を上げる傾向がある。文献によると江戸初期と江戸末期、それに明治中期が活発な時期にあたる。爆発で泥流や硫黄分を含んだ沸騰物が濁川にあふれ、下流の松川、白石川に流れて行く」

地震と噴火の関係はあるのか

八五郎「東日本大震災の後です。どうも心配ですが、大丈夫なのでしょうか」

ご隠居「うーん、それが難しいんだ。大地震直

宮城県側の蔵王連峰五色岳西側にある「御釜」。エメラルドグリーンの湖は美しいが……（小崎）

後やその翌年、あるいは九年後に噴火というのはある。そうかと思うと噴火が先で地震は翌年とか、大地震後も噴火は見られないのもある。一定の法則はなさそうだ。東日本大震災の後で、地震学者は自らの無力を嘆き総懺悔（ざんげ）していたが、噴火予知は地震予知よりももっと難しく、事前予報はまず期待できないという。しかも蔵王は、御嶽山と違って山頂を蔵王エコーラインが通っている。噴火予知が期待できないのなら、常々注意を怠らないこと。それしか対策はない。

余談になるが『蔵王山』という名前の山はない。熊野岳、五色岳、刈田岳、屛風岳、不忘山、杉ヶ峰など奥羽山脈に広がる火山帯の総称が蔵王山だ。『蔵王連峰』というのが最も正確な呼び方だろうね」

（平成二十六年十一月号）

（注）気象庁は平成二十八年七月、蔵王山、岩木山、大分県鶴見岳、伽藍岳の三火山で、噴火警戒レベルの運用を開始した。いずれもレベル１（活火山であることの留意）。同三十年一月、蔵王山で火山性微動が観測されたのでレベル２（火口周辺規制）に引き上げたが同年三月、それは収まりレベル１に引き下げている。

「蛍の光」は別れの歌だけではない

小学唱歌や童謡、古い流行歌をみんなで歌う「ふるさと会」に入って二十年になる。本物の合唱団ではない。平均年齢七十過ぎの男女十数人が隔月、割烹「大観楼」に集まって酒を酌み交わし、ウナギを食い、ギターの伴奏に合わせて季節の歌を十曲ほど歌う。そんな会合である。

一年前に「蛍の光」を歌った。《蛍のひかり窓の雪……》で始まる一番、《とまるもゆくもかぎりとて……》の二番。これで終わりかと思ったら四番まであって、しかも三、四番を歌っているうちに「なんだこりゃ」と驚きの声に変わった。

問題の歌詞は次の通り。

三、筑紫（つくし）のきわみ　みちの奥　うみやま遠く　へだつとも　その真心は　へだてなく　ひとつにつくせ　くにのため

四、千島のおくも　沖縄も　やしまのうちのまもりなり　いたらんくにに　いさをしく　務めよわがせ　つつがなく

注釈を加えると「いたらんくに」は辺境の地、「いさおしく」は勇ましく、「わがせ」は夫や恋人のことである。夫よ、恋人よ、辺境の地を勇敢に守ってくれ。若者に国防意識を鼓舞する歌でもあった。

「蛍の光」は明治十四年（一八八一）日本最初の音楽教科書『小学唱歌集・初編』に「蛍」という題で掲載された。編さんは文部省に設置された音楽取調掛。

元々はスコットランド民謡である。しかも英国や米国では毎年、大晦日のカウントダウンのときに歌う特別の歌である。昭和三十九年（一九六四）の東京オリンピック閉会式でこのメロディが流された。日本人にとっては最もふさわしいサヨナラの曲だったが、欧米の選手の中には違和感を覚えた人もいたという。

明治唱歌のメロディは「蛍」だけでなく外国産の作品が多い。「埴生の宿」「庭の千草」「旅愁」「故郷の空」みなそう。江戸のころまで洋楽がなく、

明治になってからも洋学の作曲水準が低かったので外国の曲に日本人が作詞する方法が取られた。「蛍の光」の作詞者は長い間分からなかった。明治期の音楽取調掛の活動を調べていた東京都立大（現首都大学東京）山住正己学長が東京芸大図書室で取調掛が残した「小学唱歌集」の編集過程を示す膨大な資料を調べ、音楽取調掛長の伊沢修二東京師範学校長が稲垣千頴（いながき・ちかい、一八四七〜一九一三）につくらせたものと判明し、昭和三十七年から音楽教科書に作詞・稲垣の名が明記された。

作詞者は福島・棚倉藩士の子

「昨年、NHKテレビ『鶴瓶の家族に乾杯』で、稲垣千頴の出生地が福島県棚倉町と知り、同じ東北人としての親しみから調べてみました」音楽に詳しい泉区将監、平井裕三さんは語る。

稲垣は幕末、棚倉藩士の次男として生まれた。幕末の混乱期に藩校で学んだ後、藩主松平康英の信頼厚く、京都に留学して戦乱とは無関係の環境で育つ。明治維新後、東京に移り、平田篤胤の養子が経営する学塾に入り、成績が良いので塾頭に推されるが、塾則で禁止されていた遊郭通いが発覚して三年後に退塾。明治七年から東京師範学校で和文、国史の教員を務め、その後、文部省音楽取調掛を兼務した。

「四番の歌詞に千島が出てくるのは、藩主が幕府の外国奉行を務め、対ロシア領土交渉の仕事を担当していたことと関係がありそうですね。稲垣は尊敬する藩主の労苦を身近な問題として感じていたに違いない」と平井さん。

最初の音楽教科書の完成までは二年かかっている。音楽取調掛のメンバーが作詞したものを文部省が検討し、修正意見を付けて回付し、作詞者が練り直して再提出する作業が繰り返された。原案では「蛍の光」一番の出だしは〈蛍のあかり　雪の窓〉だった。それが〈蛍のひかり　窓の雪〉に。〈ふみよむつきひ　かさねつつ〉も原案は〈ふみよむひかず（日数）かさねつつ〉であった。このほか二番から四番までの五カ所が修正された。

意見を述べたのは全教科書についての編輯局長島田三郎（元横浜毎日新聞主筆、後の衆議院議長）ら。明治十四年七月、宮中で天皇が出席した食事

思い出　胸に、いざさらば（志賀）

会で「蛍の光」は初演奏された。席上、編さん責任者の伊沢は「学生らが数年間勧学し、蛍雪の功を積み、業成り事遂げて学校を去るにあたり、別れを同窓の友に告げ、将来国家のために協心尽力せんことを誓うありさまを述べたもので、卒業のときに歌うべき歌」と解説している。

歌は世につれ、世は歌につれ

わが国はその六年前、樺太千島交換条約により、樺太の放棄を条件に千島全域を日本が領有した。その二年前には琉球が日本に編入される「琉球処分」が行われている。千島、沖縄がわが国の領土として確定したのを機会に国家意識の高揚をはかろう、政府はそう考えたのだろう。

同二十八年（一八九五）日清戦争の勝利で台湾が日本領になると、《千島のおくも台湾も……》と変更され、同三十八年、日露戦争の勝利で樺太の北緯五〇度以南がわが国の国土になった。そうなると《台湾のはても樺太も……》に。

太平洋戦争中の昭和十八年（一九四三）、内閣情報局は「坊主憎けりゃ袈裟（けさ）まで憎い」とばかりに、米英を中心とした敵性国家の音楽の演奏、レコード発売を禁止する。「蛍の光」は禁止にならなかったがメロディが「敵性楽曲」なので戦時中歌われることはなかった。

敗戦後の昭和二十四年（一九四九）、新検定制度のもとで「蛍の光」は小学五年生の音楽教科書に掲載された。国家主義的な三～四番はもちろん削除。

歌は世につれ、世は歌につれ……。世の中の変化に応じて歌も変わるというたとえだが、「大日本帝国」から「日本国」へ変わる中で、この歌ほど世情をストレートに反映した歌はあるまい。ひところは海援隊の「贈る言葉」に押されて文語調の「蛍の光」や「仰げば尊し」は歌う学校が少なくなった。最近再び上位にランキングされることが多くなったという。

（平成三十年二月号）

河北美術展と安井曽太郎

河北美術展は平成二十九年（二〇一七）で第八十回を迎える。そのルーツは昭和八年（一九三三）の「東北美術展」にたどり着く。九回まではこの名称で開かれ、今のような「河北美術展」となるのは敗戦の翌年から、昭和四十四年（一九六九）には従来の日本画、洋画に彫刻が加わり三部門となった。

さらに前史があって、昭和五年、「東北に根ざした美術を大きく育てよう」と東北美術協会が設立され、同年と翌年の二回、公募展（日本画、洋画）が開催された。協会顧問には湯沢三千男知事、工芸指導所長国井喜太郎、東北帝大付属病院長で小説家の太田正雄教授（ペンネーム木下杢太郎）、同大文学部西洋美術史児島喜久雄教授、河北新報社長一力次郎の各氏が就任した。

昭和七年十月に開いた顧問、会員会議で「来年からは河北さんに全てお願いして」ということになり、以後河北新報社が主催している。中国との戦争が始まった昭和十二年（一九三七）から二年間中断、太平洋戦争敗戦の年は日本全土が米軍の空襲にさらされたので、美術展どころではない。東日本大震災の年にも中止した。

そうそうたる出展者名簿

第一回東北美術展は昭和八年五月、県庁前の県商品陳列所（戦災で焼失）で開かれた。有名作家からアマチュアまで東北各地や東京から六百点を超す搬入があり日本画三十三点、洋画八十八点が入賞、入選した。現在の入選率は三割程度だから、ずいぶん厳しい選考だった。河北賞は日本画鈴木一耕、洋画杉村惇、桂重英、松田春雄の各氏が受賞。陳列された公募作の中には福田豊四郎、深沢紅子、棟方志功、橋本八百二、菅野廉、菅井庄五郎らの名が見える。

審査員は日本画が日本美術院の中心的画家前田青邨（せいそん・一八八五～一九七七）と川崎小虎（地元）、洋画は一水会を創立した安井曽太郎（一八八八～一九五五）と中野和高（地元）の各氏だった。

「T 先生の像」（昭和 9 年制作）＝左＝と「本多先生の像」（昭和 11 年制作）＝右＝

傑作、玉虫先生の肖像画

審査員の安井曽太郎は私の好きな画家のひとりである。関西美術院で梅原隆三郎とともに浅井忠の指導を受け、フランス留学でセザンヌら印象派の影響を受けた。昭和十一年、石井伯亭、山下新太郎らと一水会を創立。丹念な写生を根底に明るい色彩、要約したフォルムが魅力的だ。「外房風景」「薔薇（ばら）」「金蓉」など、風景、静物、肖像画に傑作を残している。

中でも「T先生の像」＝東北大記念資料室蔵＝は肖像画に新しい写実主義を導入した傑作と言われる。T先生は旧制二高八代目校長玉虫一郎一（いちろういち）教授である。安井に依頼した経緯について河北新報社の村上辰雄元出版局長が『土井晩翠―栄光とその生涯』（土井晩翠顕彰会）の中で触れている。

玉虫校長が定年退職するので記念の肖像画を母校に残すため、古参教授の土井晩翠が発起人代表となって安井に白羽の矢を立てた。安井と親しい東北帝大児島教授が、安井、前田など東北美術展審査員を歓迎する懇親会の席で制作を依頼、安井は「一年間時間がほしい」と快諾した。

三十号の肖像画は翌年の第二十一回二科展、第二回東北美術展に特別作品として展示された後、二高に送られた。寡黙謹厳な玉虫先生のイメージがよくあらわれた作品だが、絵が学校に到着して荷ほどきをしていた二高の用務員さんは「あっ、校長先生の漫画だ」と不満げに言ったという。

同十一年にも晩翠、児島両氏の依頼を受けて安井は東北帝大総長本多光太郎教授の肖像画（三十号）＝東北大金属材料研究所蔵＝を描いている。礼装のネクタイがいつものように曲がり、気取らない温容をただよわせた作品である。

晩年の安井曽太郎

昭和二十年（一九四五）七月の仙台空襲で旧制二高は全焼し、本多教授が所長を務めた東北帝大金属材料研究所も被害を受けたが、作品は無事。これらの肖像画は、昭和二十四年、毎日新聞社主催の「梅原竜三郎、安井曽太郎自選回顧展」に展示された。会期が終わるころ、安井は「本多先生の像」の額縁と油彩部分に小さなキズがあるのを発見、湯河原の自宅に運んで丹念に補修してから仙台に送り返したという。

安井は絵以外全く関心のない人であった。東北美術展審査員の懇親会で安井は晩翠と初めて会った。児島教授から「有名な土井晩翠先生だよ」と紹介された安井は「知らないね」。「ほら、あの『荒城の月』の詩で有名な土井晩翠先生だよ」と、ここまで言ったら、いくら知らなくても「ああ、そうでしたか」くらいは言いそうなものだが安井は首をかしげて「知らないね」を繰り返し、ひどくとんちんかんな雰囲気になったという。晩翠は昭和二十五年（一九五〇）、安井はその二年後文化勲章を受賞した。

（平成二十八年三月号）

仙台美人論

坂口安吾の発言でショック

「こんなテーマはいかがでしょうか」毎月のように読者からのお便りが届く。ありがたいことだが、月一回の連載では、なかなか計（はか）がいかない。太白区鈎取、金澤裕さん（七十一歳）から頂戴した提案も長いことお待たせしてしまった。

便せん四枚に達筆な字でしたためられた手紙の要旨はこうである。

「このコラムは長い連載ですからテーマ探しも大変だろうと思います。そこで取り上げてもらいたいことがあります。昔、〈仙台にはうまいものと美人なし〉と聞かされたことがありました。なぜ仙台は、名古屋、水戸と並んで日本三大ブス地帯なんて言われるのでしょう。仙台藩の三代藩主伊達綱宗が吉原の花魁（おいらん）三浦屋高尾を殺したたたりとか諸説あるようですが、真相はどうなのでしょうか」

金澤さんは「これを取り上げると女性読者からひんしゅくを買いそうで、相当な勇気と覚悟がいると思います」と付け加えている。なにやら難しいテーマのようである。

大人たちが見せた異常な反応

「仙台には美人がさっぱりいないんだって」と私が初めて聞かされたのは、確か高校二年の終わりごろであった。クラスに新聞をよく読んでいるやつがいて「坂口安吾（さかぐち・あんご）っていう小説家が仙台に来て、そう言ったんだどや（言ったそうだ）」と教えてくれた。この時の大人たちの異常な反応については今も覚えている。しばらくの間、寄ると触るとこの話題でもちきりだった。

調べてみると、「仙台不美人説」は、格別目新しいことではなかった。明治時代の新聞報道に「江戸のころから河北六州美人なしと言われ……」との記述が見られるし、宮城県の女性史に詳しい中山栄子さんの書いたものにも「仙台藩の歴史に登場する女性に取り立てて美人は見当たらない」とある。それでも面と向かってはっきりと言われたショックが余程大きかったのだろう。

言葉は下品、東北は模倣の文化だって

安吾発言を報ずる記事は昭和二十六年（一九五一）三月十九日の河北新報朝刊に掲載された。月刊誌の紀行文取材で仙台、石巻などを訪れた安吾は帰京前夜、河北新報記者に感想を語ったのである。見出しは「美人はさっぱりいない」。

「全国にある戦災都市の中で計画性をもって復興している街は仙台以外になく、今後はきれいな街に発展していくと思う。だが、民謡『さんさ時雨』は、上方ではやっていたのを伊達の人が自己流に覚えて帰り、こちらで流行したように他から取り入れたものばかりなのは面白くない。それに美人がさっぱりいないのにあきれた……」。このほか伊達政宗は三流人物、言葉は下品、東北は模倣の文化と言いたい放題だ。

坂口安吾（一九〇六〜一九五五）は、戦後、在来の形式、道徳に反抗して「堕落論」を唱え、太宰治、織田作之助らとともに無頼派と呼ばれた。著書に「白痴」歴史小説「道鏡」、推理小説「不連続殺人事件」がある。

安吾発言があった昭和二十六年三月は、戦争が終わって五年半が経ち、空襲で焼け野原になった仙台の中心部でも戦災復興事業が進み、青葉通、広瀬通など新しい街の輪郭が見えてきたころである。前年六月に起きた北朝鮮と韓国の朝鮮戦争で、わが国は後方支援の役割を担って特需景気にわいた。食糧事情も配給制は維持していたが世の中、ずいぶん落ち着いてきて、美人の話に耳を傾ける余裕が出てきた、そんな時期であった。

各界から「美人論」花盛り

それ以降、河北新報の紙面には美人論がにぎやかに展開される。仙台に転勤してきた官僚、仙台を訪れた有名人は「美人はいましたか」と質問を受けるようになる。

七夕見物のため幼なじみの白州次郎とともに仙台を訪れた作家、今日出海（こん・ひでみ）さん「坂口安吾の不美人論はいただけないね。天ぷら屋に行ったら、そこのおかみはなかなかの美人だった。念のため聞いてみると仙台生まれだとい

う。美人のいる城下町という感じだ」（昭和二十七年八月七日）

川俣甚一郎仙台高検検事長「よく仙台に美人がおらんと聞くが、なるほどこちらに来てからあまり美人に会わんな。こう言うと美人にしかられるかもしれんが、いままでいた神戸や京都に比べると見劣りするね」（同二十八年三月三十一日）

大谷新太郎（現ＪＲ）仙台鉄道管理局長「お世辞抜きで仙台の人は美人です。そりゃあ化粧や着付けは東京より一歩も二歩も遅れている。が、美人は天性のもの。仙台の人はそれが美しいんだ。東京で美しいと言っても一つ一つ見ると、見られたものではない」（同二十八年四月一日）

阿部正二専売公社（現ＪＴ）仙台地方局長「美人不美人論はつまらない。美人系だなんていう土地に行ってみると、ツンとしていて案外サービスが悪い。仙台は不美人が多いということはサービスがいい土地なのだろう」（同二十八年四月八日）

二科展開催のため訪問した東郷青児さん「坂口は自分の顔かたちが悪いからひがんで言うんだ。気にすることないよ」（同三十一年四月二十三日）

意味のよく分からない談話も中にはある。これらの発言を読んだ東北大法学部教授、木村亀二さんは河北新報に連載中のエッセー『清談七味からし』にこう記した。

「仙台に赴任してきた局長や支店長、長官の印象記を新聞で読んでみると、仙台には美人がいないと言っている。そうは言わなくても、そう言いたいような言いっぷりが言葉のはしばしから分かる。仙台に美人がいないと言えば、ひとかどの批評家であるように心得ているのではないだろうか。（この人たちには）さぞかし仙台では見られないような美しい奥さんやお嬢さんがいらっしゃるのだろう。羨望の至りだ」

剛毅（ごうき）激情と言われた木村先生、皮肉を込めて憤慨している。

紀行文には「美人なし」見当たらず

注目の紀行文は『文藝春秋』昭和二十六年五月号に掲載された。なにぶんにも古い話である。仙台市民図書館で探してもらったところ、ありました。タイトルは『伊達政宗の城に乗り込む――安吾の新日本地理・仙臺の巻』。

繁華街には、たくさん美人を見かけるのに……（小崎）

安吾はこの中で相変わらず政宗を田舎豪傑、田舎策士とこきおろし、地元の女学生のなまりのひどさに触れ、仙台にはうまいもの何もないなどと発言している。が、肝心の「仙台には美人がさっぱりいない」のくだり、十九㌻にわたる記事のどこを探しても見当たらない。

地元のあまりにも激しい反発に書くのをやめたのか、あるいはほかの理由があったのかは分からない。美人を見る目は人それぞれ、評価も異なる。安吾の目には「美人なし」と映ったのだろうが、発言に影響力のある彼のひとことで「不美人都市・仙台」のイメージが拡散されたのは間違いない。

今はどうか知らないが、ちょっと前まで「仙台美人」の話になると決まって安吾発言が引き合いに出されたものであった。

（平成二十七年三月号）

根拠ないのにまことしやかに

「仙台不美人」の俗説を生むことになった「伊達騒動」（寛文事件とも言う）を扱った歴史書、小説はいろいろある。それらを集約すると――。

江戸初期の万治三年（一六六〇）、この年は政宗去って二十四年後に当たるが、仙台藩は幕府から江戸・小石川のお堀改修を命じられた。JR中央線・総武線お茶ノ水駅から見えるあの神田川である。

幕府はこの種の土木工事を各藩にたびたび命令している。伊達家のような外様大名に財政力がつき過ぎないよう出費させて牽制する狙いがあったのだという。仙台藩では政宗の時代に小石川と江戸城二の丸石垣工事、後には日光東照宮陽明門の普請（一六八六年）、利根川など関東諸川の普請（一七六七年）を命じられている。

藩主交替が騒動のきっかけ

小石川の改修工事区間は今の飯田橋駅から秋葉原駅までの約四㌔、工期は約一年。仙台藩は六千二百人の労働者を差し出した。参勤交代で江戸に着いたばかりの三代藩主綱宗（政宗の孫、一六四〇～一七一一）はこのとき二十一歳。連日、作業現場に出向いて督励した。

初めは真面目に通っていたが、そのうちに江戸の町の華やかさに浮かれ、工事現場から遊郭に直行するようになる。酒癖が悪いことは前から知られていた。よほど目に余る遊行が続いたのだろう。幕府は同年七月十八日、藩主の役を解き隠居を申し付ける。幕府の正史『徳川実紀』には「綱宗は酒と女におぼれ、家臣の忠告にも耳を傾けず……」とあるので、突然の通告ではなく仙台藩上層部から藩主交替の願いが出されていたのであった。

仙台城内で会議が開かれ、世継ぎに綱宗と側室三沢初子の間に生まれた長男・亀千代、後見人に伊達兵部（政宗の十男）と田村右京（綱宗の兄）

幕府の命令で仙台藩が改修工事を手掛けた江戸小石川の堀。
現 JR お茶の水駅付近の神田川（小崎）

を充てることで幕府の了承を得る。亀千代はこのとき二歳、後の四代藩主綱村である。

これで一件落着かと思われたのだが、これが「騒動」の始まりであった。後見人の右京は病気がちだったので実権は次第に兵部が握るようになる。そうなると藩内に不協和音が生じ、遂には領地争いをめぐる兵部の裁定に不満を持つ涌谷領主伊達安芸が「兵部には不正や亀千代暗殺計画など八つの悪事がある」と幕府に訴え出たのであった。幕府による裁判が開かれて安芸の言い分が認められる寸前の寛文十一年（一六七一）二月、大老酒井雅楽頭（うたのかみ）の江戸屋敷で仙台藩の政治を直接行っていた原田甲斐（船岡領主）が安芸を切りつけ、自分も殺される事件が起きた。

藩の存続は何とか認められたが、後見人の伊達兵部は責任を問われて領地没収、田村右京は閉門、原田一族の男子はすべて死罪になった。甲斐がなぜこのような行動に出たのか本当のことは分からない。山本周五郎は小説『樅（もみ）の木は残った』で、これまでの説とは異なり、伊達家を分割して勢力を弱めようとする幕府の陰謀と戦う甲斐像を描いた。

遊女・高尾はそのころいなかった

事件の発端となった綱宗の夜遊びは、新吉原（現台東区千足）の遊郭三浦屋の遊女高尾太夫にほれこんで身受けし、仙台行きの船に乗せたが拒まれ、縛って切り殺したことになっている。高尾の恨みのために、以後仙台藩には美人が誕生しなくなったという俗説が生まれた。

これを世間に拡散させたのが江戸中期の安永年間に上演されて人気を呼んだ歌舞伎「伽羅先代萩（めいぼく・せんだいはぎ）」である。時代を室町時代に置き換えてはいるが「伊達騒動」がモデルであることは間違いなく、お家横領を図る仁木弾正らの陰謀を乳母（めのと）政岡らが防ぐ筋になっている。

高尾太夫のくだりは物語を面白くするためのつくり話だという。郷土史家、逸見英夫さんは「大体、綱宗の時代に高尾太夫は存在しなかった。全くのウソ」と否定。三沢初子の墓所、宮城野区榴岡、孝勝寺の資料にも「この高尾太夫は万治二年（一六五九）、綱宗が参勤交代で江戸に行く一年前、吉原で病死している。三代目高尾太夫は三浦屋に出ていない」とこれまた否定する。そうだとすると、仙台の女性は長い間いわれのない濡れ衣を着せられたことになる。

事件後から明治維新までの二百四十年以上、仙台には遊郭がなかった。「反省を込めて今後城下に遊女屋は置きません」と幕府に誓約したのである。と言ってもそこはそれ、仙台にないだけで、塩釜神社坂下には約七十軒の遊郭があり、男たちは「塩釜に船が入ったので荷迎えに行ってくる」とか、塩釜神社参詣を口実に足を運んだものだった。

明治二年（一八六九）一月、仙台に遊郭が復活する。戊辰戦争で薩摩、長州などの新政府軍と戦って敗れた仙台藩には新政府軍が進駐して来た。兵士の一部が国分町の旅籠屋に上がり込み「女を出せ」と暴れるので、困り果てた旅館経営者が集まって協議し、藩に遊郭復活を申請、許可されたのであった。

後に遊郭は広瀬川沿い、現在の市民会館付近の常盤町に集団移転する。そうすると今度は川向かい、川内地区の陸軍から「風紀上問題」と苦情が出て、同二十七年（一八九四）四月、小田原峰屋敷に再移転した。古い遊郭街・常盤町に対して新しい小田原の遊郭街は新常盤町と呼ばれた。明治三十五年の業者数は三十五、娼妓数は二百六十三人と田村昭さんの『仙台花街繁盛記』にある。昭和三十三年（一九五八）売春防止法の全面実施により遊郭は消えた。

これはあくまでも花柳界の話だ

誰が言い出したのか、仙台と水戸、名古屋は「日本三大不美人地帯」などと長い間言われてきた。三つの都市に共通するのは、江戸時代大藩の城下町であったこと。仙台は外様だが、東北最大の六十二万石、黄門さまで知られる水戸は御三家の徳川氏三十五万石、名古屋も御三家筆頭尾張徳川氏六十二万石。

三藩とも関所の守りは固く、仙台藩では藩境十九カ所に番所を設けて他国者の出入りを厳しく警戒した。そうなると他所の血があまり混じらなくなって土地の者同士の結婚が多くなる。美人が少ないのはそのせいと分析した本を読んだことがある。

別の説もあって、明治・大正期、日本でもっとも美しく輝いていたのは名古屋の女性だったという。名古屋美人に比べれば秋田美人や京都美人などは足元にも及ばない。それが昭和になると「名古屋美人はどこに行った」と言われるようになる。「これ、名古屋で暮らす一般女性のことではなく、花柳界の話だった。東京・新橋の花柳界が、名古屋から美形の芸者をごっそり引き抜いたので、名古屋にはいなくなった、それだけの話なのだ。秋田美人、京都美人などという言葉は、芸者とともに浮上したレッテルで、多くの一般女性市民とは無縁の話」と井上章一さんは『秋田美人の謎』（新野直吉著、中公文庫）の解説に書いている。

仙台の花柳界は平成五年（一九九三）六月、石井亨仙台市長が市発注の公共事業に絡んでゼネコン四社からヤミ献金一億円を受け取った容疑で、九月には本間俊太郎宮城県知事が宮城県がんセンター建設工事に絡んで大成建設から二千万円を受け取った容疑で東京地検に逮捕、起訴され有罪になってからというもの、料理店の閉店が相次ぎ、昭和三十年代に八十二人いた芸者の話題もとんと聞こえてこなくなった。いずれにしろ、全く根拠のない説が、まるで本当であるかのように長い間一人歩きしたのは恐ろしいことであった。

（平成二十七年二月号）

鉛色の冬は美肌を生むのか

美人は日本海側に多いという。いろんなものにそうある。

小沢昭一の『美人諸国話』（ＰＨＰ研究所）は、美人を求めて全国行脚の旅に出る軽妙でユーモラスなルポだ。

「誰が言ったのか日本海側では『ひとおき県の美人』という言葉がありますな。秋田県から隣の山形県をまたいで新潟県へ飛び……。（中略）青森県には津軽美人、山形県には庄内美人がいます。これは通人向き美人だって聞きましたよ……。（中略）太平洋側には残念ながら美人なし。わずかに岩手県の雫石アネッコがいる。雫石の隣町は秋田県です。したがって角館美人の流れをくんだもので……」と手厳しい。

あの謹厳実直そうな作家松本清張も「昔から美人は日本海とつながりがある。出雲美人だとか、京都美人、越後美人、秋田美人など。これは現代に急につくられたのではなく昔から言われていることなのです」と『シンポジゥム古代日本海文化』（小学館）で発言している。

諸文献を総合すると東北ではただ一県、秋田県が美人県ということになっている。

秋田女性の白色度、白人に近い

昭和の末期、転勤で秋田市に四年間暮らしたことがある。赴任の途中、ＪＲ奥羽線の車窓から見えた農協の看板に「美人をつくる秋田米」と大書してあるのにまず驚かされた。東北三大夏祭りの一つ「竿燈まつり」のポスターは「美人のふるさとへどうぞ」である。美人の国の人たちは自信に満ちあふれていた。

「秋田美人の特徴は、肌が白くて顔は豊かな瓜実（うりざね）形、細く切れ長だがすがすがしい目」と『秋田大百科事典』（秋田魁新報社）に見られる。このほか、顔全体の釣り合いは比率で言うとミロのビーナスそっくりだという人もいる。紀元前、ギリシアでつくられた大理石のあの有名なビーナス像である。

湯沢市の開業医杉本元祐さん（東北帝大医学部卒）は、秋田美人の研究家として知られる。県内の約四千人の女学生の肌を分析し、白色度は平均二九・六％、日本人の平均二二・六％よりはるかに高く、黄色人種よりはむしろ白人に近い数値であることが分かった。だから「秋田人はロシアから渡来してきたんじゃないか」なんて真面目に言う人もいるくらいだ。秋田大元学長、新野直吉（なおよし）教授も「その色の白さはおしろいを塗った白さや、病的な感じのするような真白ではなく、桜色に透き通るような、みずみずしい可憐さを感ずるような肌色である」とべたほめだ。

日照短く湿度も一定

これを裏付けるようなデータがある。化粧品会社ポーラは皮膚の白さと日照時間、湿度の関係を解明するため全国約二千人の成人女性を選んで腕の皮膚の色を測定した。東北地方の日本海側と沖縄では紫外線量が違うし、太平洋側でも南に行くほど差が大きくなる。一般的に東北地方の女性は関東地方の女性に比べて皮膚年齢も肌も若く、気候と大いに関係ありと判定された。

秋田の雪降ろしは大変だが、冬場の適当な湿度は美人をつくる条件のひとつだという（小崎）

年間日照時間を比べるとはっきりする。秋田は年間一七五二・四時間、京都一八〇七・六時間に対して東京は二〇六七時間。東京は秋田、京都より日照時間が断然長い。しかも秋田、京都は季節によって気温の高低は激しいが、湿度の変化は少ない。東京は気温、湿度とも変化が大きい。「となると秋田、京都の女性の肌は一定だが、東京のように冬の温度、湿度ともに低く、紫外線が多いのは皮膚によくない。富士山の見えるところに美人なしと言われるゆえん」と調査結果にある。

実際、秋田に住んでいると青空が多い仙台の冬がうらやましくなる。秋田市の中心部から鳥海山を望めるのは一冬に何日もない。あとは曇天か雷、雪空。秋田の十二月、一月の平均日照時間は一カ月各四十数時間、仙台はそれよりも月にして百時間も多い。

色白美人が多いと言われる秋田県南の雄物川上流と同様、県境をまたいで南隣の山形県北の最上川流域も名だたる豪雪地帯である。それだけでなく湿度たっぷり、日照時間も少ない。新庄市に住んでいた学校の先輩から「冬の日照時間がこんなに少ないと、生後間もない子どもが、ビタミンD不足からクル病になるのではと心配だ」と聞かされたことがあった。

これだけ共通項があるのに、なぜ「最上美人」「村山美人」の話は聞こえてこないのだろう。かねてからの疑問であった。それに答えるように新野直吉教授は「山形県のこれらの地域は、秋田県南と違って奥羽山脈の峠を越えて東側と密接な文化基盤の上にあったのかもしれない」と分析している。微妙な表現だが、別の言い方をすると「山形県最上・村山地方は秋田県の横手・湯沢地方とは異なり、奥羽山脈をまたいで私たちが住む現在の宮城県と長い間交流があり、通婚圏としてきた。その結果、風俗習慣から美形までが山形側に伝播して……」ということになろうか。

美肌東北一は宮城の女性

悔し紛れに言うのではない。と言って、喜んでいるわけでもないが、美人の里にもがっかりするようなデータがある。

秋田空港を利用する観光客二百人に県がアンケート調査したところ、秋田に来る前に一番期待したのは「秋田美人に会えること」、帰る時の印象は「さっぱりいなかった」との答えが大半だった。

ポーラは毎年、女性の肌の美しさを調べて「ニッポン美肌県グランプリ」を発表している。平成二十六年（二〇一四）の日本一は島根県で三年連続の栄冠、二位高知県、三位愛媛県と続き、東北地方のトップは宮城県。堂々の全国六位であった。七位秋田県、八位は山形県。全国の店舗などから集めた約五十九万件の肌のデータを分析してキメの細かさや肌の潤いなど六項目を基に「美肌偏差値」を算出した。

蔵王おろしの空っ風に悩まされ、日照時間がぐんと多い宮城県が、日照時間が少なくて多湿で「みずみずしい肌の白い女性が多い」秋田県を抜いたのである。ついでに言えば松本清張が挙げた出雲、京都、越後といった「美人の産地」はこの年、総崩れだった。

（平成二十七年二月号）

関係あるの？美人と方言

「仙台が全国三大ブス地帯などと言われる理由の一つに『方言』があるのではないでしょうか」このテーマを頂戴した太白区鈎取、金澤裕さんのお便りにそうあった。

「平成二十三年（二〇一一）三月の東日本大震災以来、被災地復興の後押しの意味もあってテレビドラマなどで東北を扱ったものが多く、東北なまりがあちこちから聞こえて来ます。東北の方言も様々ですが、その中で『仙台弁』は乱暴で、きたなく聞こえるのは自分だけでしょうか。妙齢の女性が仙台弁丸出しでまくしたてたら、せっかくの美形も興ざめしてしまいます。名古屋、水戸にしても共通するところがあるようです」

「仙台弁」はそんなにマイナスだろうか。

東北人ながら一語も分からん

例の坂口安吾が「仙台弁」についても『文藝春秋』に書いている。少し長くなるが面白いので引用する。

「仙台城を降りてくるとき、おしゃべりしながら登ってくる十名ほどの女学生とすれ違った。完全に一語も分からん。私は同じ東北の新潟生まれだから、言葉と表情を総合すればなんとか判断できるはずだと思っていたが自信を失った。

（中略）ゴザリステゴザリスという言葉の意味は案内役の井上君（東北大出身）の説明で分かった。ございますという意味のゴザリス、一つだけでは敬意が足らないという気持ちで、もう一つ足してゴザリステゴザリスとなる。敬語の発生は尊敬の念からだけではないね。もう一つ計略的な下心もある。言葉だけで間に合わせようという下心。とにかくゴザリステゴザリス的な言葉は、時によって聞く人を悲しくさせるな。言葉は事実を正しく表現するために用いられるべきであろう。ゴザリステゴザリス的な言葉から文化は育たない。田舎風の策略が発達するだけである。伊達政宗的な言葉かもしれないね」

明治生まれの私の母も、来客の前では「ございます」という意味で「ゴザリス」を使っていた。敬意を込めた言葉だが、「ゴザリステゴザリス」と重ねて話すのを聞いたことはない。話を面白くするために無理やりつくり出したような感じもする。

「仙台弁」は汚い言葉だ、撲滅しようと叫ばれてきたのは事実である。昭和十年（一九三五）、仙台市教育会が小学校高等科の生徒向けに発行した副読本『仙臺市民読本』には「他県人の見た仙台人観」の項目で、商人は不親切、排他的思想強い、時間の観念ないなどとともに、「言葉悪くズーズー弁、誤った言葉遣いが横行している」との指摘がある。

戦争が終わっても「東京弁が正しくてズーズー弁は恥ずかしいもの」という考えは改まらなかった。それどころか、東京へ集団就職した東北の子が、言葉がおかしいと笑われて自殺する悲劇が報じられると、方言を悪とする考え方がより浸透していった。

鶴岡市出身の作家藤沢周平は若いころ、肺結核で東京の保養所に入所したことがある。藤沢は、ここで一週間ほど失語症になったという。「笑われるかと思ってしゃべるのが怖かった。東京弁が話せるようになって、初めて東京弁も地方語の一つに過ぎないと思い、地方語の良さが分かったような気がする」と井上ひさしとの対談で語っている。

周りに氾濫する東京弁に圧倒されて小さく委縮する心理は、東北から上京した人たちの多くが体験する〝恐怖〟であった。

仙台弁衰退、「あきらめすたわ」

今、仙台では坂口安吾が仙台を訪れたころと違って、お年寄りを除いて方言はあまり聞こえてこない。

青葉区大町、時計店「三原本店」社長三原喜八郎さん（八十一歳）は若いころから「仙台弁以外はしゃべらない」とかたくなに守ってきた。商店街の役員をしていたとき仙台弁を観光客にも知ってもらおうと、中央通の道路に「よくござったごだ。まだおんなしてくないん」の文字を埋め込ん

青葉区中央通、藤崎百貨店北側の道路に「よぐござったごだ。まだおんなしてくないん」の文字。最近、東二番丁通わきの中央通に移された（小崎）

だ図柄の装飾をつくった。「よく来てくださいました。また来てください」という意味である。その三原さん、最近では「みんな仙台弁を捨てつまって、どごがさ行ってすまった。もうあぎらめすたわ」とすっかり弱気になっている。

在職中、鹿児島に出張したとき、街で高校生に道を尋ねたら見事な鹿児島弁が返ってきた。仙台で試してみたら恐らくこのようなことはまずあるまい。街中で、バスや電車、地下鉄の中で交わされる若者たちの会話は「東京ことば」らしきものがほとんどだ。仙台で育った中学生の孫娘が仙台弁を話すのを私は聞いたことがない。学校で友だちとの会話に仙台弁が介在する余地はないのだろうか。娘は私と話す時はおつきあいで仙台弁になるが……。

人と古里を結ぶ絆が方言だ

四面楚歌の中で、方言を守ろうという動きが見られるのはうれしいことである。

（1）平成二十五年（二〇一三）、『仙台郷土句帖』が教科書研究家、渡邊慎也さんによって復刻された。仙台出身の兵士を慰めようと仙台弁で俳句を作り慰問袋に入れて戦地に送ったのが始まりだった。戦後も発行され、昭和五十年代まで三十号を数えた。仙台の児童文化活動の草分け天江富弥さんの発案と言われる。天江さんは生前、「仙台の町が大きくなると郷土独自の豊かな物の考え方も風俗も姿を消していく。仙台弁で『お明日(みょうにち)』などと挨拶しあうことすらも薄れて行っている」と嘆いていた。

(2) 東北放送TBCは「仙台弁かるた」を発行して方言の普及をはかっている。

(3) 東日本放送の番組「突撃!ナマイキTV」の金曜日に司会の本間秋彦さんの「方言講座」があり、視聴者の投稿句が放送される。「つうとってあんべなじょだが　みっからど」(「採血して体の状態を検査しますからと医師に言われた」)といった傑作も。

(4) 泉区、渡邉裕子さんは方言で昔話を語る会を始めてから二十年。ミヤギテレビアナウンサーをした後、小学校の先生をしていた。渡邊さんは「子どもたちの父母、祖父母に仙台弁を知らない人たちが増えています。方言は第二外国語になってしまった。もう残せないかなあと思ったり、今ならまだ間に合うと思ったり。テレビ局に『方言で語るニュース番組』を提案したことがあるんです。賛同してくれるスポンサーが出て実現したら方言を守る有力な武器になるんだけどなあ」。

(5) 県教職員退職互助会の会報(廃刊)で「仙台弁句」の選者を九年間務めた「おてんとさんの会」前会長富田博さん「近ごろは機械との対話ばかりが増えて、人間同士の心の通う生きた言葉が減り、当然方言も少なくなった。今消えつつある伝統行事や、美しいふるさと言葉を皆で大事にしないと」。

(6) 「人々は方言によって互いの心を通わせようとしています。方言は人と人、人々と古里をつなぐ絆です。東日本大震災被災地の復興では方言はそれに立ち向かう人々を支える大きな力となるに違いないありません」これは東北大方言研究センター小林隆教授の言葉。

『破獄』などの作者で東北をたびたび訪れた作家吉村昭は「東北弁は、音楽にも似た発音で、しかもなんとなくユーモアが感じられる。方言は、それぞれの地の土壌に生まれ、育くまれたもので、それ故におかしがたいものだ、と思う」と書いている。

方言の良さがいろいろあることを自覚すべきだと思いませんか。

（平成二十七年四月号）

不美人俗説もう通用しない

仙台で「ミス七夕コンテスト」が始まったのは、敗戦から九年目の昭和二十九年（一九五四）夏、藤崎百貨店勤務の須藤信子さん（十九歳）が百二人の応募者の中からミス七夕に選ばれた。なぜそんな古いことを覚えているのかというと、須藤さんはご近所に住む大柄美人であった。

仙台では平成十五年（二〇〇三）まで「ミス仙台コンテスト」が開催されてきたが、翌年から名称が変わって「せんだい・杜の都親善大使」となった。それだけでなく、選考条件も未婚女性ばかりか筋骨隆々の男性でも、器量自慢の亭主持ちでもいいことになった。私のような古い人間はミスコンテストがあってもいいと思えるのだが、男女共同参画社会のとうとうたる流れだという。

ミスコンテストと言えば、昨年（平成二十六年）、ロンドンで開催された「ミス・ワールド世界大会」

の日本代表は仙台市出身のモデルだった。それだけではなかった。

明治のミスコン、着物姿の写真で審査

わが国初の美人コンテストは日露戦争の三年後、明治四十一年（一九〇八）に行われた。主催は米国のシカゴ・トリビューン社。二十数年前に同社を訪問したことがある。江戸末期の一八四七年創刊の米国有力紙の一つ、ミシガン湖畔に古風なたたずまいを見せる社屋が印象に残っている。

同社から東京の時事新報社に「世界美人コンテストを企画したので日本代表三人を選んでほしい」と要請があり、河北新報社など全国二十二新聞社に協力要請があった。

前年の同四十年九月、河北新報に「県下第一の美人を募集す。容色の美麗なる夫人、令嬢の写真を送られよ」と社告が掲載された。応募条件は亭主持ち、子持ち、嫁入り前の子女、いずれも結構。本人が審査会に出るのではなく、上半身着物姿の写真を送って審査を受ける。女優、芸妓などその道のプロは除外された。

河北新報社には百七人の写真が寄せられ、五人を選んで資料は東京へ。翌年三月、洋画の岡田三郎助、彫刻の高村光雲ら十三人による全国審査が開かれ、今で言う「ミス日本」に学習院女子部中等科末広ヒロ子さん（十六歳）、「準ミス日本」に宮城県一等の仙台・金田けん子さん（十九歳）が選ばれた。宮城県二等の仙台・伊藤しげ子さん（二十三歳）は全国十二美人の一人に選ばれた。

宮城県から「準ミス日本」と十二美人の一人が誕生したものだから、河北新報は「仙台美人は京阪を凌駕（りょうが）す」、「旅の人をして美人なしの嘆あらしめたる河北六州の寂寞（せきばく）

わが国初の美人コンテストで第一等になった末広ヒロ子さん（『日本人の百年』朝日新聞社）

全国十二美人に選ばれた仙台・伊藤しげ子さん（『幕末明治　美人帖』ポーラ文化研究所編、新人物往来社）

第二等の仙台・金田けん子さん（『河北新報の百年』）

を破りて美人現れたり」と大喜びである。

結婚申し込みが二百通

「準ミス日本」に輝いた金田けん子さんは宮城県水産試験場長、帰悦さんの次女。父親の転勤で仙台に来て東北女子職業学校高等科（三島学園の前身）に在学していた。けん子とは珍しい名前だが、帝国憲法発布の明治二十二年（一八八九）に誕生したので命名したのだという。新聞に彼女の写真が掲載されると、結婚申し込みが約二百通舞い込んだと『河北新報の百年』にある。

けん子さんの弟と仙台一中（現仙台一高）で同級生だった医師の半沢正二郎さんは「江戸のころの歌麿風美人ではなく、むしろ近代的なスポーティな美人だった」と印象を語っている。

全国十二美人の一人に選ばれた伊藤しげ子さんは生粋の「仙台っ子」である。父清慎さんは織物業、仙台市議、先祖は仙台藩士。宮城高等女学校（現宮城一高）卒業後、結婚して京都に新居を構えたが、夫の死去で三年前から仙台に戻っていた。妹は後に京都裏千家十四代家元に嫁ぐ仙台市名誉市民、千嘉代子さん。日本一に輝いた末広ヒロ子さんは福岡県小倉市長の四女、義兄が内緒で応募した。世界審査で第一位は米国、末広さんは第六位に入った。

平成二十六年の世界的なミスコンテスト「ミス・ワールド」日本代表は仙台出身のモデル河合ひかるさん（二十三歳）。十一月、ロンドンで開催された世界大会で世界一は逃がしたが、仙台人が日本代表になったのは恐らく初めてではないだろうか。

平成二十六年、ミス・ワールド日本一に選ばれた河合ひかるさん

「ミス・ワールド」は「ミス・ユニバース」、「ミス・インターナショナル」と並ぶ世界三大コンテストの一つで、最も歴史が古い。報道によると河合さんは、芸能事務所オスカープロモーション所属のモデルで結成された八人組モデルガールズのメンバー。前年の選考会でも準グランプリを獲得したのだが、雪辱を果たすため八カ月かけて苦手の英語を克服、六千七百五十五人の中から選ばれた。

諸書籍、不美人説を否定

このところ市内の書店には東京の出版社が発行した仙台や宮城県のことを漫画やイラスト入りで紹介した本が並んでいる。全部に目を通したわけではないが、少なくとも三冊が「仙台不美人説」を取り上げている。

『これでいいのか仙台市』（マイクロマガジン社）は「日本三大ブス呼ばわりに仙台女性はどう動く？」という見出しで「まあ、美人、ブスの判断なんて個人の好みに大きく左右されるし、そもそも東北一の大都市・仙台には県外からの移住者も多いから、東北各県の血が混じりやすい。ブスが多いなんて言いがかり」と不美人説を否定。

『宮城の法則』（泰文堂）の見出しは「もう日本三大ブスとは言わせない！」。「平面顔の仙台ブスは過去の遺物か？（中略）今では美人も多い上、街中でもきれいな女性が多くなったともっぱらの評判だ。伊達政宗が『美人は国を滅ぼす』と追放したからという説もあるが、本来の美人ＤＮＡが戻ってきた？」と紹介している。「平面顔の仙台ブス」という表現は初めて聞いた。この筆者は、誰に聞いたのだろう。平面顔というのだから、アクセントのない鼻の低い顔という意味なのだろうか。

「仙台美人」について市民の考えも次第に変わってきているように思う。今回の連載について読者からいろいろな感想を頂戴したが、それを読むと不美人都市はもはや昔の話という意見が多いように感じた。言われるまでもなく街で見かける若い女性の多くは背が高く、スタイル良く、それに顔だって、彼女たちの化粧の技術は近年とみに進歩したこともあって、可愛らしくつつましい。醜女（しこめ）なんて、もはや死語、そんな感じさえする。

東北一よそ者の多い町・仙台

仙台特有の事情もある。仙台には東北を管轄する官庁や企業が多く、大学、専門学校もたくさんある。今春、東北大に入学した新入生の八六・六％は宮城県以外の出身であったように、仙台市の「土地っ子」はざっと四人に一人（二七％）しかいない。秋田、山形県の「土地っ子率」は約六割、宮城県も県全体では五〇％だから、これを見ても仙台の異常さが分かろう。

参考までに仙台市民の中で「土地っ子」以外の人の転入先を調べると宮城県内（二三・七％）と東北五県（二〇・九％）で四四％を占め、「土地っ子」と合わせると仙台市民の七割強は東北人である。このほか東京など関東圏から一五・一％、国内の他地域からが一〇・三％、外国からが一％だった。（仙台市民意識調査）

その上、毎年のように転勤や入学でざっと五万人の新市民が生まれ、ほぼ同数の市民が去っている。東北一「よそ者」が多いこの町で、しかも若い女性の総美人化傾向が見られる中で、大きく様変わりしているのは事実である。

（平成二十七年五月号）

（注）「ブス」「デブ」など容姿に言及する表現は避けるよう『記者ハンドブック』は示しているが、書籍、手紙からの引用部分は原文のまま使った。平成三十年七月、花王が商品ＰＲで女性芸人の容姿を「ちょうどいいブス」とからかうような表現をしたところ批判が相次ぎ、削除したケースがある。やはり「ブス」という言い方は禁句である。

「さんさ時雨」のルーツ

「結婚式などのめでたい席で歌われる『さんさ時雨』は、宮城県の代表的民謡です。作家、坂口安吾は『元々上方で流行していたのを伊達の人が自己流に覚えて帰り、仙台で流行した模倣の文化』と発言したそうですが、本当にそうなのでしょうか」（太白区・佐藤生）

東北は民謡の宝庫、宮城県も例外ではない。民謡研究家、渡辺波光さんの調べでは、祝い唄だけで四十二、これに田植え、稲刈り、舟唄、甚句を加えると二百九十の民謡があるという。「大漁唄い込み」「長持ち唄」など有名な歌が多い中で、なんといっても知名度抜群なのは「さんさ時雨」だろう。宮城県内だけでなく旧仙台藩領の岩手県南、そのほか山形県置賜地方、福島県北部でも歌われている。

結婚披露宴の席では〈さんさ時雨か……〉と必ず歌われたものだった（小崎）

昔は自宅や料亭で結婚披露宴が行われ、「お手を拝借」などとこの唄が盛大に歌われたものだった。今はどうだろうと思って結婚式を手掛ける会館で聞いてみると「少ないけれど歌われる席もあります」ということだった。細々と残っている程度かと思ったら、そうではなく継承と普及を目指す「さんさ時雨全国大会」（宮城県民謡道連合会主催）が毎年開催されていた。（平成二十九年は第三十五回大会が山元町であり一般、熟年、年少の三部門に宮城、福島、北海道などから約二百人が参加）

実は色っぽい恋歌だった

「さんさ時雨」の歌詩は八番まで（『日本民謡曲集』メトロポリタンプレス）とか、いや、十番以上（『日本民謡全集』雄山閣）とか諸説あるようだ。

歌い出しはこうである。

《さんさ時雨か　萱野（かやの）の雨か　音もせで来て濡れかかる　ショウガイナー

《このや（屋）座敷はめでたい座敷　鶴と亀とが舞いあそぶ

《キジのめんどり小松の下で　つま（夫）を呼

ぶ声千代千代と

この三首を仙台地方では「三幅対（さんぷくつい）」と言って、ひと組になっており、婚礼の席では、宴の初めに出席者一同が手拍子に合わせておごそかに三首を唱和するのが通例だった。

実は色っぽい恋歌なのだという。《さんさ時雨か　萱野の雨か》と自然現象でまず気を引いておいて、《音もせで来て濡れかかる……》と、ひそかに忍び来る男が一気に仕掛ける色ごとの描写に移る。《さんさ》は歌の滑り出しを滑らかにする冠頭語、《萱野の雨》は菅笠（すげがさ）に降りかかる時雨と同じように音のしないにわか雨のこと。《濡れる》という言葉も艶っぽい、と『日本民謡事典』（長田暁二、千葉幸蔵著、全音楽譜出版）の解説にある。

元々は京阪地方のはやり歌

「さんさ時雨」のルーツとしてよく聞かされるのは、戦国末期の天正十七年（一五八九）六月、伊達政宗の軍が、南奥羽の覇権を争っていた会津城主・葦名義広の軍を磐梯山のすそ野で破ったときの「祝い唄」という説である。作者は政宗自身だとか、涌谷二代の領主亘理重宗、一族の伊達成美説などがある。このような言い伝えのためか、会津の人はこの唄を決して歌わないという話を聞いた。

平成二十九年は政宗生誕四百五十年ということで、いろいろの催しが行われた。その一つ、「政宗ワールド」フェスタでは武将演武、茶会、すずめ踊りなどとともに、オープニングの祝い唄として「さんさしぐれ」が仙台春城会の人たちによって披露された。この唄、「戦勝の唄」としてすっかり定着しているように思える。

ところが山形大浅野建二名誉教授は「詞型、曲態から見て、戦国時代の唄ではありません。江戸時代になってからの唄です」と「政宗伝説」を否定する。元唄は江戸中期の元禄十二年（一六九九）京阪地方で発行された歌謡書『はやり唄古今集』の中にある「恋のはやり唄」だと断定する。それが仙台に伝えられ、育てられたというのがほぼ一致した見解だという。

元唄の『はやり唄古今集』には《さっさ時雨のあられ　音もせできてふり心》とあり、同時期の上方の御船唄にも《さまは萱野の雨ではないか音もせで来てふり心》と歌われている。浅野先生は「《さんさ》《萱野》《ぬれかかる》などの言葉は、みなこの元唄から変化したものに違いない。何年か前に山口県でも詞・曲とも『さんさ時雨』と全く類似の踊り唄『さんさ踊り』が見つかったが、これも江戸中期以降に上方から移入された恋のはやり唄だろう」と推測している。

民謡は、ある地方で歌われると、魅力ある唄ならばたちどころに四方八方に伝わり、どちらが本家か分からなくなるという特徴がある。「さんさ時雨」も発信地の上方では既に滅んでしまったのに、仙台では今も歌われている。安吾が指摘したように仙台人が模倣の達人なのではなく、民謡は拡散するものなのである。山形県の有名な民謡「最上川舟唄」も元々は宮城県の民謡だったと聞かされたことがある。

（平成二十八年二月号）

「母のかがみ」三沢初子

「母親がわが子を殺したり、虐待するニュースを聞くたびに、命がけで子どもを守り通し、『母のかがみ』と言われた三沢初子が思われます。江戸初期の仙台藩主伊達綱村の母である初子のことはこのコラムでも取り上げていましたが、もっと詳しく教えてください」（青葉区中江、佐々木幸子）

三沢初子の墓は宮城野区榴岡五丁目、孝勝寺にあり、「政岡の墓」と呼ばれている。戦前は観光バスのコースになっていた。今の観光バス「るーぷる仙台」は立ち寄っていない。墓が本堂と離れているのは区画整理事業の影響である。

初子（一六四〇～一六八六）は仙台の人ではない。父は美濃（岐阜県）大垣城主の家臣、十三歳で両親を失い、叔母に養われた。叔母は徳川二代将軍秀忠の養女振姫の老女（侍女のかしら）として江戸城大奥で仕えていたので、振姫が仙台藩二代藩主伊達忠宗の正室となって仙台に来ると初子も一緒に来た。

まれにみる才女で藩主の忠宗からも気に入られ、六男の綱宗（後の仙台藩三代藩主、一六四〇～一七一一）と結婚するが、正室ではなかった。綱宗は生涯正室を持たなかったので実質的な妻と言っていいだろう。

逆風渦巻く中で子供を守る

万治二年（一六五九）三月、後に四代藩主となる綱村（幼名亀千代、～一七一九）を江戸屋敷で出産する。男子出生と喜んだのもつかの間、翌年七月、綱宗は二十一歳の若さで幕府から藩主の座を追われ、隠居を命じられてしまう。世継ぎには二歳の亀千代と決定、後見人に伊達兵部と田村右京を充てることに決定するのだが、この後の「伊達騒動」については前に触れた通りである。

事件のほとぼりがさめるまでの十二年間、藩内は血で血を洗う争いが続いた。その中で初子は神仏に加護を祈り、命がけでわが子・亀千代を守り通す。宮城県の女性史に詳しい中山栄子さんは著作の中で「母親の初子は、子どもが藩主になっても何の力もない。周囲でドス黒く逆巻く台風の真っただ中で必死に亀千代を守った。二歳、三歳と物心がつくにつれて、恐ろしい嵐の中で自分を守り続ける母親の姿を亀千代はしっかりと見つめていた。それ故に平和になっても母は子を、子は母を互いにいたわり、愛し続けた」と述べている。

母の死に釈迦堂つくって供養

事実、親子はずっと仲良く、ひんぱんに手紙をやり取りし、贈り物を交換している。初子が江戸屋敷で病に伏すと、遠く仙台にいた綱村は毎日のように家臣を見舞いに訪問させたと言われる。初子は四十六歳で亡くなる。綱村は、母の死を悼んで榴岡天満宮の北東に釈迦堂をつくり、その南に数百株の桜を植えた。これが後に桜の名所・榴岡公園となった。昭和四十三年（一九六八）、宮城県図書館の建設に伴い釈迦堂は初子の墓所・孝勝寺に移された。

母親には孝養をつくした綱村だが、短気で怒りっぽく仙台城中で刀を抜いて小姓を傷つけたり、独裁的な専制政治が目立った。一門などの有

綱村が建立した釈迦堂。現在は孝勝寺境内に移設されている（小崎）

志十三人が連署して幕府に藩主の隠居を願い出、聞き届けられた。綱村四十四歳のときである。（『郷土史事典・宮城県』佐々久編、昌平社）これが事実とすると仙台藩主は二代にわたり幕府によって隠居させられたことになる。

政岡のモデルとされる女性の墓がもう一つ、栗原市一迫町真坂地区の龍雲寺にある。伊達家の家臣白河義美の夫人（名前不明、一六二四～一六九六）の墓所で、亀千代が仙台藩を継ぐと乳母として召し出され、江戸屋敷で養育に当たったと言われる。亀千代が成長して仙台城に帰るまで奉公した女性と伝えられ、一迫では毎年四月二十六日に「政岡まつり」が行われ今年で六十一回を数えた。

初子の両親の菩提寺、東京・中目黒の正覚寺本堂には初子の木像、境内に全身銅像が建っている。

（平成二十七年十二月号）

X橋は見た

四本の道路交わる跨線橋

ＪＲ仙台駅から少しばかり北に行ったところに東北線をまたぐ橋がある。正式には都市計画道路元寺小路―福室線の「宮城野橋」だが、誰もそうは言わず「Ｘ（エックス）橋」と呼んでいた。大正時代につくられた古風な橋は平成二十九年四月、広くてスマートな片側三車線の「新宮城野橋」に生まれ変わった。

橋は高層ビル「アエル」わきを通って東は榴岡公園、多賀城、塩釜方面へ、西は広瀬通など市中心部とつながっている。Ｘ橋と呼ばれた理由は駅西側の元寺小路と名掛丁の二本の道路が橋の上で一緒になり、その先でまた二股に分かれて駅東側の鉄砲町、二十人町へと延びていたから。

平成十年（一九九八）、「アエル」の完成で「Ｘ」字は「Ｙ」字に、今回の架け替え工事で一直線になった。そのうち「なんでＸ橋と言ったの？」と質問されるようになるだろう。

列車本数増えて開かずの踏切に

元々はどこにでもあるような踏切だった。明治二十年（一八八七）、日本鉄道によって上野―仙台―塩釜間の東北線が開通したころ、旅客列車は一日四往復、上野直行は一本しかなく、十三時間かけて走った。四年後に東北線は青森まで延び、大正時代になると岩沼―仙台―岩切間が複線化される。そうなると幹線として旅客、貨物の本数が飛躍的に増え、「開かずの踏切」と悪口を言われるようになった。

「それでは困る」と陸軍は鉄道省に跨線橋の設置を要望した。仙台には第二師団があり、踏切を挟んで西側の川内地区に司令部や諸部隊の兵舎、東側に歩兵第四連隊、宮城野原訓練場、後に騎兵第二連隊も移ってくる。訓練や連絡などで両者の交流は頻繁に行われた。「堂々たる軍の行進が踏切で人垣を作って列車の通過を待っていた。宮城野原到着がばらばらになり、演習に差し支えることもあったそうです」と菅原松代さん。（『名掛丁東名会きのうあした』私家版）このような経緯で跨線橋はつくられた。

鉄路が密集地分断

それでなくても仙台の中心部は踏切の多い町であった。長町駅を出ると東北線は西側へ急カーブしている。計画では市街地を避けて長町駅から直進し、田畑が多い宮城野原付近に仙台駅を設けて岩切へ向かう予定だった。町の中を通すとなると土地買収に時間と金がかかるし、蒸気機関車が吐き出す煙は嫌われる。計画を知った松平正直知事は「中心街を通らない鉄道ができたら仙台の街はさびれてしまう」と政界や市内の商家旦那衆を巻き込んだ反対運動を展開、路線変更に必要な三万円まで用意して現在の路線にねじ曲げてしまう。

「町の分断はよくない。理想的な街づくりのために駅は宮城野原がいい」との意見は押し切られた。鉄道は人家密集地を二分して通ることになり、多くの家屋が移転を迫られた。荒町の寺院の中には墓地の真ん中を鉄道が通ることになり墓参用跨線橋をつくったところもあった。

大正元年（一九一二）発行の地図、『一〇〇年前の仙台を歩く・仙台地図散歩』（風の時編集部編）を見ると、跨線橋やガードがあるのは連坊小路、花京院、北目町などごく一部に限られ、ほとんどは列車が通過するたびに開閉する踏切であった。名掛丁踏切のようにX橋の開通でいったん閉鎖されたが、住民の粘り強い陳情が実って昭和二年（一九二七）地下道がつくられた例もある。

東北新幹線着工のときも、一部財界から榴岡付近に「新仙台駅」をつくり新しい都市づくりの拠点にと提案があった。これは採用されず、新幹線も東北線に沿って建設された。

最初の橋は長さが三〇・八メートル

X橋の架橋は大正九年（一九二〇）八月一日と『仙台市史』にある。資料が少ないので想像の域を出ないのだが、工事は踏切を閉鎖して数年間にわたり進められたはずだ。橋に向かって四本の盛り土が積まれ、鉄道の上に鋼鉄の橋が掛けられた。橋の長さは三〇・八メートル、幅七・三メートル。平成二十九年に完成した新宮城野橋は長さが百九十三メートル、幅三四・三メートルあるので前の橋の六倍強の長さになる。東北線西側に線路と並行する道路があったので、橋と交差する部分にはレトロな風情が漂う赤レン

戦後、かさあげされたころのX橋。手前に蒸気機関車が見える。
もちろん新幹線はまだ通っていない（小崎）

ガのアーチ状トンネル（長さ八・六メートル）がつくられた。

橋の橋脚部分の工事を手掛けたのは車通（現青葉区宮町）、石澤鉄工所（代表石澤市兵衛）という話がある。鉄工所は大正末期に廃業したので今はない。明治初期に開業し、各種機械の製造修理販売からバス、新聞社の輪転機の修理まで広範囲に仕事を手掛け、従業員もずいぶんいたらしい。何度目かに発行された『仙台市史』には「市内有数の鉄工所」との記述が見られる。

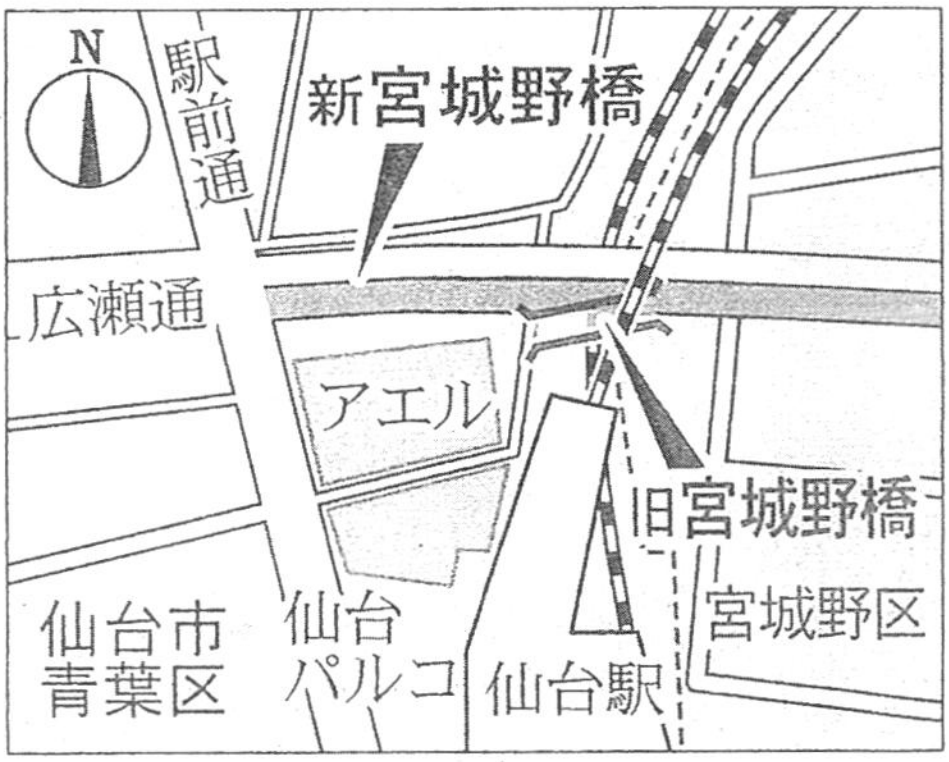

私事にわたって恐縮だが、市兵衛は私の祖父に当たる。母（百二歳で六年前死去）は「X橋はうちの鉄工所でつくったと義父から聞かされた」と語っていた。家には古い写真が少し残っている。商工大臣が視察に来たときとか、新型ボイラーの写真などだが、X橋については何もない。跨線橋という大仕事をしたのならば記念写真の一枚ぐらいあってもよさそうなのに見当たらない。あるいは橋の工事の一部を手伝っただけかもしれない。

橋は昭和三十六年（一九六一）にも東北線の複線電化に伴い六十センチかさ上げされている。

市内展望の新名所

できたてのころ、X橋は物珍しさもあって遊園地か観光地のようなにぎわいだったらしい。市の中心部に高い建物はほとんどなかったので見晴らしは抜群、市内を遠くまで望むことができた。その様子を『駅東口・仙石線沿線かわりゆくまち』（地元学の会編）から拾うと――。

「夏の夕べ、橋の上からは茂ケ崎、経ケ峯まで黒一色に広がって見え、静まり返った中に繁華街・東一番丁の夜店のカーバイトランプの淡い光がほんのりと映った」

「橋の上からは、仙台駅を出入りする旅客列車や貨物列車がはっきり見えた。黒煙を吐き、汽笛を鳴らして発車した列車が通り過ぎると橋の上は煙や蒸気で充満した。それでも子どもたちは歓声を上げて煙の中に飛び込んだ」

「二十人町に名物の暴れ馬がいた。仙台駅で貨物列車から降ろした荷物を運んでいた。仕事帰りに馬主はX橋近くの飲み屋の前に馬をつないで一杯飲むのが習慣になっていた。馬は蒸気機関車の気笛に驚いて綱を切って二十人町を走り出すときがある。それが月に一、二回あって、町内の人たちはそのたび家の中に隠れたものだった」

（平成二十八年五月号）

（注）平成二十九年、市は新宮城野橋の完成による交通渋滞を避けるため、橋のすぐ近くにある広瀬通中央分離帯のイチョウ並木十二本のうち一本を残して伐採した。全部伐採という市の案をめぐって「杜の都の緑を減らすな」と反対する意見が住民説明会や市議会から出て論議を呼んだ。

駅西は繁華街、東は駅裏に

「宮城野橋」はなぜX字形にしたのだろう。直線の方が工事は楽だし、第一、安上がりなはずなのに。その理由らしきこと?を郷土史家佐々久さんが『仙台あちらこちら』(私家版)に書いている。

「明治二十年、鉄道が仙台の町を割って通るようになるとここには踏切が出来て、よく荷馬車が並んで列車の通過を待っていた。踏切の東南角に元警察署長本田鶴吉経営の『鶴の湯』があった。大正五年(一九一六)だったと思うが二月二十四日の午後、この湯屋付近から火が出て強風にあおられ二百戸以上を焼く大火となった。この火事を機会にX道路がつくられ踏切は閉鎖された」

火事によって広い道路用地が生み出されたとも受け取れる文章だが、日付まで特定しているのに『仙台市史・年表』、『仙台消防誌』(仙台消防組)にこの大火の記録は見当たらない。それに近い時期の大火としては大正八年三月二日、南町から出火して郵便局、東北学院、官庁会社など七百余戸焼失がある。

藩制時代は生垣連ねた武家屋敷

鉄道が町を分断し、駅の改札口は西側に設けられた結果、元寺小路と名掛丁の大半は市内屈指の繁華街となった。反対に東側の鉄砲町、二十人町は裏町と化した。

日の当たる場所に躍り出た西側の名掛丁は中央通「ハピナ名掛丁」となって、毎日、お祭りのように人であふれている。藩政時代は生垣を連ねた組士の屋敷が現在の東北線地下道を過ぎて二十人町まで延びていた。組士というのは足軽の一段上の下士官クラスの武士で、伊達政宗の父親が米沢に居城していたころから鉄砲、槍で大小数十回の戦いに参戦してきた精鋭であった。

駅東の名掛丁、下宿屋三浦屋に明治二十九年(一八九六)九月から翌年三月までの半年間、東北学院で作文、英語を教えていた文豪島崎藤村が住んでいた。藤村は「下宿には荒浜の方で鳴る海の音がよく聞こえる。近所を散歩するとブドウ、ナシの畑があちこち目についた」とエッセーに書いている。

　平成十九年、名掛丁町内会や住民有志の手で駅東口に藤村広場が生まれ、仙台城跡から移された「草枕」の碑、そのほか「初恋」のモニュメントが並べられた。荒浜にあった「潮音碑」は東日本大震災の津波で流されたが後に発見され、石碑に津波の傷がついたままここに移設された。

　パルコのところにはJR仙石線の前身宮城電鉄（仙台―石巻五〇・二キロ）の始発駅があった。大正十四年の創業。東北地方では初めての地下駅で、らせん状の階段をとんとん降りて行くとそこが電車のホームだった。仙石線はあおば通駅から陸前原ノ町駅まで地下化されたので、その間の十四踏切が消えた。

　元寺小路は藩政時代、名前の通り寺町だった。鉄道分断により駅東部分は職人町、駅西は大店や料亭、医師、弁護士など新しい職業の人たちが住む町に変容する。駅西に県高等女学校（現宮城一高）、仙台高等女学校（現仙台白百合学園）、カトリック元寺小路教会、満願寺があった。学校はともに移転してもうないし、教会の場所も当時とは異なる。教会には太平洋戦争開戦日の昭和十六年（一九四一）十二月八日、宮城県内にいた米英カナダ国籍の修道女など五十三人が敵性外国人として特高により拘禁された。

軍人さんと女工さんの町

　裏町となった駅東の鉄砲町は、城下町によくある町名で藩政時代、城下の東端を警備する鉄砲組御足軽約百四十人が住んでいた。国道45号ができるまで仙台から塩釜、石巻方面へ行く幹線道路で、交通量は今の市中心街に匹敵するほどだった。鉄砲町の南側、二十人町には鉄砲組御足軽の二十人衆が住んでいた。藩内には四十二の足軽組があったというが、いずれも暮らしは豊かでない。二十人町では雨傘張りの内職のほか、屋敷周辺に農作物を栽培し自給自足の生活を送っていた。

　明治になって榴岡に歩兵第四連隊、二十人町には片倉組（本社長野県岡谷市）が大規模な製糸工場を建設し昭和三十年まで操業したので、二つの町は軍人と女工さん（女子労働者）でにぎわう町

昭和40年ごろ、駅東側の静かな風景。釈迦堂から見た鉄砲町、二十人町（小崎）

になった。

駅東、七十年かけて区画整理

今、駅西、駅東を含めてJR仙台駅周辺は新寺の寺町を除くと昔の面影をとどめるものはなにもない。戦災で焼け野原になった駅西側は戦災復興事業による区画整理で幅三十五メートルの広瀬通が生まれた。戦災を免れた駅東側は戦後もしばらく木造住宅や寺院が並ぶ静かな町だったが、三期に分けて区画整理事業が実施され、装いを一新した。

一期は寺院の多い新寺地区が対象で墓地の多くが市北西部の葛岡墓園に移された。二期工事では幅五十メートルの宮城野通が出現、歩道には歌枕の宮城野を詠んだ和歌のプレートが十種類埋め込まれた。その先にある県営宮城球場（楽天生命パーク宮城）は平成十七年プロ野球東北楽天の本拠地になり、同二十七年には市地下鉄東西線が開業して地域の利便性は高まった。

東八番丁町内会副会長で駅東口ガイドボランティアをしている八嶋敏郎さんは「長い間駅裏と呼ばれ、西口にしかなかった仙台駅の改札口が百三十五年ぶりで東口にもできた。駅構内の幅十六メートルの東西自由通路は人でにぎわい、宮城野通には清流の流れる広い歩道が出現し、暗いイメージはもはやない。やっと駅裏という言葉を返上しました」。

高層マンションと駐車場の街に

三期工事はX橋につながる鉄砲町、二十人町全域と駅東部分の元寺小路、名掛丁が対象。東西一キロ、南北五百メートル、四五・三ヘクタールの新しい町づくりは昭和三十五年（一九六〇）に市が着工し同六十三年（一九八八）に終える予定だったが、移転交渉が難航して完了は平成二十七年十一月。半世紀以上かかった。終わってみたら庭木に囲まれた古い住宅群、仙台の下町の風情を残した町は解体されて幅四十メートルの道路が貫き、高層マンションと駐車場の街に変わっていた。

「黒い木造の町家と土蔵の並ぶかつての二十人町には小さな商家がひしめき、互いに助け合う濃密なコミュニティがあった。建物が一掃されてそんな暮らしぶりもどこかへ消えてしまった。建物は『記憶の器』と言われる。同じ場所に立つ一棟の建物が残ることで、過去、現在、未来の時間軸がつながり、そこから街への愛着や共感が生まれてくるはずなのに……」とフリーライター西大立目祥子さん。

学生時代をこの町で過ごした宮城野区、菅原みよ子さんは「人間くさかった当時の街の面影を残すものは何も見当たらない。急速な都市開発は生活のにおいを消してしまうことだなあ、とここを

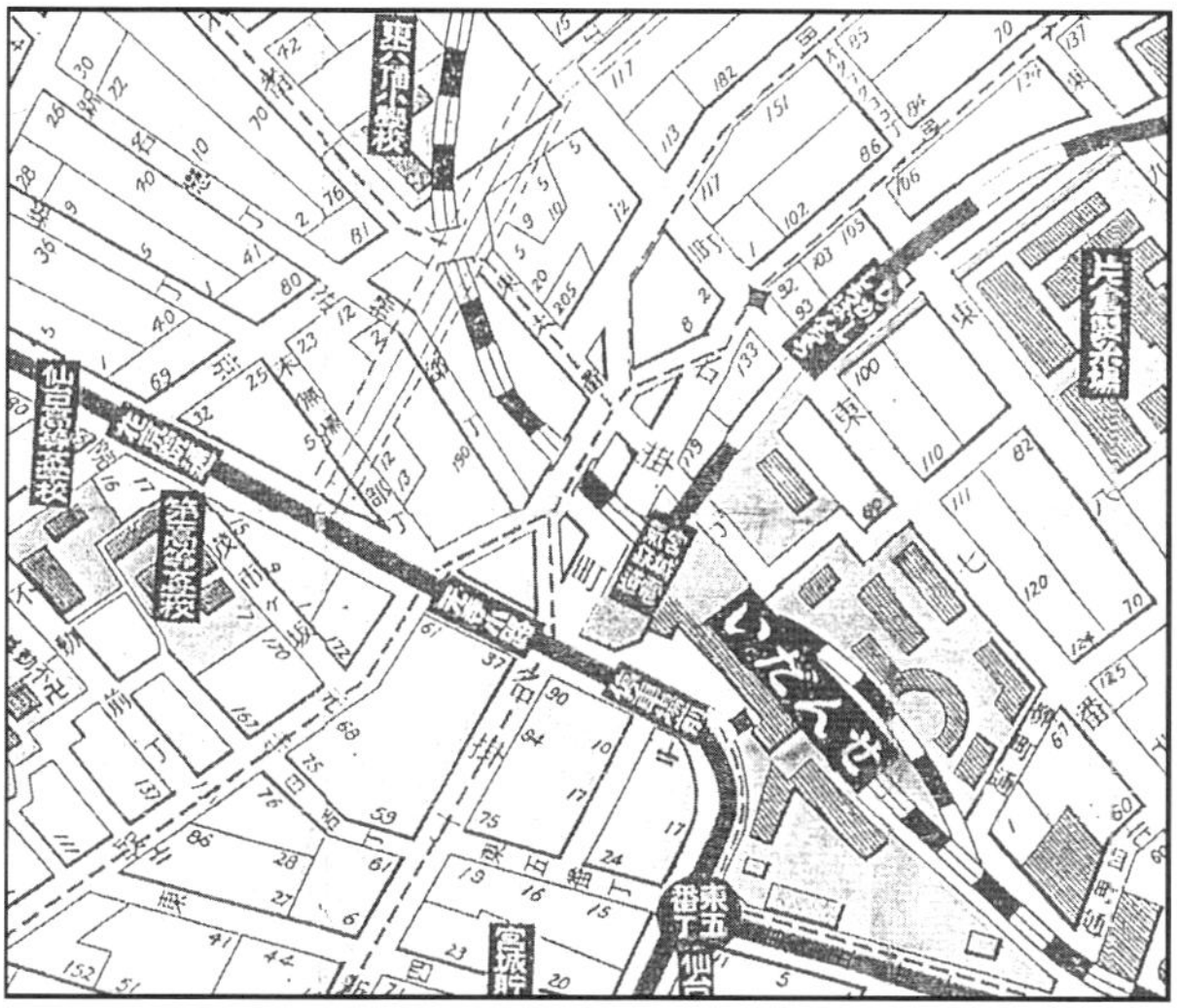

昭和11年発行の「仙台市地図」（盛文館）にはX橋がはっきり。
太い実線は市電路線、右下が仙台駅

散歩しながら感慨にふけっている」とエッセーに書いた。

幸い歴史ある町名の過半数は残された。それはいいのだが、駅東の名掛丁には区画整理前、約三百世帯が住んでいたのに今はわずか十世帯になったと河北新報は報じている。

（平成二十八年六月号）

多くの兵士が橋を渡って戦地へ

X橋から東へ一キロほどの榴岡公園内に仙台市歴史民俗資料館がある。明治七年（一八七四）に建てられた陸軍第二師団歩兵第四連隊の兵舎の一つで、県内最古の白く美しい木造洋館と言われる。これが七棟、コの字型に建っていた。昭和八年（一九三三）から二年間、関東軍参謀として満州事変と満州国建設を指揮したことで知られる石原莞爾大佐が連隊長をしていた。

兵舎は戦災を免れ、戦後、米軍が接収して工兵隊が使用、「キャンプ・ファウラー」と呼ばれた。米軍撤退後、東北管区警察局が一時使ったが、後に保存状態が良い一棟を残して整備し、昭和五十三年（一九七八）市有形文化財に指定された。

資料館の二階に兵舎を再現した部屋があって、兵士が毎晩寝るベッドが一列に並んでいる。枕元に私物を置き、部屋の入り口のところには小銃の列。当時の日本人は背丈が低かったので、今、見るとベッドの長さがずいぶん小さく感じられる。

戦争に負けるまで兵役は国民の義務で、満二十歳に達した男子(敗戦直前に一歳引き下げられる)は徴兵検査を受け、徴兵されると県出身者の多くはここに入隊した。毎晩、このベッドでなにを考えながら眠りについていたのだろうか。

拠点・榴岡の歩兵第四連隊

仙台は昔から「学都」「軍都」と呼ばれた。仙台にあった第二師団は、明治初期、全国六師団の一つとして誕生し、常に激戦地の戦闘に参加してきた。時代によっても異なるが川内には師団司令部のほか、野砲、工兵、通信、輜重（しちょう）＝武器弾薬、食糧輸送＝、騎兵の各部隊、榴岡に歩兵四連隊、宮城野原に訓練場があった。騎兵隊は昭和になると宮城野原に移り、後に同隊に自動車軽装甲車隊が加わる。

師団というのは部隊が独立して戦闘を行える各兵科を備えた組織のことで、平時と戦時でも異なるが一万数千から九千の兵を擁していた。（「青葉山・川内四代記・第二師団の根拠地」の項参照）

戦闘の主力部隊は歩兵である。小銃、機関銃などを備え最前線に展開する。四連隊には四千～六千の兵がいた。日曜日、兵舎を出て繁華街に繰り出した兵隊さんは食事や映画鑑賞で休日を楽しんでいるように見えた。が、兵舎内では私的制裁という陰湿な方法で訓練されていたことが戦後になって分かる。

昭和十六年（一九四一）入隊した志津川町（現南三陸町）出身、勝倉国司さんは「三日間はお客様扱いだった。四日目から古年兵の態度がガラリと変わり、『きょうからびしびしやるから覚悟しろ』と気合を掛けられた。歩兵銃をかついで訓練を受け、訓練後銃剣の手入れをするんだが、磨きが悪いとビンタが飛んできた」。

四連隊と川内の司令部は三キロほど離れている。主力部隊をなぜ離したのだろう。第二師団についての研究家で、著作もある仙台郷土研究会理事加藤宏さんから「川内に歩兵部隊の兵営を置いた場合、広瀬川が洪水になり橋が流されると第二師団全体が孤立してしまう。それを避けて分散したのではないだろうか」とうかがったことがある。広瀬川が氾濫するなんて今では想像もできないが、江戸時代から太平洋戦争の敗戦後までこの川は大雨のたびに氾濫した。(「繰り返す水害、五十二回も氾濫」の項参照)

戦地に向かう兵士たち

駅東の二十人町、鉄砲町は近くに四連隊や騎兵隊の兵舎があったので、なにかと軍とのつながりの深い町であった。当時の思い出を住民たちが『地元学』(地元学の会編)で語っている。

「戦前は兵隊さんや、面会に来る家族、親類の人たちで町はにぎわった。おかげで兵隊用品店、飲食店、土産物屋、理髪店は繁盛しました」(小西芳雄さん)

「鉄砲町の東の入口に残飯長屋があって、四連隊で残った食べ物をもらっていた。残飯は上下に分かれていて、長屋の人が一手に引き取り、上は今の弁当のようにして販売し町民が買っていた。下は家畜の餌として農家の人が引き取った」(武田順三さん)

「軍隊が戦地に行くのは夜中だった。子どものころだが寝ているところを起こされて小旗を持って見送りをした」(亀森弘子さん)

「ここを発って戦地に行く兵隊さんの中には手紙を頼む人もいたよ。連隊長のお宅でお手伝いしていた人から聞いたんだけれど、軍隊から脱走する人もいっぱいいたんだって。そうすると夜中に電話がかかってくるらしくてね。脱走して(他人の家の)お茶箱の中に隠れていた兵隊さんもいたなんてね。訓練が厳しくて逃げたんだろうね」(庄子こうさん)

壮絶極めたガダルカナル

第二師団は常に激戦地に回された。同十六年十二月から始まった米英オランダ相手の太平洋戦争では開戦当初、マレー半島、フィリピン占領と並行して石油資源の多いオランダの植民地ジャワ島(現インドネシア)作戦が実施された。ジャワ島に上陸した二師団は、わずか十二日間で八万余の英国、オランダ兵を降伏させて占領した。

非劇が待っていたのはその後である。海軍は昭和十七年八月、オーストラリアに近い英国領ソロモン諸島ガダルカナル島に飛行場を建設する。完

ガダルカナルで戦没した大勢の英霊が無言の帰還をした（仙台市X橋の手前付近）当時の写真を基に描いた（小崎）

成間際、米軍の猛攻撃を受けて占領され、大本営が奪還を命令、半年間にわたる壮絶な戦闘が行われた。

ジャワ作戦が終わって帰国準備をしていた第二師団にガダルカナルへの出動が命令された。その前に旭川、名古屋の部隊が戦ったが敗退している。第二師団による飛行場への総攻撃は同年十月二十四日から翌日にかけて行われた。大本営の作戦の拙劣さと敵に事前に察知されて、四連隊約三千人が一夜にして戦死した。制海権、制空権を敵に奪われてガダルカナル島に残された兵士に武器弾薬、食糧、医薬品が届けられない。空腹の上マラリアなどの病気にかかり犠牲者は増えて行った。大本営は翌年二月、駆逐艦を総動員して残っていた約一万一千の兵を五百キロ離れたブーゲンビル島に救出した。

たくさんの英霊が帰還した

ガダルカナル島では第二師団一万三百十八人のうち七千六百七十一人が戦没、その四分の三は栄養失調と病死だった。同年七月二十三日、多くの遺骨が仙台に帰ってきた。仙台駅前で奉迎式が行われた後、白木の箱に収められた英霊の多くは儀杖隊に守られてX橋を渡り榴岡の四連隊兵舎へ向かった。

「店の前に台を置き、お線香を上げてお迎えしました。遺骨が白い布に包まれて兵士の首から下げられてたくさん帰って来た。その時の足音が今でも聞こえてきます」（亀森弘子さん）

この連載を読まれた宮城野区萩野町、今野てり子さんから「兄はガダルカナルで戦死しました。二十四歳でした。私は国民学校の児童でしたが覚えています。お墓に納骨する前に開けてみたら遺骨ではなく、小石二個と砂が入っており、ガダルカナル島の石と砂と書いてありました。兄の髪か爪でも入っているのではないかと思っていた母は、がっかりして涙に暮れていました」とお便りがあった。

太白区太白、湯田和郎さんは当時、立町国民学校の上学年だった。ガダルカナルの兵士だけでなく、午前中は毎日のように英霊の出迎えで、市電通りに何時間も立って待っていた。遠くからラッパの音が聞こえてくる。白木の箱におさまった英霊の列は学校の向かい側にあった陸軍の親睦団体、仙台偕行社に消えていったという。

戦争は遠いところでやっていると思っていた県民は、身近な人たちの死によってあらためて戦争の恐ろしさを知らされた。戦死の内報を受けた遺族の衝撃は大きく、老人や婦人の中には発作的に精神異常や発病する人もいたと内務省資料にある。ガダルカナルで九死に一生を得た第二師団将兵は日本へ帰されることはなく、東南アジアに留め置かれた。

戦争では四万四千六百五十一人の県出身者が戦没している。

（平成二十八年六月号）

橋のそばまで空襲の猛火が

太平洋戦争の敗戦約一カ月前、仙台の中心部は米軍機の空襲を受けた。空襲の状況については別項「仙台空襲体験記」に詳しい。ここでは空襲によって炎上する国鉄（現ＪＲ）仙台駅や駅前繁華街などＸ橋周辺の様子を報告しよう。

戦争の敗色が濃くなる昭和十九年（一九四四）夏、わが国を空襲から守る防波堤の役割を担っていたマリアナ諸島サイパン、グアム、テニアンの三島は米軍に占領される。米軍はここに六つの飛行場をつくり、航続距離の長いＢ29爆撃機を飛ばして同年暮れから東京、大阪、名古屋、神戸へ大都市空襲を始めた。これらの都市が灰じんに帰すと次の目標は仙台など五十七中小都市に移った。

仙台には昭和二十年七月十日未明、Ｂ29百二十三機が来襲、仙台市中心部の駅周辺や市電循環線内の商業、住宅地域と川内の陸軍施設を二時間にわたり爆撃。市内全家屋の二二％（中心部の四割）に当たる約一万二千戸が焼失、五万七千人が焼け出された。千三百九十九人の犠牲者を出し、千六百八十三人が負傷した。

空襲は高度三千～八千《メートル》から三機ないし五機が編隊で二十五回にわたり繰り返し行われた。投下されたのはナパーム入り焼夷弾、Ｍ47収束焼夷弾など総数二十三万七千発。わが軍は高射砲二十一門で応戦したが、Ｂ29は徐々に高度を上げたので撃墜できなかった。わが方の戦闘機は米軍上陸に備えて温存していたので出撃しなかった。

目の前で不発弾が貫通

当時、市内には鉄筋ビルがあまりなく大半は木造家屋だった。しかも市街地は仙台駅を中心に二《キロ》以内に集中している。そこに焼夷弾の雨が降り注いだ。

空襲では市内の四百公会のうち十四公会が全焼、三十七公会が半焼している。公会というのは仙台独自の隣組の呼称で、国民を統制する地域組織。十戸単位で隣組がつくられ五百戸程度を一公会とした。

仙台駅やX橋など駅西側には商店街を中心に三つの公会があった。東四番丁公会二百三十一戸、元寺小路公会四百五戸、新伝馬町公会四百十七戸である。いずれも全焼、合計四十九人の死者を出している。猛火はX橋のそばまで迫ったが、かろうじて橋の被害は免れた。

駅東側の鉄砲町、二十人町、歩兵第四連隊の兵舎などはほとんど爆撃を受けなかった。その後、敗戦の日まで、三陸沖に展開する米英空母から発進する艦載機による空襲で毎日のように攻撃を受けた。

X橋近くに住んでいた人たちの空襲証言―。

「主人は軍隊に行っていた。新伝馬町の家には十一歳の長男、四歳の次女、それに九州から疎開してきた姪がふたり。ドンという音で目が覚めたときはまくら元が燃えていた。次女を背負い、皆にふとんをかぶせて裏口から逃げた。空を見ると焼夷弾が次々落ちてくる。一つが八つに、またその一つが八つに。それがきれいで身の危険も忘れてしばし見とれた」（主婦三好こうさん、当時三十三歳）

「生後一年三カ月の長男は空襲前日、元寺小路の岩本病院で手術を受け、福島県の老人と合い部屋になった。老人はこの日が退院で、付き添いの奥さんと迎えに来る息子さんを待っていた。そこへ空襲である。上空の空が急に明るくなったと思ったら突然『うーん』とうなる声がする。見ると病室の天井を破って、ひとかかえもある不発焼夷弾が飛び込んできて老人の体を貫通し、老人のベッドの下で寝ていた奥さんの身体に突き刺さっていた」（小田原金剛院町、若林芳枝さん、当時二十六歳）

駅前などの建物を強制疎開

空襲に備えて昭和十九年後半になると仙台でも隣組単位の防空演習が強化され、防空壕づくりや、空襲の際消火作業を円滑に行うため、建物を壊して広い道路をつくる緊急事業が進められた。建物の強制疎開は仙台駅周辺など市内千六十七戸が第一次対象。建設業者や隣組、学徒勤労動員の学生諸君が解体作業に従事した。駅前周辺は空襲前日が作業最終日に当たっていた。作業が完了し、荷

X橋から見た空襲直後の市中心部。街は廃墟と化し、市役所が見渡せた（村上）

物の運搬も終わった数時間後、米軍機が襲ってきた。

空襲時に避難する防空壕は行政が丸太材や補助金を出して督励、仙台市内には五百七十五カ所の公共壕、五万五千カ所の一般壕、十五カ所の横穴式壕がつくられた。一般壕はほとんどが爆弾の爆風よけの簡単なもので、庭や畑に穴を掘り、その上を丸太などで覆い土をかぶせたものが多かった。仙台空襲で使用されたのはほとんどが焼夷弾だったので、火の付いた油脂焼夷弾が壕の中に流れ込んでやけどをした人も多く、死者は確認されただけで六十五人に上る。

名掛丁、会社員加藤三枝子さん（当時二十歳）は「焼夷弾の破裂で駅近くの針久旅館の前庭は稲刈りの後の切り株のようにぼっぼっと火を吹いていた。駅前広場まで逃げて来たら警防団の人たちが大きい防空壕の入り口でここに避難するよう誘導していた。いったん足を踏み入れたが、ふと駅周辺は狙われるのではないかという気がして警防団員の手を振り切りよそに行った。翌日、ここで多数亡くなられたと聞かされ、一瞬の判断と行動が人間の運命を変えるのだと思うと恐ろしくなっ

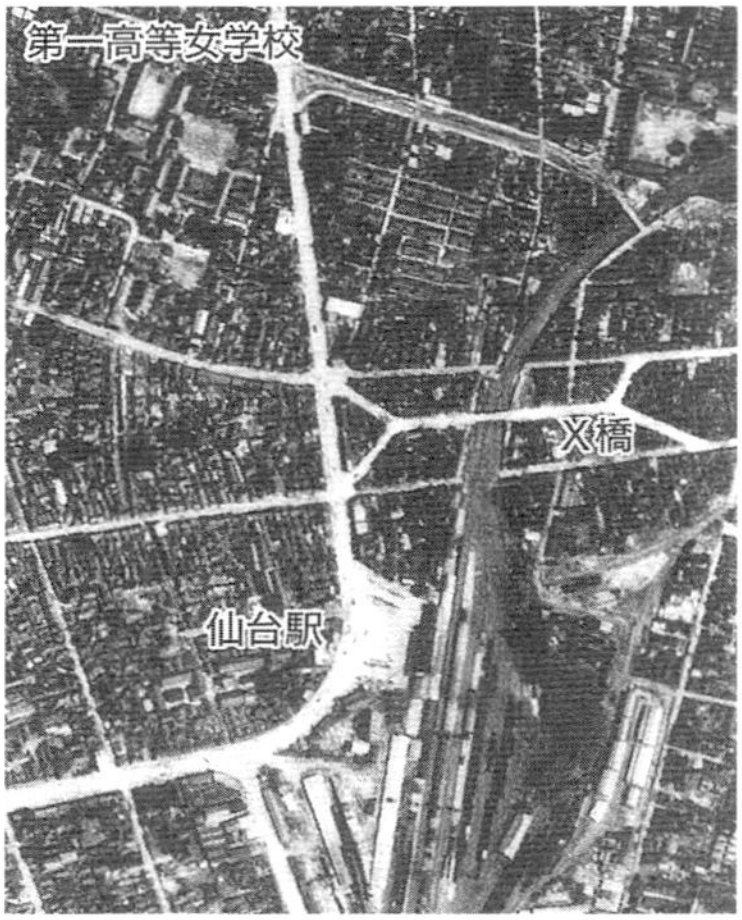

米軍機が空襲の一カ月半前に撮影した仙台駅周辺。X橋もくっきり写っている。白い線が市電路線、右下が仙台駅＝米国立公文書館蔵、『市史せんだい』第十六号

た」。

仙石線の地下駅に避難した

格調高い木造二階建ての仙台駅舎は真っ先に全焼した。東北線のレールや駅の東側にあった機関区に被害はなく列車は翌日から運行している。昭和十八年、私鉄宮城電鉄から国鉄に移管された仙石線の始発駅・仙台駅は地下にあり、駅に切符を買いに来た人たちや一般市民、国鉄職員など三百五十人が避難した。当時、列車の乗車券は発売枚数が制限されていたので、切符を求めて早くから並んで待った。

仙台駅勤務の宮城県柴田町、佐藤なみ子さんは空襲の夜、当直だった。仙石線の地下駅にまず避難し、様子を見ようと階段を上がってみると駅舎も市内の建物も火の海になっている。駅のホームや東北線の線路は逃げて来た市民であふれている。停電の中、線路沿いに東照宮へ向かった。空を見ると探照灯にB29は入るのだが高射砲が届かない。東照宮では肉親と離れ離れになった人たちが名前を呼んでいた。

仙台北署の資料には「火勢、猛煙（仙石線）地下ニ吹キ込ミ避難者ハ窒息寸前ニアリ処置ニ窮シツツアッタガ、警察ハ東六番丁国民学校校庭ニ誘導、事ナキヲ得タリ」とある。

空襲二日後の生々しい焼け跡の様子を県警察部（現県警）鑑識係佐藤治平さんが撮影している。県庁、X橋、芭蕉の辻、愛宕山、仙台城跡で撮った二十一枚で、X橋付近のものとしては疲れ切った表情で荷物を担いで橋へ向かう人たちや、橋の上から撮影した市中心部の焼け跡などがある。前ページの挿絵はその一枚を基に描いてもらった。

（平成二十八年八月号）

戦後は占領軍が闊歩する街に

昭和二十年（一九四五）八月、戦争に敗れたわが国は、米軍を主とする連合国に占領され、翌九月になると宮城県にも約一万の米兵が進駐して来た。外国軍に占領されるなんて、これまで経験したことがないことで、進駐を前に、暴行、略奪、財産没収、とりわけ女性への乱暴が心配された。

結果的に言うと占領軍は明るく陽気な兵隊が多かった。が、皆が善人でもなく、進駐から一カ月間で警察に届けられた米軍犯罪は二百五十七件に上った。内訳は婦女暴行未遂四件、傷害六件（うち一人死亡）、ほかに現金、時計、衣類の盗難など。

進駐を前に県警察部（現県警）は内務省の指示で「性の防波堤」としての慰安施設を整備している。仙台では小田原遊郭十一軒（娼妓五十五人）と、X橋に近い東八番丁（宮城野区榴岡、若林区新寺）の私娼料理屋十一軒（酌婦二十一人）の建物を国費で修理した。「これらの施設により心配された婦女子に対する暴行事件が極めて少なく抑えられた」と『宮城県警察史』にある。間もなく米軍兵士に性病がまん延して施設は全面閉鎖された。

川内に「キャンプ・センダイ」

県内では旧陸海軍の十二施設が接収され、霞目飛行場に砲兵隊、榴岡の第四連隊兵舎に工兵隊、原町苦竹の陸軍造兵廠には空挺師団が入った。第八軍第一四軍団司令部は北一番丁の簡易保険局（現日本郵政グループ）ビルに、宮城県を担当する宮城軍政府は富国生命ビルに置かれた。

九月十四日、宮城県の細倉鉱山（二百八十一人）など東北地方の鉱山、製鉄所などに収容されていた米英オランダ軍捕虜三千五百人と民間人二百五十人は、横浜から回送され塩釜港で待機していた米海軍病院船に移され帰国の途に着いた

昭和二十二年になると、東北最大の駐屯地「キャンプ・センダイ」が川内の旧陸軍用地約十万坪につくられる。広大な敷地には十五ブロック総数二百四十六棟を擁する一大拠点が完成した。ここには第八軍団一四軍団から改編された第九軍団の司

戦後まもなくのX橋。進駐して来た米兵が闊歩（かっぽ）し、ジープが行き来した（小崎）

令部が置かれた。（「青葉山、川内の四代」「キャンプ・センダイ」の項参照）

進駐軍のジープに乗せられて

X橋は川内の「キャンプ・センダイ」と榴岡の「キャンプ・ファウラー」、原町苦竹の「キャンプ・シメルフィニヒ」、それに多賀城などの米軍駐屯地を結ぶ重要な連絡道路だったので、米軍のジープが土煙を上げてひっきりなしに走った。休日の兵士が繁華街へ遊びに行く通り道でもあった。

「四連隊兵舎にも米兵が入り、町内でも米兵を見かけるようになった。日本の兵隊さんの重そうな靴に比べて米兵はふわふわとしたゴム底の靴だった。猫でも歩くように静かだった」（宮城野区二十人町、米山ふみ子さん）

「終戦を挟んで二年間、X橋近くの交番に勤務した。進駐軍の軍用トラックがX橋を渡り、原町の陸軍造兵廠に入った時は、周辺の家々は戸締まりして部屋を暗くして様子をうかがった。一週間も過ぎると子どもたちが米兵からチュウインガムをもらっていた」（青葉区、佐々木信一さん）

「昭和二十四年、初売りの日、中学生の私は原町五輪から東一番丁の書店へ徒歩で買い物に行った。その途中、進駐軍のジープが私の前で急停車した。逃げようとしたら米兵がチョコレートを出し、車に乗れと言う。X橋付近まで乗せてもらい、別れ際に『グッドラック』と言われた。米兵にも親切な人がいるものだと思った」（宮城野区鶴ケ谷、峯岸義雅さん）

戦災で焼失した仙台駅は間もなくバラック平屋建ての貧弱な仮駅舎で業務を始めた。駅前広場には米兵の客を待つ輪タクが並んだ。駅の北隣、今のパルコのところに占領軍の鉄道輸送司令部の事務所、RTOが設けられた。国鉄（現JR）と輸送面で連絡調整する機関だが、司令部の前庭には色とりどりの四季の花が咲き乱れ、あたりがあまりにも殺風景だったのでオアシスのように見えたのを覚えている。

占領期、国鉄が持っていた優秀な車両は米軍に接収されて占領軍専用列車となった。その数、東北地方だけでも六十八両。昭和二十一年二月から東北線上野－青森間を六両編成で一日二往復運行、日本人は立ち入り禁止であった。

犯罪の巣？ X橋周辺

仙台駅や駅に近いX橋わきの東北線名掛丁地下道には戦災で家を失った大人や子どもたちがたむろした。X橋下のトンネル付近には夜、濃い化粧をした売春婦が客待ちで立ち、この情景は売春防止法が施行された昭和三十三年以降も続いた。

同三十六年、X橋は東北線の全線電化によるかさ上げ工事で長期間閉鎖され、地下道が駅東と結ぶ唯一の交通路となった。人々はこのトンネルをくぐって行き来した。そのころの新聞投書欄に「地下道内ではここに住んでいる人たちのたき火で煙が充満して歩行も難しい。帰宅途中トンネルを出れば、売春婦たちが近くにたむろしている」とあり、戦後十五年経ってもX橋周辺では敗戦直後を思い出させる風景が見られたことが分かる。

敗戦直後のX橋は二つの小説の舞台になっている。熊谷達也さんの『いつかX橋で』（新潮文庫）は、仙台空襲で家族を亡くした二人の少年が、靴磨きをしながら戦後の混乱期をたくましく生きる物語。高城高さんの『X橋付近』（荒蝦夷）は仙台の病院に入院した学生がたまたま同室になった人から妹を探してくれと頼まれ、その妹が遺体で発見されるところから始まるハード・ボイルド文学である。

高城さんは作品の中で「東八番丁の私娼街に近いX橋付近のキャバレーやバーは米軍兵士相手のものだった。ここで起こる犯罪は仙台市内の犯罪統計に重要な位置を占め、特に米兵の暴行傷害事件は大体ここに決まっていた。環境は悪く麻薬、ヒロポン、性病の巣窟となっていた」と書いている。

X橋、地下道に戦争孤児たち集結

仙台駅やX橋付近にたむろしていた戦争孤児の実態を示す資料を探したが見つからない。大学時代の畏友、富山市に住む石黒成治君（元北日本新聞社専務）から「地元の北日本放送で、戦後七十年の記念番組に戦争孤児の問題を取り上げていたぞ」と聞かされ、彼を通じて同放送岡部英明記者から資料が送られてきた。

これによって実態がやっと分かる。昭和二十三年三月、厚生省（現厚生労働省）の調査では、全国に十二万三千五百十一人の戦争孤児がおり、このうち宮城県は千五百五十九人。

宮城県内の内訳は▽戦災孤児二百三十一人（仙台空襲で両親を亡くした子、宮城県へ学童集団疎開中東京大空襲で肉親を失った子など）▽引き揚げ孤児二百三十二人（満州などからの引き揚げ途中で両親が死亡）▽一般孤児千七十四人▽捨てられた孤児二十二人――となっている。大半は親類や里子として引き取られたり、保護施設に収容された。浮浪児の経験がある子も多かった。

東京からの学童疎開児が最も多かったのは宮城県では鳴子温泉郷である。昭和二十年三月十日の東京大空襲で孤児になった子が三十人、新聞広告で里親を募集し、大崎地方の農家などに引き取られた。女子は良かったが男子は荒れて、困り果てた里親の中には子どもを列車で上野駅まで送って行き、そのまま置いて帰ってきた人もいたという。

社団法人日本戦災遺族会がまとめた全国戦災史実調査報告書には宮城県内の浮浪者の多くは仙台駅と近くの東北線名掛丁地下道をねぐらにし、通行人に金銭やたばこをねだっていたとある。その

宮村さんが描いたX橋下のレトロな風情が漂う赤レンガのトンネル

数四、五十人のときもあるし、東京・上野で浮浪児刈りがあると百人から二百人に増えた。

仙台北署が昭和二十三年六月に調査したところ市内の浮浪者は百四人。十八歳未満が半数を占め、このうち女性は二割程度。ほかにもかつぎ屋、いなかを集団で回るこじきなどが百人以上いた。浮浪児になった理由は▽戦災で孤児になり、引き取り手がない▽両親はいるが食えないので流浪の生活に▽継父母から飛び出した▽父親が戦地から帰還せず、母親が堕落して家庭が乱れている―など。誰もが食糧難で飢えていた。食べ物も、寝るところもない孤児たちにとっては特に厳しく、寒さと栄養失調から亡くなる子も相次いだ。

X橋トンネルは歴史遺産だ

X橋の下にあった赤レンガづくりのトンネルは戦後の混乱期を思い出させる貴重な歴史遺産として絵や写真に残している人がいる。宮城野区鶴ケ谷、宮村光一さんもその一人、これまでも市内の古い建物を描いて河北美術展に何度も入選している。

宮村さんは「X橋がなくなると聞いて、現場に行って何枚も何枚も描いた。橋の下にあった赤レンガ造りのトンネルは、戦前から戦後を知るいわば生き証人で、戦災からかろうじて残った貴重な建築物だ。残せないものかと描いているうちに涙が出てきた。市内では毎年のように古い建物が消えている。私にできることは、今のうちに描いておくぐらいです」。

X橋は痛ましい歴史の目撃者である。太平洋戦争中は多くの将兵が橋を渡って戦地に向かい、その多くは英霊となって無言の帰国をした。敗戦後は米軍の行きかう道となり、橋の下や地下道には夜の女、戦争孤児がたむろした。仙台における近現代史の縮図のような橋であった。

（平成二十八年九月号）

戦乱の中で

二十一人の仙台空襲体験記

太平洋戦争末期の昭和二十年（一九四五）七月十日未明、仙台の中心部は米軍Ｂ29爆撃機百二十三機の空襲を受け、大きな被害を受けた。

市街地を燃え尽くす赤い炎は、遠く福島市信夫山や宮城県築館町（現栗原市）からも望むことができたという。

「仙台空襲体験記」を平成二十六、七両年七月号で募集し、編集部に寄せられたお便りのうち二十一人分を掲載する。当時働き盛りだった人たちの多くは既に歴史の中に消え、投稿者の多くは国民学校（今の小学校）や中学校、高等女学校の児童・生徒、あるいはそのちょっと上の人たちである。（「Ｘ橋は見た・橋のそばまで猛火が」参照）

焼夷弾の破片当たり弟は二日後死亡

青葉区中江、板橋利衛さん「八十九歳です。わが家は花京院通、いまの東北電力本社ビルの所にあった。家族は両親と子ども六人。空襲と同時に一度は防空壕に飛び込んだが、すきを見て飛び出し家の中から位牌や大事なものを持ち出して裏手の墓地に逃げた。空からはザーザーと夕立のような音を出しながら焼夷弾が降ってくる。洗面器を頭からかぶり地面に伏せた。そのうちに二階建てのわが家が燃え出した。消火どころではなくただ見つめるだけ。中学生の弟は焼夷弾の破片が腰部に当たって骨が露出し大学病院に担ぎ込まれたが二日後亡くなった。家族は二日間、市内の親類に泊めてもらい、東北線で一ノ関駅まで行って親類のお宅に二カ月間世話になった」

不発弾直撃、キクエ先生二十八歳で死去

若林区匿名希望「八十一歳の女性。南小泉国民学校で六年生のときの担任だった沢田キクエ先生が連防小路の自宅前で落ちてきた不発弾の直撃

日本の都市を空襲するＢ 29 の編隊（小崎）

を受けて即死しました。まだ二十八歳の若さでした。私たちが国民学校を卒業してから四カ月後の出来事です。悲しくて仕方ありませんでした。クラスは七十人、今でも皆と一緒に先生が写っている卒業写真を大切に持っています」

防空壕から出たら、見渡す限り焼け野原

青葉区本町、三好裕子さん「空襲の日は入学式の予定でした。一高女（現宮城一高）卒業後、宮城県女子専門学校（学制改革で東北大に包摂）の試験を受けて合格したのです。女学校の時は学徒勤労動員で横須賀の海軍工廠などで学業を放り投げて働きました。

家は元柳町の電車通りに面しており、空襲直後あっという間に焼けてしまいました。私と母、姉、弟は防火用水に布団をつけてかぶり、向かい側の神社参道にあった防空壕に飛び込みました。あたり一面火の海です。すぐ隣の立町国民学校が火に包まれてがらがらと崩れ落ち、もうこれで終わりかと思いました。あたりが静かになり、空も白み始めたころ、やっと壕から出てみたら見渡す限り

の焼け野原です。その後は大橋の下の防空壕、北六番丁の男子師範（現宮教大）の教室、東照宮のお寺に入れていただき、後に山形県の高畠に疎開しました」

燃える仙台の中心部。この絵を描いた小崎さんは学徒勤労動員で多賀城海軍工廠で働いていた

空襲の日、比島で学徒出陣の兄没す

青葉区荒巻本沢、斎藤久子さん

「尚絅女学校二年生。私の家は東北帝大医学部、市電車庫（現市交通局）近くにあり、かろうじて戦災を免れました。（空襲直後）着のみ着のままの被災者が見えられ、母は水などを差し上げていたことを思い出します。翌日、登校の途中、広瀬川や道路で軍馬の死骸を見ました。学校の校舎中央の廊下には不発弾が屋根を貫いて落ちていました。後に公報が入って分かるのですが、空襲の日の七月十日は学徒出陣した兄がフィリピンで戦病死した日でした。戦争中は、キリスト教は敵国の宗教、ピアノも西洋の楽器で弾くことは非国民と言われました。敗戦と同時に私は一音も音が出せなかったピアノを朝から晩まで弾き続け、定年になるまで音楽一筋の人生を過ごしました」

焼け跡整理に従事、悪臭体に染みつく

宮城野区宮城野、星博見さん　「十三歳の中学二年生（仙台二中＝現仙台二高）、空襲の夜、父親に起こされて、北七番丁のわが家から母親と同居していた叔父と一緒に飛び出し、台原の山林にたどりついた。暗がりでは被災した海軍病院（現仙台赤十字病院）から運び出された傷病兵たちが、ある者は目鼻と口を除いて全身包帯を巻かれて横たわり、ある者は上半身を焼けただれて虫の息に。『水、水…』とうめく声に、私たちは看護兵に水筒を差し出した。

空襲後、焼け跡整理に従事した。軍手と炭鋏みのようなものを渡され、警防団の指示で横一列になり廃虚を前進した。赤ん坊か犬猫か分からない小さな黒こげ死体や、風呂場の跡から内臓のはみ出したろう人形のような女性の遺体も見つかった。悪臭が衣類ばかりか身体にまで染みついた」

防空壕に入らないで命が助かったのです

宮城野区萩野町、吉田さん　「常磐木学園に入学して三カ月、母と二人で市役所の近くに住んでいました。父は軍需工場に単身赴任中です。空襲とともに防空頭巾をかぶって市電通りを北上しました。あたりには焼夷弾が落ちて足元では火の粉が飛び散っています。朝方、家に戻ったら自宅は跡かたもなく焼け落ちていました。家と家の間に防空壕があったのですが、そこへ入らず逃げたので助かったのだと思います。防空壕に入った人たちの中には蒸し焼きになった人が大勢いると後で聞かされました。大勢の人が亡くなったのにそれは報道されませんでした。戦争は破壊と殺人があるだけ、二度とやってはいけないと思います」

池の水が枯れ消火も手の施しようなく

泉区虹の丘、高橋昭さん　「八十六歳、仙台中（現仙台高）を卒業、上級学校へ通っていた。空襲の日、父母は祖母、妹を疎開させるため登米郡の親類に出かけ、北四番丁の家には私と姉夫婦が残っていた。空襲警報発令とほぼ同時に仙台駅周辺から火の手があがり、B29は北へ北へと焼夷弾を落としながら飛んで行く。敵機が姿を消したので勝山公園に行ったところ真向かいの仙台商業の校舎

が燃えている。消坊団の人々がガッチャン、ガッチャンと手押しポンプで校舎に水をかけていた。私も手伝ったが、間もなく公園の池の水も枯れ、手の施しようがなかった」

避難場所にいたら五人は助かったかも

青葉区旭ケ丘、川越和子さん「仙台空襲では私の叔母と四人のいとこが亡くなり、叔父が遺骨を抱いて私の家（秋田県十文字町）に来ました。五人の遺骨は小さな壷に入っていました。空襲のとき避難した場所にいたら助かったのに、帰宅して焼夷弾にやられたということです。私は縁あって仙台に住んでいるので毎年、市戦没戦災者合同慰霊祭に参列しています。年ごとに参列者が少なくなるように思われます」

ミシンで縫うように焼夷弾がばらばらと

太白区太白、湯田和郎さん「仙台二中（現仙台二高）二年生、川内明神横丁に三世帯八人で住んでいた。空襲警報が鳴ったのでマントをはおり広瀬川の河原に逃げた。両親や兄弟が後で来た。布団をかぶって空を見上げるとB29がゆっくり飛んで行く。そのうち焼夷弾がミシンを縫うように近くにばらばらと落ちてきた。県警察学校、第二師団長官舎の崖を登って逃げた。家に帰ってみると屋根に不発弾が一発落ちている。明るくなってから毛布でくるんで取り除き、分解して燃える部分にマッチで火をつけてみたら長時間燃えたので感心した」

逃げ惑う人の群れ念仏唱えるお年寄り

青葉区桜ケ丘、石川順一さん「わが家は立町国民学校の向かいで『はま屋』という飲食店を経営していた。私は同校の五年生、小さいころ店は兵隊さんや会社員、役人などでにぎわっていたが、戦争が激しくなると様々な制限が敷かれた。空襲とともに急いで店の中につくった防空壕に入ったが、そんなところにいたら焼け死ぬと言われて布団をかぶって外に出た。学校も市公会堂も燃えている。肴町、大町方面も火の手が上がり、大群衆が狂ったように逃げまどい、道路には焼夷弾が降ってくる。広瀬川に逃げた。周りでは年寄りたちが『なんまいだぶ、なんまいだぶつ』と念仏を唱えている。夜が明けてから父は多賀城海軍工廠から息を切らして帰って来た。家も何も無くなったが全員無事だったことが何よりと思った」

家の前は一面火の海命運分けた二メートル

青葉区中山、守屋善三さん「当時中学二年生、木町通に住んでいた。突然、ドドーンという大きな音に驚いていると、父が『早く防空壕に入れ』と言う。母、姉と入った。そのうち物凄い音がして地響きがした。『落ちた。外に出ろ』という父の声で防空壕から出た。家の前の空き地に焼夷弾が落ちて一面火の海になっている。その上を踏んで夢中で北山まで逃げた。母は土橋まで、姉は郷六の友人の家へ行き翌日夜、皆が『死んだんでねえべが』と心配しているところに帰ってきた。家は壁が落ち、ガラスは粉々になっていたが残っていた。一人残った父が、空き地の火を消し、家への延焼を食い止めたのである。後で見たら、焼夷弾は防空壕からわずか二メートルのところに落ちていた。もし直撃だったら、それ以降の私や家族の人生はなかっただろう」

夢中で逃げた市街地明るい朝のまぶしさ

宮城野区幸町、渡邉俊子さん「八十五歳。当時は塩釜高女の生徒で、学徒勤労動員により多賀城海軍工廠で働いていました。空襲の夜は夜勤で、近くの森に避難するため工場を出たら仙台方面が一八〇度真っ赤になっていました。

そのころ岩手県出身のいとこが大学病院に入院していました。南方で活躍した落下傘部隊の一員です。空襲のとき病院を抜け出し避難したそうですが、北山付近の田んぼで死亡していると連絡があり私の父は塩釜から駆けつけ、大願寺の共同墓地に埋葬してもらいました。寺や門の前には遺体が山のように重なっていたということです。仙台に嫁いだ私の役目として、仙台空襲の日には忘れずに供養に参加しています」

焼け落ちた国民学校級友の身にも悲運が

宮城野区鶴ケ谷、小出精さん「大学病院近くのわが家は焼けなかったが、避難先の北山から引き返してくる途中、毎日通っている木町通国民学

空襲で炎上する仙台市中心部（河北新報社撮影の写真を基に描いた）＝（村上）

校の校舎の三分の二余りが焼け落ちているのを見て膝ががっくり抜けた。空襲では四年生の級友三人が亡くなり、兄の級友で燃える自宅をバケツリレーで消そうとした人が、兄弟もろとも焼死したという悲報を聞かされた」

道端に倒れた遺体荷物のように運ばれ

青葉区東勝山、恵美子ばあちゃん「あのとき女学生だった私も八十二歳を過ぎ、孫やひ孫に囲まれている。空襲の夜、市の中心部はどこも火の海だった。焼夷弾が当たって全身火だるまになって逃げる人、道路には遺体が転がり、翌日、軍のトラックにまるで冷凍魚のように投げ込まれて火葬場へ運ばれた。私は火の勢い、煙によって一カ月以上目が開かない状態が続いた。あのとき亡くなられた方々への思いは今も消えない」

（注）お便りには記憶を基に描いた市中心部の火災状況を示す地図が添えられていた。

駅前広場に不発弾「時限爆弾か」と騒動

青葉区一番町、中居光男さん「戦争中の話をしてほしいと小学校から頼まれ、六年生に『平和の大切さを学ぶ』という題で話した。Ｂ29はマリアナ群島グアム、サイパン、テニアンの基地から飛んで来た。これらの島々には日本を空襲から守る防波堤の役割があり、守備隊と米軍の間で激しい戦闘があり、サイパン島だけで陸軍二万二千、海軍七千の守備隊と軍に協力した島民一万が犠牲になった。このような多くの英霊が置き去りにされている。誰かがやるだろうと他人まかせにしてきたことを見かねて、米国政府と交渉、昭和四十七年（一九七二）四月、私はサイパン島に『平和観音像』を建立し、収集した遺骨を台座に収め僧侶など四十六人が参加して大法要を行ったことを話した。

仙台空襲にやってきたＢ29は近くのテニアン島イーズリー基地から飛び立ってきたという。講演後、子どもたちから感想文が送られてきた。『初めて戦争のことを学び、絶対に戦争をしてはならないと思った』と五十人が書き、『食べ物の大切さを学んだ』と二十五人が記していた。

空襲の夜、私は現在の中央通にあるＳ銀行に勤務、当直だった。藤崎前からは大波のような火が迫って来た。駅前広場には不発弾が転がり、『時限爆弾かもしれない』と人々が言い出し、恐ろしくなって小田原方面へ避難した」

雨かと思ったらガソリンが降ってきた

青葉区・今野幾代さん「爆弾の炸裂する音に驚き、良覚院丁（現仙台地検付近）の家からランドセルと救急袋を背負って叔母と外に出た。父母は亡くなり叔母の家に世話になっていた。近所の防空壕に入ろうとしたところ『ここは危ないから早く出なさい』と男の人に言われた。そのひとことが私たちの命を救った。防空壕では多くの人が亡くなっている。

片平大神宮前の花壇地区に行く坂道を大勢の人が布団をかぶって逃げていた。評定河原では高い岩場に大きな洞窟があって避難の人たちであふれていたので仕方なく木陰に身を寄せて空襲の終わるのを待った。顔に冷たいものを感じ、雨かと思ったらガソリンのにおいである。逃げ惑う私たちに火がつきやすいようまき散らしたのだろう。翌朝、片平の国民学校校庭で乾パンをもらい、『命があるだけでもよかったね』と叔母と喜んだ。いまも世界のどこかで悲劇が繰り返されている。人間の愚かさが悲しい」

大学病院のベッドの下に潜り込んで

太白区・梅沢信子さん「私たち家族三人は空襲を東北帝大付属病院で体験した。外は真っ赤、ゴーゴーと音をたてて燃えている。四歳の私は母と一緒に父のベッドの下に潜り込んでいた。父はニューギニアの戦場でけがをして重症で帰国、母は私を連れて病院で寝泊まりしていた。父はその後間もなく亡くなった。仙台駅近くの末無掃部丁にあった自宅は焼失、もし自宅にいたらどうなったのかと思うと、父は家族を守るために命からがら帰国したのではないかとさえ思う。戦後苦労した母はいまでは九十四歳を迎え、穏やかに生きている」

米ケ袋で二女高生徒が焼夷弾の直撃受け

泉区・白石好隆さん「生まれ育った米ケ袋広丁の家を焼かれた。米ケ袋でも戦災を免れたところと、そうでないところがある。あの夜は仙台高等工業学校敷地内の大木の下で一夜を明かした。米ケ袋上丁では宮城二女高の生徒が焼夷弾の直撃を受けて即死し、鹿子清水では母子三人が猛火の中で焼死した。痛ましい犠牲にただ慟哭（どうこく）するばかりである」

艦載機の空襲、電車内で腹ばいに

宮城野区・高草啓さん「私は八十八歳の老婆。家が駅東の東七番丁だったのでB29の直接の被害は受けなかったが、空母から飛び立ってくる艦載機は脅威の的だった。仙石線の電車が狙われて車内に腹ばいになって空襲を避けたこともあった。とにかく戦争はあってはならないと思う」

死んだ人は皆ビール瓶のような色

若林区連坊・大沼利史さん「国民学校一年生

でした。空襲とともに家族と一緒に榴岡方面に逃げた。幸い家は無事だったが、帰り道で亡くなった人たちをたくさん見た。死んだ人はみんなビール瓶のような色をしていた。翌日からは新坂通の親戚の家で世話になった。近くに火葬場があってトラックに積まれた遺体が連日運ばれて来た」

トタン板に遺体を乗せて何度も運ぶ

青葉区土樋・千田仁さん　「中学（仙台中＝現仙台高）四年生で、海軍主催の海の訓練で松島に行っていた。ずいぶんひっぱたかれた。仙台が空襲に遭ったと知らされ、松島から仙台まで歩いて帰って来た。焼け跡の整理を学校全体で手伝うことになり、お棺がないのでトタン板に一体ずつ遺体を乗っけて何度も何度も運んだ。体が焼け崩れ、男女の別さえ見分けのつかない遺体、ちりちりと縮まった遺体、煙に巻かれて窒息死した遺体など、それはそれはむごたらしい姿だった」

泉区・大友稔さん　「昭和二十一年生まれの私は空襲を知らない。幼いころ、亡くなった父から岩沼から仙台の大火の様子を聞かれて戦争はイヤだと思った。いまは平和でお金さえ出せば何でも手に入る時代だ。物心両面しっかり身に付けた次代を担う子どもたちがたくさん出ることを切に願いたい」

宮城野区・小関靖子さん　「仙台空襲の後で土井晩翠は《五十余年心を込めて集めたる　東西の書皆灰となる》と詠んだというが、戦争のむなしさを強く感じた。すべてが否定され失う、悲しさを生む戦争は繰り返してはならない」

泉区・横山毅さん　「いつになっても忘れないように、たまには市戦災復興記念館に足を運ぼう」

仙台空襲を記録した刊行物はこれまでも数多く出版されている。中でも昭和四十八年（一九七三）に発行された『仙台空襲』（宝文堂）は資料としての価値が高い。「市民の手でつくる戦災を記録する会」が、市広報を通じて空襲体験者の手記を募集し、「空襲を語る会」や「空襲展」を開き、一年かけてまとめた百余枚の写真、百二十六編の手記、談話、日記、生活記録を掲載している。

ソ連軍に追われて

太平洋戦争が終わって今年で七十年。一家で満州国（中国東北部）に住んでいた若林区中倉、堀つたゑさん（九十六歳）は、終戦間際、日ソ中立条約を破って侵攻してきたソ連（現ロシア）軍に占領され、恐怖と空腹に耐えながら過ごした一年余を手記にまとめた。

若林区内の老人クラブで堀さんのご主人と同じ会社だったこともあり親しくしていた川村孝太郎さん（九十歳）＝仙台南地区交通安全協会顧問＝は手記を読む機会があり「貴重な記録を埋もれたままにするのは惜しい。みんなに読んでもらいたい」と本人の了承を得て原稿を寄せてきた。

ズーン、ズズズーン。地の底から不気味な砲撃の音が響いてきた。昭和二十年（一九四五）八月十日。わが国のかいらい国家、満州国の佳木斯（ちゃむす）市。夫は十日ほど前に出征したばかり、二十六歳の私は生後二カ月の憲一と暮らしていた。

〈佳木斯市は黒竜江省東部の経済、文化の中心地。鉄道が敷かれて、山林資源や炭鉱から産出される石炭を輸送する根拠地でもあった〉

朝九時ごろ、夫が勤務する国際運輸（日本通運の関連会社）の人が真っ青な顔をしてやってきた。八日、ソ連軍が満洲国に攻めてきたという。牡丹江は空襲で火の海に。ここも危いので避難するこ

堀つたゑさん

とになった。手荷物一個と二、三日分の食糧を持って十時に会社に集まるようにとの連絡で、おにぎり三食分、米二升、缶詰と子どもの着替えとおむつ、夫と私の着物を一組ずつ持ち、子を背負って会社へ向かった。

総勢約二百人。そこで毒薬を一服ずつ渡された。「今後、どのような危険があるかも知れない。最後まで頑張ってもらうが、自分の体が守れぬときは子どもを殺してから自殺せよ」という達しだった。その夜は松花江に停船していた貨物船で雑魚寝し、翌日朝、船はハルビンに向かって出港した。〈松花江は黒竜江の支流で総延長一八四〇キロの大河。ハルビンは当時も現在も中国東北部第二の重工業都市〉

船は空襲を恐れてゆっくり進む。普通であれば三日程度で行けるのだが五日後、やっとハルビン埠頭に着いた。その日は八月十五日、今思えば終戦の日だが、戦争が終わったなんて誰も知らなかった。翌日、市内にある満州人青年隊用宿舎として会社が使っていた鉄筋四階建てビルに落ち着いた。三階の一室に私と憲一は入った。床には草でつくった荒ゴザのようなアンペラが敷いてある。同室に十五人が割り当てられた。久しぶりで別棟の大浴場で洗濯し、廊下にロープを張って干した。

現地の人にお金を渡して聞いてみると「日本は降伏した。満人は動揺して暴動を起こしている。日本人を見たら何をするか分からない。昼間は外出しないように」との話であった。夜になるとハルビンは満人の暴動で銃声が飛び交う恐ろしい町になった。

略奪、強姦、銃の音

間もなく大勢のソ連兵が駐屯してきた。大半は刑務所から満州へ送られてきた囚人兵だという。略奪、強姦が始まった。若い娘、主婦、年齢に関係なく連れ去って強姦しては殺す事件があちこちで起きた。銃の音が響き悲鳴が聞こえる。この世の地獄のように思えた。

幸い、二百人の大家族が一団となっている私たちにはソ連兵も手が出せぬらしい。が、品物は略奪された。ソ連兵の姿を見ると一階の人たちがバケツを鳴らして知らせる。その音が聞こえると娘

進駐してきたソ連軍部隊（小崎）

や若い主婦たちは顔にスミを塗り、他人の子どもを背中におんぶして待つ。ある日、トラックに乗ってきたたくさんの兵は銃を突きつけて小麦粉、砂糖、缶詰、豆類を持ち去った。黙って見ているしかない。これ以上持っていかれては生活できなくなる。みんなで床下に隠した。略奪は毎日のように続き、時計、お金が狙われた。女子事務員が私たちの部屋に逃げ込んできたこともある。パン、パパーンと銃を撃ちながらソ連兵が追いかけてくる。この時は何事もなく済んだが、このような状態は何カ月も続いた。

秋も深まり、寒さが身にしみるようになったある日、ハルビンの日本人会から布団が贈られた。三人家族にかけ布団一枚、二人家族に敷き布団一枚。それと干し草と古い布が大量に届いた。みんなでわら蒲団をつくることになった。これは案外暖かかった。憲一と私はわら蒲団を敷き、綿の敷き布団を掛け布団にした。家から持参した私の羽織で、敷き布団の中綿を抜き取ってネンネコを縫い上げた。これで冬の支度が整った。

年が明けて昭和二十一年二月になると、ソ連兵の一部が引き揚げ、代わって中国共産党の八路軍が入ってきた。八路軍はソ連兵のようなことはしないので治安も一応落ち着き、われわれ日本人も町へ出られるようになった。ハルビンに住んでいた日本人は家から衣類や骨とう品を持ち出して売り、生活していたが、避難民の私たちにそれはない。

発疹チフスが流行

そろそろ食糧も底をついてきたらしい。炊事係のおじさんが残り少ない大豆で油揚げ、厚揚げをつくり、幼い子を持つ母親たちが町へ出てそれを売ることになった。私も生後九カ月の憲一をおぶって氷点下三五度から四二度の酷寒の町へ。生まれて初めての物売りで、寒さと恥ずかしさで声も出ない。これではだめだと心の中で叫んだ。

近くの家にお願いして子どものオムツを取り替え、お乳を飲ませてまた雪の中へ。親子が生きるため、そして生きて故郷へ帰れる日まで、冷たいズックを引きずりながら頑張った。慣れてきたのだろうか、憲一は寒かったろうが泣きもせずにじっと我慢してくれた。かわいそうに、つらく悲しい日々であった。手持ちの主人の着物も売ってしまい、先の見通しもないまま黙々と働いた。

そのころ、シラミから人に伝染する発疹チフスが流行し始めた。日本人医師はソ連軍によってシベリアに連行されてしまい、医師不在の中で毎日のように発症し死んで行く人が出た。母を、娘を、老母を、夫を、次々天国に召されていった。人間ってこんなに簡単に死ぬものだろうか。遺体はどことも知れぬところへ穴を掘って埋められたと聞く。

お米も野菜、肉もなく

昭和二十一年（一九四六）四月、終戦から八カ月が過ぎた。宿舎に使っていたハルビンの四階建てビルは中国軍に接収されることになり、私たちは同じ市内にある旧日本軍宿舎の一室八畳間をあてがわれて、三家族八人の共同生活が始まった。ガス、電気はない。ごはんを炊こうにも七輪がない。ブリキ製の古バケツの内側に干し草と土を混ぜて塗りつけ、灰の落とし口を切って自家製の七輪をつくった。鍋だけは買って、帰国の日までこれを使った。

男は力仕事、女子は満人の経営する工場へ行き

満州第二の都市ハルビン。帝政ロシアの面影が残っている（小崎）

南京袋の修理、窓ガラス拭きをやった。幼い子を持つ四人の母親が交代で子どもの面倒を見、他の人は働きに出た。アーちゃん、アーちゃんと呼ぶわが子を背に逃げるように家を出た。

食べ物は米がなく、コーリャンばかり。肉、魚、野菜はないと同じだった。ほんのたまに玉子と米一合を手に入れて憲一に食べさせた。幼い子たちは栄養失調でやせ衰え次々死んで行く。日本人医師はソ連軍によってシベリアに連れて行かれ、満人の医師から散薬をもらう。が、さっぱり効かない。六歳以下の子はほとんど亡くなった。

祈りむなしく

「憲ちゃんは小さいのに元気だね」と皆さんに言われていたが、七月中旬から食欲がなくなった。気にはなるが、働かないと医者にもかかれない。おぶって働きに出かけた。

米一合とホウレンソウ、玉子、ジャガイモを求め、おじやにして食べさせた。が、食欲は細るばかりである。神様、助けてください。故国に帰るまでは。祈りもむなしく八月十一日朝七時、「アーちゃん」と、か細い声で呼び永眠した。一歳三カ月の短い生涯だった。冷たく青白く、笑っているような憲ちゃん。母はもう心残りはない。いつ死んでもいい。共に死にたい。

遺体を入れる箱がないのでむしろに包み、戦没兵士の忠霊塔のそばに埋めた。「兵隊さんと一緒だからさびしくないよね」と隣人は慰めてくれる。その声も遠い夢の中から聞こえてくるようで放心状態であった。本当に悲しいときには涙の一滴も出ないものですね。泣けるうちはまだ幸せです。

街の中心街で、美しい服を着て歩いているY子さんに会った。ご主人は私の夫と同じ会社に勤めていたが、連江口（れんじゃこう）という町に転勤になり、いつか会いたいと思っていた。お互いに顔を見つめて無言で涙ぐむばかり。元々美人で上品な人だった。それがますます美しくなり、ほこりと汗にまみれた私とは対称的だった。ご主人は軍隊に行き、子どももいない。

Y子さんは「ロシアの大佐と知り合い愛しているの。今はロシアに帰っているが、近々迎えに来てくれる。手紙は毎日のようにくる。こんな体になって日本にはもう帰れないわね」とさびしそうに笑い、近所の店で米二升とハム、玉子を買ってくれた。これが最後で、その後の動静は知るよしもない。悲しげなY子さんの顔は生涯忘れることはあるまい。彼女だって戦争の犠牲者のひとりなのだから。

いよいよ帰国だ

ぼつぼつ故国への引き揚げ開始が話題に上るようになった。皆さんは大喜びで準備をしている。私には何の感情もない。「元気を出して日本へ帰ろう」と皆さんに慰められ、少しばかりの残ったお金で道中の食糧として乾パン、缶詰、ソーセージなどを用意する。

八月二十二日、いよいよ引き揚げ開始。憲一の遺髪と爪を胸に抱き、ハルビン駅に向かった。無蓋の貨物列車に乗り込むと。列車は静かに走り出した。行き先は分からない。途中、線路や鉄橋が爆破されている個所があり、はだしで川を渡り無言で歩き続けた。この列に付いて行かなければ日本に帰れない。胸で憲一が「アーちゃんしっかり」と言っているような気がする。何日歩き、列車に乗っただろうか。途中、日本人が住んでいたというさびしい村の空き家数軒に分散して十日間ほど過ごした。畑に残っていた野菜のクズなどを食べた。村の満人から「大切にするから嫁に来てくれ」と言われた。馬鹿な、死んでも帰るぞと決意した。中には苦しさに負けて嫁になった人、娘を売った人もいた。あの場合仕方がないことだった。

幽霊のような姿で

何日か過ぎた後、大きな駅で私たちは中国軍から米軍に引き渡された。多分奉天（現瀋陽）だろう。大きくて優しそうな目をした若い兵士たちだった。ソ連軍、中国軍に比べて米兵はなんと感じのいいことか。ここを出て朝鮮のコロ島という小さな村に着いた。ハルビンを発ってから一カ月が過ぎた。栄養失調から夜盲症になり、夜は手探りで歩いた。避難所で同室だった方が結核に冒されて病棟にいた。幼い二人の子は母を案じてそばを離れない。感染を恐れて誰も近づかない。私は意を決して見舞った。その三日後、医師は彼女に安楽死の注射をしてくれた。

二日後、日章旗とアメリカの国旗をつけた引揚船（貨物船）が島の岸壁に姿を見せた。白字に赤いわが国の国旗がこれほど美しいものだったのか。途中の海上には機雷が無数に浮いている。それを縫うように一週間後、博多着。主人の実家・会津若松に行こうか、わが実家の豊橋にいこうか、思案の末、豊橋に決めた。

列車の車窓からは焼け野原にポツンポツンとバラック小屋の電灯が見える。終列車に間に合って夜遅く帰宅できた。突然のことで母、兄、義姉たちが驚いていた。まるで幽霊のようだったろう。このとき義姉が出してくれた白いご飯に塩ザケ、玉子焼きのおいしかったこと。何カ月ぶりかの風呂で母はあかだらけの体を流してくれた。

憲ちゃん、やっと帰ってきたよ。これから頑張って憲一の分まで生きていきます。

（付記）出征したご主人は先に帰国、郡山市の日通支店で働いていた。昭和五十八年七月、ご主人はかつて勤務した中国北東部を訪問、憲ちゃんが眠る忠霊塔の場所から土を持ち帰った。堀つたゑさんは青葉区郷六の特養ホームで暮らしている。

（平成二十七年七、八月号）

NHK「東北うたの本」

仙台放送児童合唱団の誕生

敗戦から半年ほどたった昭和二十一年（一九四六）二月十日の昼前、ラジオから少年少女の元気な歌声が流れて来た。NHK仙台中央放送局（現仙台放送局）が制作した新しい音楽番組「唱歌と童謡」。誕生したばかりの仙台放送児童合唱団が歌った。後にタイトルは「東北うたの本」と変わり、週に一回夕暮れ時、東北六県に放送され、十八年間続く長寿番組となる。

この年の一月、今も続いている「のど自慢」の放送が始まり、二月になるとカムカムエブリバディの音楽とともに一世を風靡した平川唯一の英会話が登場する。テレビはまだなく、東北放送の前身「ラジオ仙台」が開局するのは昭和二十七年五月なので、放送と言えばこのラジオしかなく、聴取率は高かった。

今では年配の一部の愛好者が歌っているだけで、知る人ぞ知る昔の話になった。平成二十八年（二〇一六）三月二十六日、番組が始まって七十年を迎える記念に、文化財としての歌の再評価と継承を目指してあのころ関わった人たちが「東北うたの本」を歌う会を開く。

文化の華一斉に開く

この音楽番組のことは覚えている。国民学校最上学年か、中学生になったばかりのころで、歌の思い出というよりは、薄暗い電灯の下で、父母、伯母、弟と私の家族五人がお米よりはジャガイモやダイコン葉の方が多い糧飯（かてめし）を食べながら聞いた貧しい夕食の光景である。時折停電するので、電気がついたら番組は終わっていたということもあった。

昭和二十年七月の空襲で仙台の中心部は焦土と化し、三千人以上の死傷者を出した。焼け跡にはぼつぼつトタン屋根のバラックが建ち始めていたが、物資は不足し、食糧の遅配は二十日にも上ったのでみんな腹をすかしていた。それでも、めっぽう明るく感じたのは、戦争からの解放感と、もう殺されることはないという安心感からだろう。

文化国家、平和国家建設がしきりに叫ばれ、文化活動は一斉に花開いて行った。当時、東北帝大演劇部員だった山本敏行さん＝元東北大医学部長＝は「戦時中は、お国に若い命を捧げることを誰もが覚悟していた。そのストレスが終戦によっていっぺんに吹き飛び、皆『生の喜び』に酔いしれ、文化に飢えて参加していった」と『古い顔のうたⅥ』（私家版）で述べている。

戦時中は演劇に限らず童謡、唱歌、流行歌の世界でも戦意高揚の歌が多かった。言論は不自由、検閲の壁が立ちはだかっていたので、好き勝手にはつくれない。改正出版法によって検閲官からは、戦意高揚が足りない、もっと戦闘的に、退廃的な歌はダメなどと書き直しを命じられ、治安上害ありとみなせば没収された。それは流行歌も同じだった。が、戦地でよく歌われた歌は、勇ましい戦意高揚の歌ではなく「赤城の子守唄」「影を慕いて」「緑の地平線」「別れのブルース」といった戦時色の薄い「心の歌」だったという。

敗戦によって呪縛は解きほぐされた。「さあ、新しい時代が来た。子どもたちの歌をつくろうよ」と八幡町、醸造業天賞の次男天江富弥さんは呼び掛けた。天江さん（本名富蔵、一八九九〜一九八四）は宮城県の児童文化運動の草分けと言われる人で、大正時代に会社員スズキヘキさんと仙台初の童謡専門同人雑誌『おてんとさん』を創刊。その後東京で居酒屋をしながら文化活動をしていた。空襲で焼け出されて仙台に帰り、児童文化運動のほか居酒屋「炉ばた」の主人として客をもてなし、川柳、俳句、方言、郷土料理などいろいろな催しを企画し、「天江のおんちゃん」と親しまれた。墓は新寺の林香院、そばに親友・スズキヘキの石碑が立っている。（「おてんとさん」の九十年の項参照）

戦時下の放送事情

天江さんの多彩な人脈を生かした新しい歌づくりはスピーディーに進むのだが、その前に戦争中の放送事情といったものに触れておくと、政府は開戦と同時に「放送の全機能を挙げて戦争完遂にまい進するよう」日本放送協会に指示し、それに沿った番組が編成された。軍人の講話がやたらに増え、「前線に送る夕べ」という戦地向けの番組

戦後まもなくの仙台中央放送局。玄関は北一番丁側にあった（小崎）

も制作された。

敗戦間際になると敵機が東北上空にも飛んで来るようになり、通常番組を中断して警戒警報や空襲警報が流された。Ｂ29爆撃機だけでなく、沖縄戦を終えた米英機動部隊は三陸沖に展開し、九隻の空母から飛び立ってくる艦載機は東北各地を毎日のように襲ってくる。敵機がどこを飛んでいるかを知るために人々はラジオにしがみついて「防空情報」を聞いた。ラジオはいやでも一軒一台の必需品となった。

仙台中央放送局は空襲の一カ月ほど前に旧制二高（元東北大農学部）の校舎に予備局舎をつくり機材一式を疎開した。皮肉なことに放送局は焼失を免れたが、二高は、学校内に軍の司令部があったのを分かられたのか焼夷弾攻撃で全焼している。

東北文芸協会に依頼

話を前に戻すと、放送局は「戦時中の官製放送から脱却して、東北色を盛り込んだ新しい番組をつくろう」と模索していた。そこに天江さんから「子どもの歌」の提案である。放送局は話に乗ってさっそく「みんなで歌える東北少国民の歌」の作詞を東北文芸協会（会長・土居光知東北帝大教授）に依頼する。

文芸協会というのが、これまた「東北の文芸復興を目指そう」と敗戦から三カ月後に生まれたばかりの団体で、地元の文化人、教育者、音楽家、報道関係者など約五十人がたちどころに参加した。皆さん、文化の香りに飢えていたのである。

協会は後に「Qの会」と名前を変える。昭和四十三年に発行した『仙台あ・ら・かると』には「放送局から歌詞募集の依頼あり、促進のため十一月二十五日、小委員会をつくる。年内に二回の会合を開き翌年一月十二日歌詞決定」との記述が見られる。

小委員会のメンバーは短歌の伊達宗雄さんを小委員長に、委員は仙台中央放送局大川武放送部長、音楽家佐藤長助、東北帝大北住敏夫、宮城学院石井昌光、飯野哲二、「おてんとさんの会」で活躍した国民学校教師富田博、刈田仁、河北新報社平井の計九人。依頼からわずか一カ月半でまとめ上げたのは、それだけ新しい歌をつくろうという意気込みに満ちていたからだろう。

ラジオ放送に先立って新作発表

締め切りまであまり時間がなかったこともあり、さほど多くの作品は集まらなかったらしい。審査の結果、宮澤孝子さんの「みんな元気な私達」が選ばれ、福井文彦さんの作曲で最初の歌が完成した。

歌詞は四番まである。一番はこうである。

《村には遠い山の雪　春です　春です　ほらほら　聞こえます　蕾（つぼみ）のふくれる　春の音　花より先に咲き出して　みんな　みんな　みんな　元気な私達》

楽譜には「明るく元気よく行進の速さで歌う」との表示が見られる。

作詩者宮澤さんの経歴は不明。いろんな人に聞いてみたが誰も知らなかった。作曲者の福井さん（一九〇九～一九七六）は北海道生まれ、東北学院中を経て東京高等音楽学院（現国立音楽大学）卒業、昭和九年からテノール歌手・藤原義江のピアニストを務めた。戦後、東北大、宮教大教授を歴任、仙台放送合唱団の専任指揮者も勤めている。

ラジオ放送に先立ち昭和二十一年一月二十七

日、寒空の上杉山通国民学校で仙台放送児童合唱団によって「みんな元気な私たち」が初披露された。学校周辺は空襲で焼け野原になったまま、学校も爆撃を受けたが先生方が協力して消火に努め、なんとか校舎の延焼を食い止めた数少ない学校である。子どもたちは児童合唱団の歌声に元気づけられた。

（平成二十七年九月号）

学校終わってからさあ練習だ

ラジオの長寿番組、「東北うたの本」は最初、「東北少国民の歌」という題名だった。それが「唱歌と童謡」「歌のおけいこ」に変わり、「東北うたの本」に落ち着くのだが、それには理由があって「少国民」という言葉、戦う少年少女を意味する戦時用語であった。占領下、検閲は厳しい。「戦時下の名残をとどめたタイトルはまずい」ということで急きょ変更したのだろう。

最初に歌った歌は前にも触れたように公募作「みんな元気な私たち」である。市音楽指導員で市立仙台中（現仙台高）教諭の海鋒義美さんが中心になって結成された仙台放送児童合唱団が短い期間に猛練習を重ねて歌った。

昭和二十年（一九四五）十二月二十日の河北新報は「今までラジオ番組には少年少女向けの劇や唱歌が少なかったので、仙台中央放送局は仙台市内の国民学校（現小学校）から四、五年生児童の推薦を受け二十名の仙台放送児童合唱団を編成し、海鉾さんの指導で練習を開始、明春早々デビューする」と報じている。

当時、市内に国民学校は二十七校あった。歌のメンバーを各校三人ずつ選ぶと全市で八十人程度になる計算だ。おそらく放送局から比較的近いところの学校から六十人前後が選ばれたのだろう。子どもたちは、二年間で後輩と交代している。十八年間続いた長寿番組だから、単純計算すると参加した子どもたちの総数は数百人に達する。

謝礼鉛筆三本、合唱ははだしで

一期生として活躍した三人に思い出を聞いた。

青葉区鷺ケ森、元河北新報社常務小泉恵一さん「連坊小四年生の時、学校から三人選ばれて放課後放送局まで歩いて行った。放送は週に一回、ナマ放送なので緊張した。本番の前にも一回、練習のために通った」

同区折立、元七十七銀行勤務高久幸郎さん「宮城師範（現宮教大）付属小からは男女各一人が選ばれた。最初練習してからすぐ本番になったように覚えている。謝礼は鉛筆三本、毎週もらうのでずいぶんたまった」

宮城野区小田原、元仙台市立病院長東岩井久さん「榴岡小四年の時学年から一人、ほかに五年生の女子二人が選ばれた。野球もやっていたので結構忙しかった。下駄をはいて行ったら、スタジオでは音が出ないようにとはだしになって歌った」

その三年後に入った二人の女性はこう語る。

青葉区立町、三浦志寿子さん「東六番丁小から五年生では私一人、ほかに四年生もいました。いつも先生が放送局まで引率してくれました」

同区川内、元ＮＨＫ仙台勤務、小野寺禮子さん「八幡小から五人が選ばれ、市電に乗って放送局へ行った。一回の放送は十五分、季節の歌を中心に五、六曲は歌ったかしら。放送局には米軍の兵士がいて、お菓子をもらったことがありました」

最初はナマ放送、短時間の練習の後で

七十年も前の話である。人によって微妙な記憶違いがあるのは仕方がない。皆さん、はっきり覚えているのは放送局の第一スタジオで仙台放送管弦楽団の演奏で放送したこと、最初はナマ放送

「東北うたの本」の放送風景。当時の写真を基に描いた。指揮者は海鋒義美さん（小崎）

だったが、しばらくすると録音に変わったこと。ほかにも「できあがったばかりの楽譜が合唱団員やオーケストラのメンバーに配られ、短時間の練習の後で本番を迎えた」「海鋒先生がひくピアノを聞きながら耳で覚えた」など。

本当に大変なのは指揮者の海鉾先生だった。ご子息の青葉区梅田町、元徳陽相銀常務海鉾博美さんは「毎週一回の放送に合わせ、父の作曲する管弦楽団用のスコアを間に合わせるため夜遅くまで母やきょうだいでパート譜の写譜を手伝いました」。

小野寺さんの話にもあるように、戦災を免れた放送局は建物の一部が米軍に接収され、米軍向け極東放送の仙台放送局（「FEN SENDAI」）となった。局内では米国の軍人がひんぱんに出入りする中、別のスタジオでは子どもたちの音楽番組の放送が行われていたことになる。

FEN仙台の技術部門に勤務していた太白区青山、堀籠昭三さん（後に東北放送社員）から以前、「アナウンサー数人を含めて米軍、日本側とも十数人のスタッフで朝六時から夜十一時まで放送していた。本部はロサンゼルスにあって米国内で放送した人気番組のレコードが空輸されてきた。磁気録音が実用化する前で、当時、日本では見たこともないような一六インチ、三十三回転という巨大なレコードを使っていた」とうかがったことがある。

放送内容としては宮城県内の各米軍キャンプの催事予定、日曜日午前十一時からは米軍教会の礼拝中継、ボクシング実況中継などもあった。クリスマスが近づくと、NHKの建物の煙突頂上にスピーカーが四方に向けて取り付けられ、時間を決めてクリスマスソングを最も高い音量で流した。物珍しかったからなのか、占領軍のやることには逆らえないというあきらめがあったのか騒音の苦情は一件もなかったという。

後に広大な米軍施設「キャンプ・センダイ」が川内に完成すると放送局も移っていった。空中線電力は一〇キロワット、昭和二十七年に開局した県内で初めての民間放送、東北放送の前身、「ラジオ仙台」の空中線電力はわずか三キロワットだった。

「楽しい気持ちで歌って」と海鋒先生

合唱団の練習の状況については泉区松陵、曽我道雄さん（八十六歳）が詳しい。曽我先生は昭和二十四年四月から十二年間、南材木町小学校で音楽教師をし、時折、放送児童合唱団の練習を手伝った。

合唱団は全員合わせると五〜六十人もいたので、練習は市内の小学校を仙台駅から見て南北の二班に分け、今週放送する班は放送局で、そうでない班は学校などで別々に行った。放送は二班が交互に出演したり合同ということも。昭和二十四年以降は福島県郡山市や山形県鶴岡市への出張公演もあった。昭和二十八年以降は録音テープが使用されるようになり、良質の音で録音が可能になった。

いずれにしろ学校を終えてから放送局や練習の場所へ通い、新しい歌を学んで放送に臨むことは、小学生にとってかなりの負担だったに違いない。それでも新しい曲を歌って放送することができたという達成感、喜びは貴重な体験になったろう。

合唱団の指導は海鋒義美、福井文彦、佐藤長助の三氏が担当した。いずれも仙台を代表する音楽家である。そのうちの一人海鋒さんは天童市の出身、東京音楽学校（現東京芸大）臨時教員養成所を卒業後、熊本県の高等女学校に勤務、昭和八年、澁谷徳三郎仙台市長に乞われて市立学校音楽指導員として赴任した。仙台空襲の夜、近所が猛火に包まれる中、ピアノで「海ゆかば」をひいていた話は有名。「音楽に上手下手はないいんだよ。楽しい気持ちになればいい」が口癖だった。平成九年六月、九十二歳で死去。

合唱団は「みんな元気な私達」を手始めに、「おくれ雁（がり）」（刈田仁作詞、海鋒義美作曲）「ワンガマハシ」（スズキヘキ作詞、佐藤長助作曲）「仲よしの歌」（澤渡吉彦作詞、海鋒義美作曲）などを次々歌った。放送は人々の関心がテレビに移る昭和三十九年三月まで続いた。

（平成二十七年十月号）

戦後音楽教育に影響与えた

「東北うたの本」で歌われた歌は全部で何曲あるのだろう。仙台中央放送局が発行した五冊の『とうほくうたのほん』には五十五曲の歌詞、楽譜が収められている。これが全てではない。「放送が済めばすぐ捨てられ、歌も台本もほとんど残っていない。私たちはゴミ箱と呼んでいた」（作詞者のひとり富田博さん）という状況だったから、もはや探しようがない。

これらの歌の中で「印象に残る歌」については、学習院大文学部嶋田由美教授の貴重な調査がある。嶋田教授が和歌山大教授時代の平成十九年（二〇〇七）十月、仙台放送児童合唱団ＯＧ会コンサート会場で二百五十人に用紙を配り、百二十人から回答を得た。調査結果は翌二十年の『和歌山大教育学部教育実践センター紀要』に掲載された。

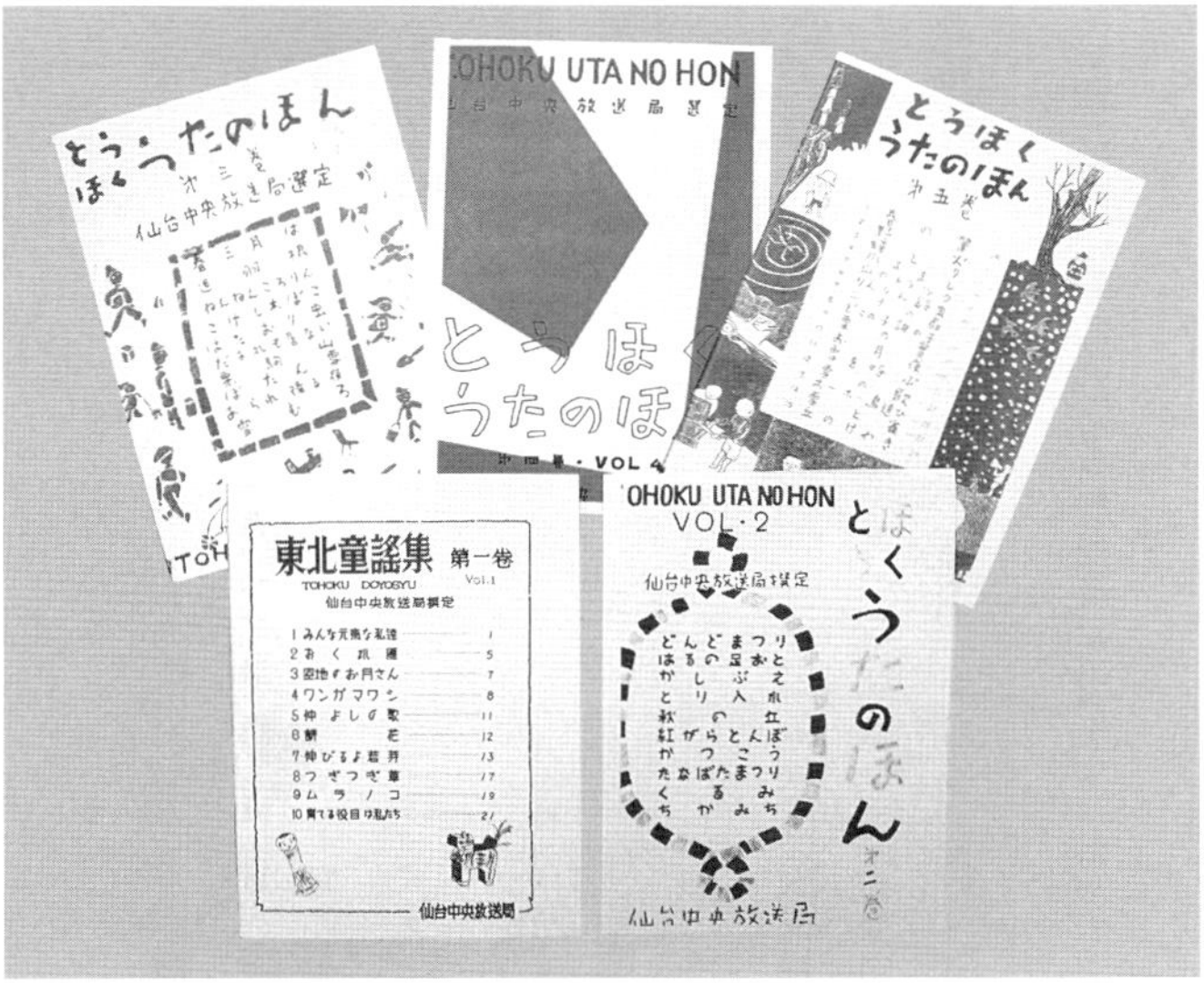

仙台中央放送局発行「とうほくうたのほん」五冊の表紙を並べてみました。昭和二十二年発行の第一巻だけは「東北童謡集」となっている

それによると回答者の七割が「ラジオで（東北うたの本）を聞いたことがある」と答え、印象に残る歌としては一位「仲よしの歌」（澤渡吉彦作詞、海鋒義美作曲）、二位「春のあしおと」（富田博作詩、海鋒義美作曲）、三位「おくれ雁」（刈田仁作詞、海鋒義美作曲）を挙げている。

自由回答欄には「戦後まもなくの夕方、ラジオから流れてくる歌は唯一の楽しみだった」「優しい気持ち、自然を愛する気持ちが培われた」「小野寺禮子さんの独唱が今でも耳に残っている」「今の子どもにも教えてほしい」などの意見、要望が書き込まれた。

音楽の教科書に掲載

ベスト3に選ばれた歌の一番。いずれも東北地方の自然をテーマにしている。

「仲よしのうた」

《はれたお空に蝶々（ちょうちょ）がとんで
丘の細道花の道　あしふみならして　元気で行こう　伸びる木の芽よ　ぼくたちは　お手々つないで　里の子だ》

「春のあしおと」
《丘の日射しはあかるくて　雑木林の楢（なら）の芽が　あかるくけむって　伸びるから　春はほらほら　もうすぐそこまで来ているよ》
「おくれ雁」
《南部の空で　はぐれた雁か　おくれ雁一羽あれあれかへる　夕焼け空を　鳴き鳴きかへる北上土手の　春待つ子供　わんがをやめて　おくれ雁見てた　おくれ雁見てた　見てた》

「春のあしおと」は昭和二十七年度から小学校の音楽教科書に、その後、「仲よしのうた」「こぶしの花」（藪田義雄作詞）も十年から二十年間にわたり教科書に採用された。出版社は限られたものだったが、仙台で生まれた歌は全国的な規模で歌われることになったのである。

自然を歌った歌が多い理由

米軍の占領下、歌をつくっても検閲を受けないと放送できなかった。せっかく日本の検閲が廃止されたと思ったら、新しい支配者は同じことをしてきた。

占領開始から三年間は事前検閲、それ以降、昭和二十六年、講和条約が結ばれるまでは事後検閲で、新聞、放送、出版、映画などをつくる際は占領軍に事前に原稿を提出して許可を受けた。

「東北うたの本」も例外ではなかった。放送劇や作詩を手掛けた富田博さんは「放送劇などは検閲がやかましく、なかなかパスしない。歌は季節の情景などを盛り込むと通りやすいので歌を中心に方向転換した」と話していた。「東北うたの本」に自然の風景や動植物、祭りが多いのは検閲が影響しているのだろう。

教師、民間一丸になって

「東北うたの本」の調査をした嶋田教授は歌と地域のかかわりについてこう評価している。

「仙台では大正末期から児童文化運動が活発で、天江富弥、スズキヘキ両氏のような民間人と刈田仁氏ら小学校教師が協力しながら運動を進めて行った。それを受け継ぐかたちで戦後、「東北うたの本」の活動が始まり、仙台を中心とする文化人、教育現場、放送局が一体となって展開していった。ラジオを通じて流れた児童たちの歌声は、敗戦でうちひしがれた子どもたちを勇気づけ、その後の音楽教育に少なからぬ影響を与えた。歌の何曲かが教科書に掲載され、全国的教材として広がっていった」

仙台でラジオ放送が始まったのは昭和三年（一九二八）六月である。「それ以来、放送と児童音楽は密接なかかわりがあった」と仙台郷土研究会副会長伊勢民夫さん。昭和七年、仙台局の番組に毎日三十分の「子供の時間」が開設され、戦後も「東北うたの本」や「ラジオ子供劇場」など児童向け番組が数多く放送された。

昭和七年から始まった全国児童唱歌コンクールでは東二番丁小女子が二年連続日本一の栄冠に輝き、昭和十六年まで南材木町小が五回、立町小が一回日本一となった。戦後の昭和二十四年、新たに中学校を加えた全国唱歌コンクールが始まり南材木町小と五橋中がそれぞれ優勝している。以後、南材小が三回、連坊小二回、立町小一回、五橋中が六回優勝し、活躍は連綿と続いている。

今なお現役「ＯＧ会」

「ＨＫジュニアコーラスＯＧ会」は昭和五十二年（一九七七）、仙台放送児童合唱団の元団員によって結成され、毎年のように演奏会を開いている。ＨＫは仙台局のラジオのコールサインＪＯＨＫの略。ＯＧ会には後に男性も加わり女性六人、男子五人の総勢十一人が毎月二回練習を積んでいる。

平成二十八年は番組が始まって七十年になるので記念事業として「東北うたの本を歌う会」を三月二十六日、仙台市青年文化センター（日立システムズホール仙台）で開く。併せて「東北うたの本」の楽譜を復刻し、宮城県内の小中高校に寄付する計画も進んでいる。

（平成二十七年十一月号）

（注）歌う会は予定通り開催され、満員の盛況だった。市内の多くの合唱団や児童生徒の合唱グループも駆け付け、全五十五曲を代わる代わる歌った。最後に「仲よしのうた」「春のあしおと」などを会場の全員で大合唱した。懇談会では埼玉県在住の故佐藤長助氏のご長女など多彩な招待客が姿を見せ、旧交をあたためた。

「おてんとさん」の九十年

太白区向山三丁目の高台に立っていた県中央児童館は平成二十六年（二〇一四）、老朽化と東日本大震災の被災がひどく解体された。三階建ての建物の中央で時を告げていた直径二メートルの大時計は大き過ぎて引き受け手がいない。残念ながら壊された。

隣の公園の滑り台、ブランコなどの遊具や、市内の児童文化団体「おてんとさんの会」が建てた三つの碑はそのまま残された。「土地の所有が県から市に代わり、市向山中央児童公園になるというが、碑が残ってまずはよかった」と「おてんとさんの会」前会長、富田博さんは喜んでいた。お元気そうに見えたのに平成二十六年六月、突然の訃報。九十五歳のご長寿であった。

仙台初の児童専門雑誌

仙台で児童文化運動が始まるのは大正十年（一九二一）である。鈴木三重吉が東京で創刊した児童文学雑誌『赤い鳥』への投稿がきっかけで仙台の会社員スズキ・ヘキ（本名鈴木栄吉、一八九九～一九七三）と醸造業天賞の次男天江富弥（本名富蔵、一八九九～一九八四）の二人が知り合った。さっそく「おてんとさん社」を設立、仙台初の童謡専門同人雑誌「おてんとさん」を創刊した。野口雨情も協力者の一人で発刊を祝って「おてんとさんの唄」を贈っている。

せっかく創刊した雑誌も翌年、資金難から第七号で休刊となる。それでもヘキさんは藤崎前など街頭で童謡を歌って子どもたちに聞かせ、天江さんは郷土童謡研究会をつくって、わらべ唄を集めたり、小学生の児童詩の啓発に力を入れるなどの活動を続けた。

宮城県の児童文化史を研究している文教大加藤理教授は「仙台の運動はヘキさん、天江さんのような民間人と小学校教師たちが協力しながら一緒になって進めたのが特色」と語っている。以後大

県中央児童公園の庭に建つ野口雨情、スズキ・ヘキ、天江富弥の碑（小崎）

きな戦争を挟んで九十余年、「おてんとさん」同人の活動は続いている。

歴史を簡単にたどってみよう。雑誌「おてんとさん」の休刊から二年後の大正十三年（一九二四）、ヘキさんの弟鈴木幸四郎さんが中心となって「七つの子社」が設立され、北原白秋、野口雨情などの歌詞に自分たちで曲をつけて子どもたちに歌って聞かせた。映画が普及する前である。影絵による童話の上演も人気を呼び、取り上げた影絵は六十編を超えた。夏休みには市内の小学生を対象に伊勢堂山（現青葉区千代田町）で林間学校を開き、中国との戦争が始まる昭和十二年（一九三七）まで十年間実施、太平洋戦争後復活し五年間続いた。

大正から昭和にかけては各地で活動が行われている。県図書館を拠点とする「仙台児童倶楽部」は子どもたちによる童謡童話の会や音楽会を定期的に開いた。これに刺激されて寺院や教会、町内会、婦人会などでも日曜学校を開催した。富田さんは「日曜日、午前中はどこかの日曜学校で過ごしていた。家では読書ぐらいしかなかったから、日曜学校が子どもの文化に与える影響は大きかった」。

先生が忙しくなった

昭和十六年、太平洋戦争が始まると童話や唱歌、童謡も戦意高揚のようなものが多くなった。昭和二十年（一九四五）八月、敗戦。天江さんの呼びかけで新しい子どもの歌をつくろうと東北文芸協会とＮＨＫ仙台中央放送局が協力して子ども向けラジオ番組「東北うたの本」が誕生したことは前に触れた通り。翌年、「仙台児童クラブ」が結成され、戦後の児童文化運動は加速して行った。

昭和四十年（一九六五）県中央児童館は支倉町の知事公館の場所から向山へ移転する。その五年後「おてんとさんの会」が発足し、中央児童館を拠点に学生ボランティアと協力して官民共催の「おてんとさんまつり」が二十年続いた。

「でもね、考えてみると仙台の児童文化運動は昭和二十七、八年ごろ（一九五二〜三）がピークだった。その後下り坂になったのは活動に学校の先生が来なくなったこと。いろいろの行事で先生が忙しくなり、子どもたちもテレビに引きつけられて行く。せいぜい子どもたちに作文を書かせるぐらいだが、それも今はしなくなった」と富田さん。

児童文化の根底は…

平成十一年（一九九九）開館した仙台文学館には「おてんとさんコーナー」が常設され、ヘキさんや天江さんの持っていた雑誌や資料が展示されている。同十五年「おてんとさんコーラスユキムシホー」という名前の合唱団が結成され、各地で「春の足おと」や、「おてんとさんの唄」などを披露、同二十四年には雑誌「おてんとさん」創刊九十周年記念の講演会、童謡、影絵まつりが行われた。

いつも活動の中心にいた富田さんは昭和五十三年から二十九年間会長を務めた。宮城師範（現在の宮城教育大）を卒業すると仙台市内で教師をしながら童話作家久留島武彦に師事し、童話を語る「口演童話」を学び、戦後はラジオ番組のために童謡を作詞し、放送台本を書いた。

「ことわざや昔話、格言、方言は現代にも通じる有益な財産です。人生の哲学と言ってもいい。この伝統を伝えていくことが、児童文化、国語教育の根底にあるのではないだろうか」と富田さん。これは後世に託す遺言だったかもしれない。

（平成二十六年十二月号）

（注）仙台市中央児童公園内にある三つの碑は▽雨情の「おてんとうさんの唄・童謡碑」（昭和四十五年建立）▽ヘキの「オテントサンアリガトウ」童謡碑（同五十五年建立）▽天江の「のんのさんのポッポ碑」（平成二年建立）。

中央児童館の大時計は、JR仙台駅玄関にあったものを新幹線駅舎建設の時に移設した。大時計の下は市民待ち合わせの場所として知られ、大時計に愛着を持つ人も多い。JRはそのような市民の声にこたえ、これと同じ大きさと同じ形の時計を仙台駅二階コンコースに設置し、今も時を告げている。

広瀬川の岸辺

源流は県境にあり

私の住んでいる八木山からバスに乗って、あるいはほんのたまに地下鉄東西線を利用して街へ出かける途中、広瀬川が目に入る。大体は穏やかな流れだが大雨の後など濁流渦巻き、これが長年見慣れた清流・広瀬川かと驚くことがある。それはともかく、いつかはこの川のことを書いてみたいと思っていた。「杜の都のシンボル」と市民が自慢する川とその周辺に住む人々の歴史、関わりといったものについてである。

調べてみると広瀬川関連の著作は歴史、民俗、文化から地質、動植物、環境まで優に五十冊を超える。その上、市民団体の観察会や散策会などが活発に行われている。となると、素人の私が加えるものはほとんどない。それでもあえて屋上屋を重ねることにしたのは、この川を抜きに仙台は語れないからだ。

全国に十一カ所の広瀬川

広瀬川は名前の通り、浅瀬の多い川である。それならば、この日本に同じような条件の川がほかにもあるはずだと思ったら、案の定、全国に十一カ所の広瀬川があった。（東北電力グリーンプラザなど調査）

その一つ、岩手県奥州市江刺地区を流れる広瀬川のことは前から知っていた。新聞社の水沢支局に勤務していたころ、旧江刺市は担当地域だった。北上川水系一九キロ、仙台で言うならば梅田川をもっと小型化したような川で、中心部岩谷堂の町裏をひっそり流れている。江戸時代、ここは仙台藩の最北端だったので、防人たちは仙台を懐かしんで命名したのだろうかと推察したが、そうでもないらしい。

このほか東北では青森県東津軽郡蓬田村（一一・八キロ）と福島県川俣町（阿武隈川水系三五キロ）の二カ所、ほかに群馬県前橋市、奈良県広陵町、鳥取県倉吉市、佐賀県有田町、大分県豊後高田市、熊本県天草市、鹿児島県内之浦町にあり、九州に多い。

古くは奈良県の広瀬川が歌枕として知られていたという。『万葉集』巻第七に、

〈広瀬川袖漬くばかり浅きをや
　　　　　心深めて我が思へるらむ〉

がある。浅い心の薄情な人を、どうして私はこんなに思うのだろうかと、わが心をいぶかしむ歌だ。

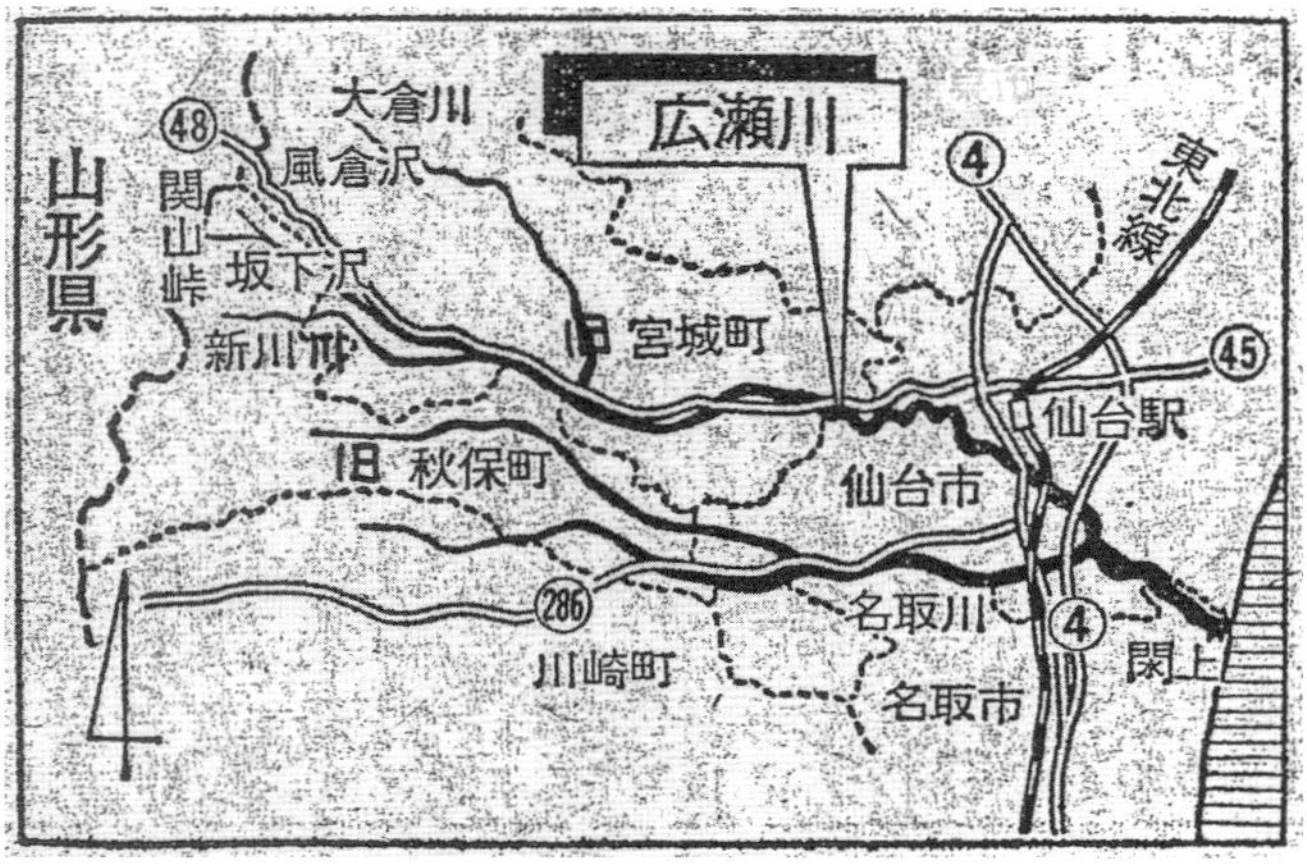

今、『ブリタニカ国際大百科事典』に載っている広瀬川は仙台だけ。《広瀬川流れる岸辺……》の『青葉城恋唄』効果だろうか。

　年に百日は全国を駆け回るという全日本愛石協会専務理事、宮城野区仙石、長沼僕石さんは「各地で石好きの仲間と会って、夜は一杯ということになるのですが、どこに行ってもリクエストは『青葉城恋唄』です」。

北上川の五分の一以下

源流端は山形県境の奥羽山脈関山峠から流れる坂下沢と、寒風山から国道48号関山トンネルわきを抜けて来る風倉沢の合流点。そう言われてもピンとこない。「国道関山トンネルの手前から南へ約八百メートル入ったところ」（『仙台ハンドブック』仙台市）と説明されるとなんとなく分かる。

　川は中流の愛子（あやし）盆地で船形山から下がって来る大倉川と合流し、仙台市街地をうねうねと蛇行して名取川と合流し、太平洋に注ぐ。総延長四五・二キロ。岩手、宮城両県を貫く大河北上川（二四九キロ）と比べたら、五分の一にも満たないが、源流から合流点まで同じ市内を流れる一級河川は全国でここだけ、しかも全国の広瀬川では一番長い。宮城県が管理している。

「源流端の探索に行きませんか」と誘われた。

山下靖博さんが描いた新川川上流、南沢川の清水滝付近。
ハイキングコース「奥新川ライン」（3・2キロ）の最西端になっている

なにぶんにも当方老残の身、途中でへたり込んでは申し訳ないと思い断念した。その代わりといってはなんだが源流の様子について河北新報に『広瀬川』を連載した土井敏秀記者の筆を引くことにする。

「生い茂る木や草をかき分けながら進む。国道から五分も歩くと騒音にかき消されていた水の音が聞こえるようになった。水深二、三メートルの堰にぶつかった。澄み切った水が満々とたたえている。これ以上は登れる道がない。木の根にしがみつき大木にぶら下がり幾度となく壁面にぶつかりながら沢の中を進む。岩盤をなめるように水がはっている。滝のようにも見えた。そこが源流であった」

源流の南側を流れる新川川（にっかわがわ）には紅葉の季節に行ったことがある。JR仙山線奥新川駅で降りて少し歩くと澄みきった川面に赤や黄色の葉が映えていた。ここは市のハイキングコースにもなっている。

案内してくれたのは作並温泉のホテルに勤務していた山下靖博さん。鹿児島出身の山下さんは付近を流れる広瀬川支流の風景がすっかり気に入り皆を連れてスケッチに励み、水彩画集を自費出版するほどの入れ込みようだ。

定年後、青葉区小松島にお住まいの山下さんは「清涼な風景、四季様々な装いが見られて何度行ってもあきない。眺めているだけで落ち着きます」。作品を挿絵に使いたいとお願いしたところ、先月、わざわざ現場を訪ねて描いてきた力作が右の絵である。

良質の水、ウイスキーに適した環境

広瀬川と新川川の合流点にニッカウヰスキー仙台工場宮城峡蒸留所がある。広い敷地に緑の木立と赤レンガの建物が並ぶ。「日本のウイスキーの父」と言われた竹鶴政孝さん（一八九四〜一九七九）が昭和四十四年（一九六九）、北海道余市に次ぐ二番目の工場として操業した。

政孝さんは「国内に複数の蒸留所を持たないと理想のウイスキーはつくれない」と東北地方での新しい場所探しを養子の余市工場長竹鶴威さんに命じる。宮城、岩手両県の川を回ってみたが、ここぞという土地は見つからない。広瀬川をさかのぼり現在のニッカの場所にたどり着く。良質の水、原酒の蒸留、貯蔵に適した環境を満たしていた。早速政孝さんがやってきて、川の水でウイスキーの水割りをつくってみる。「素晴らしい」工場建設が即決した。

平成二十七年三月まで放送されたＮＨＫ朝のテレビ小説『マッサン』は政孝、リタ夫妻がモデルである。その効果もあってこの年一年間の仙台工場見学者は前年比六七％増の約三十四万人、過去最多を記録した。

住所は青葉区ニッカ一番地、郵便番号簿にもそうある。当時の高橋進太郎知事が、宮城県進出記念に何かプレゼントしたいと言うと政孝さんは「それなら住所をニッカに」と要望する。仙台市に合併する前の宮城町議会は大字作並戸崎原上をニッカに変更する条例を決めた。今で言う「経済特区」の先駆けといったところだろうか。


（平成二十八年十月号）

手掘りで関山トンネル

作並から県境の関山峠を越えて山形側に抜ける旧道を、仙台の昔人は「関山街道」あるいは「最上古道」、山形の人は「仙台街道」と呼んだ。国道48号（仙台—山形）のご先祖様に当たる。

新旧ルートを比べてみると、県境やいろんなところで今と異なるが、大筋では古道をなぞっている。しかも宮城県内では清流・広瀬川と国道、JR仙山線の三者は付かず離れず仲がいい。こういうのを不即不離の関係というのだろう。

峠越えは、昔からの難所であった。

「関山峠の道路の高さは海抜六四〇㍍とそれほどでもないが、岩路は細く羊の腸のごとく七曲九曲、一歩も馬蹄を通すことができなかったという。荷は主に背負子（しょいこ）と呼ぶ人の背中で運び、特に重いものだけは牛で運んだとされる」仙台在住の作家、佐伯一麦さんは『川筋物語』（朝日文庫）にこう書いた。

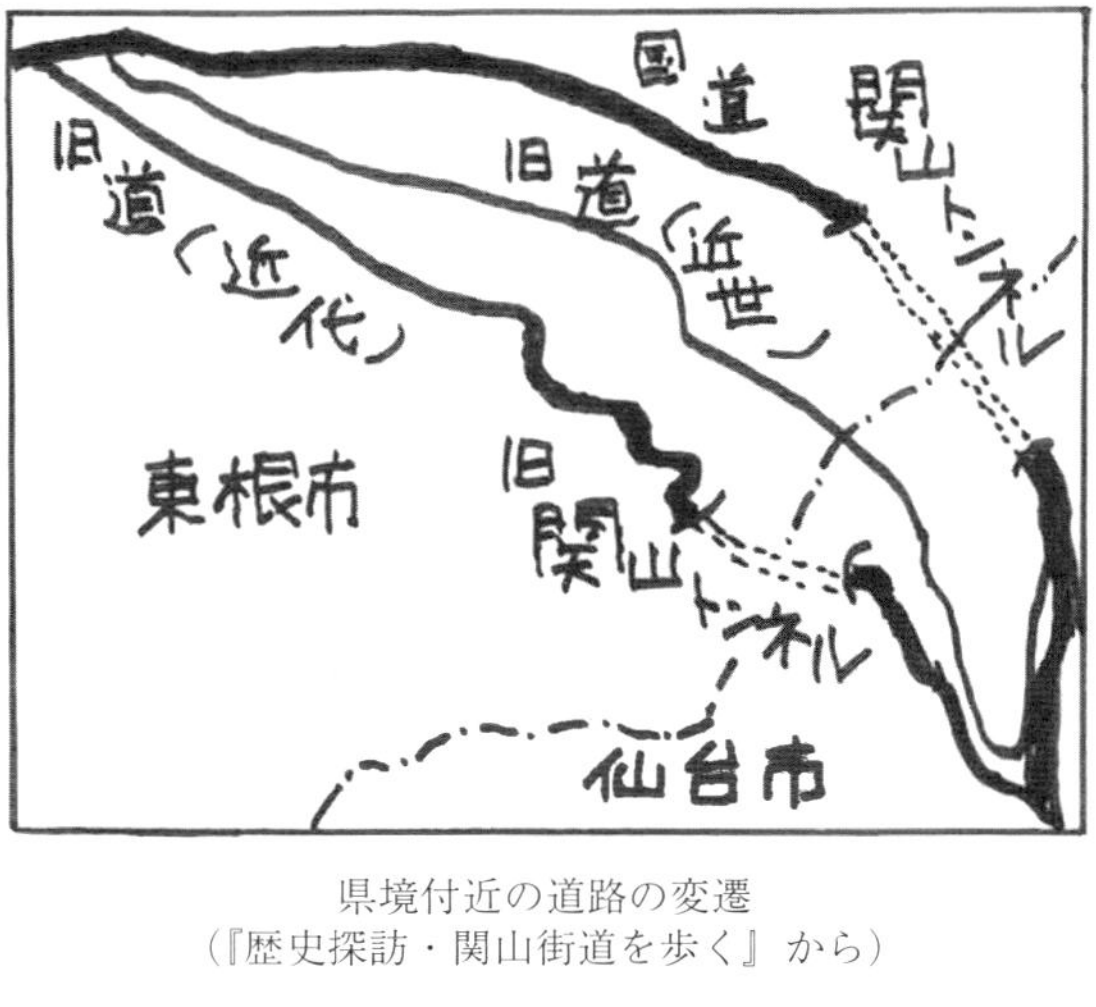

県境付近の道路の変遷
（『歴史探訪・関山街道を歩く』から）

交易は縄文時代から

古道は今の国道と旧県道のちょうど真ん中を通っていた。戦国時代末期、天童城主が義兄の山形城主最上義光に攻められ、峠を超えて現在の青葉区愛子へ逃げてきた記録が残っている。旧宮城町の歴史・文化財に詳しい首藤清喜さんから以前、うかがったことがある。「それだけでなく、街道筋四十数カ所から縄文時代の土器、石器が出土しています。峠を越えた東西の交易は遠く縄文にさかのぼるかもしれませんね」。

伊達政宗が仙台に城を構えた江戸初期、藩内の基幹道は急いで整備された。「関山」は「笹谷」「二口」などとともに出羽諸藩と直結する重要路線である。作並温泉のはずれと現関山トンネルの手前の二カ所に関所が設けられ、人や禁制品の出入りを厳しく取り締まった。上方から北前船で運ばれてきた荷は酒田の港で積み替えられると、最上川をさかのぼって大石田から関山峠を経て仙台へ。仙台からは主に干魚、塩魚が送られた。天保飢饉のときは山形側から救援米を運んだ記録がある。

二百八十四メートルのトンネルを掘る

明治になると近代的な道路に生まれ変わる。そのきっかけは明治十一年（一八七八）、政府が仙台湾に面した鳴瀬川河口野蒜（現東松島市）で始めたわが国初の洋式港湾　造成工事であった。これを知った山形県令（現在の県知事）三島通庸（みちつね）は、宮城県の野蒜港と山形県を結ぶ幹線道路として県境付近の関山に馬車が通れる新しい道路とトンネルをつくるよう命令、宮城県も同調した。

野蒜築港工事は第一期まで順調だったが、後に台風の波浪と流砂のため中止された。道路は予定通り進められ、同十五年完成している。

三島は福島、栃木県令のときも架橋、道路開発を強力に進め「土木県令」と言われた。山形、福島県境の栗子トンネルも彼の業績の一つである。半面、自由民権運動の弾圧に強権を奮う冷徹な内務官僚の一面もあった。

今でも驚くのは、土木機械も満足にないあの時代、関山峠の標高五九四メートルのところに長さ二百八十四メートルのトンネルをつくったこと。掘削に使う道具はノミ、シャベル、ツルハシくらいしかなく、多くの労働者や受刑者が動員されて奥羽山脈に風穴を開けた。

工事中、事故が起きている。明治十三年七月、岩石爆破用の火薬四十箱を背負い宮城県側から現場に向かった作業員が、途中で休憩中、たばこに

明治のころにつくられた関山隧道。トンネルの向こうが仙台（小崎）

火をつけたところ火薬が爆発を起こし二十三人死亡、八人が重軽傷を負った。犠牲者の中には妊娠中の人もいたという。

開通直後のトンネルを描いた絵が栃木県立美術館に保管されている。三島県令の依頼で当時わが国の代表的洋画家高橋由一が描いた。そのうちの一枚に「関山隧道西口の図」というのがあって、荒削りの関山トンネル入り口付近を人力車や荷を背負った人が仙台に向かう姿が見える。今回の挿絵はそれを模写してもらった。高橋の作品には「宮城県庁正門」があり、宮城県美術館が所蔵している。

旧トンネルに幽霊話

時代は下がって昭和三十八年（一九六三）九月の日曜日。トンネルを出て山形側に七十メートルほど入った東根市関山の県道で、行楽に向かう塩釜市の会社員一家五人が乗った乗用車が急カーブの峠道から転落、運転していた会社員と同乗の夫人、三人の息子が全員即死する事故があった。新聞社の山形総局にいたころで、現場に行き警察が張った百メートルはあろうかというロープを伝って深い谷底へ降りて行ったのを覚えている。車は原型を留めないほどに壊れていた。

　しばらくするとトンネル内に幽霊が出るという話が聞こえてくる。人が立っていて車に乗せてくれと頼まれる。しばらく走って乗せたはずの助手席を見ると誰もいない。そんな話であった。県道は新トンネル開通に伴って閉鎖され、そうなるとうわさも自然と立ち消えになった。

　今の関山トンネルは事故から五年後の昭和四十三年開通している。建設省が四年間かけて冬期の交通確保のため建設した。全長八百九十メートル、前のものより標高を六十四メートル下げ、道幅は七メートルと広く、勾配も緩やかにした。そのために仙台―山形間は車でなんと四十分短縮の約一時間半に。東日本大震災では救援物資を運ぶ大動脈として活躍したことは記憶に新しい。

　平成二十六年二月と翌年一月の二回、宮城県の関山トンネル手前で雪崩が発生、国道はしばらく通行止めになった。自然の猛威は二十一世紀になっても変わらない。宮城県側だけで連続して起きるというのはルート設定に無理はなかったのだろうか。

（平成二十八年十一月号）

山峡の宿　作並温泉

国道関山トンネルの八キロほど手前に作並温泉のホテル、旅館が点在している。江戸のころはただの一軒だったが、明治になると二〜三軒になり、今は五軒。仙台に合併する前は宮城郡宮城町に属し、名取郡秋保町の秋保温泉とともに「仙台の奥座敷」と呼ばれている。

　十七軒のホテル、旅館が立ち並ぶ秋保温泉は平成二十八年（二〇一六）五月、伊勢志摩サミットに合わせて財務相・中央銀行総裁会議の会場になるなど、何かと脚光を浴びている。確かに秋保もいい。が、作並もいい。奥羽山脈に近い分だけ山々が深く、広瀬川の清らかな支流があちこちを流れている。松本清張の小説『山峡の章』はひなびた山の温泉・作並が舞台になった。

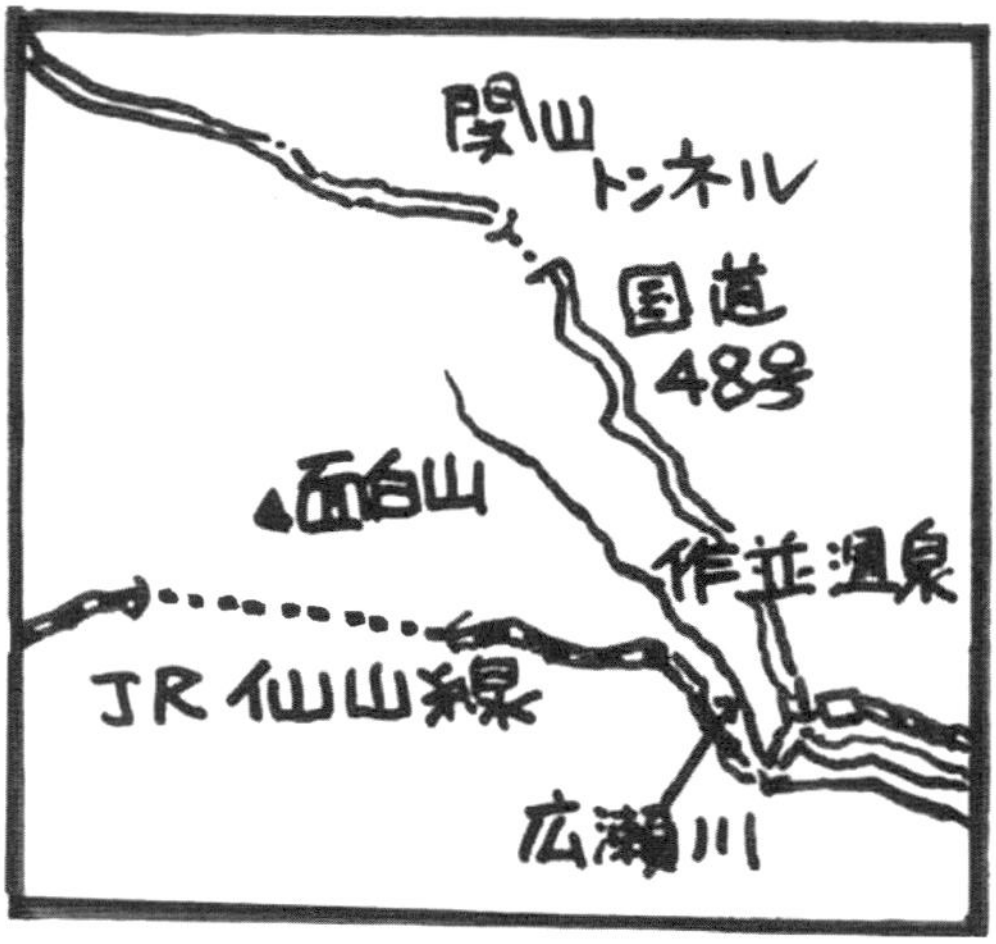

古さは秋保一位、作並は二位

宮城県内の奥羽山脈沿いには鳴子、川渡、作並、秋保、鎌先、小原、遠刈田、青根、峩々など多くの温泉がある。このうち最も古いのは秋保、次は作並である。

　菊地勝之助さんの『仙台事物起源考』（宝文堂）によると、大和時代の六世紀中ごろ、欽明天皇が病を患い、いろいろ治療を施したがなかなか治ら

せせらぎの音を聞きながら岩風呂に入る（小崎）

ない。秋保温泉の効能を聞いて勅使を遣わし、湯を持ち帰って湯浴したところ回復したので喜びの御製を寄せられた。以後、「名取の御湯（みゆ）」として知られるようになった。

二番目に古い作並は奈良時代の養老五年（七二一）、東大寺の大仏建立に関わった僧行基が奥州巡礼の際に発見し、湯浴の法を教えたのが始まりと言われる。文治五年（一一八九）源頼朝が平泉侵攻の途中、ここで兵を休めている。

温泉は塩類泉で、無色透明、無味無臭。やけど、傷打撲、かいせん、婦人諸病、癪（しゃく）＝胸や腹などに急に起こる激しい痛み＝、リュウマチに適応性があるとのこと。

江戸中期、岩松喜惣治が開湯の許可を得て湯槽をつくったのが作並の古湯の始まりで、幕末には九十七段の階段を設けて新湯が開かれた。これが岩松旅館の岩風呂で、昭和初期訪れた築館町（栗原市）出身の詩人、白鳥省吾は「岩壁をくり抜いてつくった玉のような湯に入りながら、川の流れ、岸の樹木の美しさを愛でると心身とも裸で自然に親しむ感じ」と記した。

平成二十七年（二〇一五）九月の記録的大雨で川があふれ岩風呂は一時水没、四つある湯船には最大一メートルの土砂がたまったという。

作並と言えばこけし。東北を代表する民芸品として、木地師、木地屋と呼ばれる人たちがロクロにかけて挽き出す木地玩具である。県内では遠刈田系、鳴子系、作並系などに分かれ、作並では明治末期、平賀謙蔵が山形で習得した後、垂れ鼻、カニ状をした菊花模様の独特のこけしをつくった。それが現在の原型になっている。

東京から学童集団疎開

宮城県内の温泉地には太平洋戦争中の悲しい思い出が残っている。昭和十九年（一九四四）夏、日本を守る防波堤の役割を果たしていたマリアナ諸島のサイパン、グアム島などが米軍に占領され、B29爆撃機による本土空襲が現実味を帯びてきた。政府は地方に縁故者がなくて疎開できない東京都内の国民学校三年生以上の児童を学校ごと地方に疎開させることになった。

小石川区（現文京区の一部）浅草区（現台東区の一部）の児童約一万二千人が宮城県内に疎開してきて、敗戦までのほぼ一年間、温泉、寺院、旅館などで過ごした。鳴子温泉郷が最も多く、作並には浅草国民学校の四百八十三人が教師八人寮母十二人に引率されて岩松旅館ほか一軒に分宿した。

子どもたちの生活記録が残っている。午前中旅館で授業を受け、午後は農作業の手伝い、夜八時就寝。初めて親元を離れたので心細くなって旅館を抜け出し、東京へ帰ろうとして途中で見つかり保護された子、お腹が空いて我慢できず、近くの畑から大根を盗んで食べた子もいた。

昭和二十年三月九日、卒業式に出席するため六年生は東京に帰って行った。久しぶりで家族と対面し眠りについた直後の十日未明、三百機を超すB29爆撃機が東京の下町を無差別爆撃し、二十三万戸が焼失、十万人を超す死者が出た。

岩松旅館の離れに家族ぐるみで縁故疎開していた青葉区上杉、高尾和子さん（台東区黒門国民学校五年生）は「冬場は雪が深くて分校まで行けないので浅草国民学校の人たちと旅館広間で一緒に勉強しました。六年生は卒業式に出席するため帰って行きましたが、後で八人が空襲の犠牲になったと聞かされました」。

鳴子温泉では疎開児童三十人が東京・下町の大空襲で両親を亡くし戦災孤児になった。

作並のサルは人馴れしている

温泉の入り口のところに勤めていた新聞社の寮があったので何度か利用した。もちろん温泉付き、宿泊料も格段に安い。大学時代のサークルのOB、OG会を開いたことがあった。東京勢が最も多く、北海道から広島まで各地から二十数人が集合。値段相応の質素な宴会料理をつついていたのを見ながら、「普通の旅館にすればよかったかな」と反省した。

翌朝、散歩に出かけた何人かが興奮して帰ってきた。「四十匹はいたぞ。野猿の群れが樹木の間をあっちこっち動き回り、そりゃ壮観だったぜ」。大都会に住む人たちにとっては大ニュースだったのだろう。もう一泊して観察したいという人も出た。野猿の被害で農家が困っているというのに、それが何よりの「ごちそう」になったのは皮肉なことであった。


広瀬川上流にはニホンザルはもちろん、大型獣のニホンカモシカ（特別天然記念物）やニホンツキノワグマ、山地から丘陵地にかけてはホンドキツネ、ホンドテン、ノウサギが生息している。

作並のサルは花火を打ち上げて山に戻す作戦を続けた結果、最近では出没数がぐっと減った。それでも三群百二十頭が生息、地元の農家は「作並のサルは人慣れしていて畑の白菜なんか芯だけ食べて逃げて行く」と困り果てている。イノシシによる農作物の食害は平成二十五年度県内で約三百件、被害総額は一千万円を超え、もちろんクマも出没している。


（平成二十八年十二月号）

大倉川は市水道発祥の地

東日本大震災では電気、ガスとともに水道網も瞬時にして破壊され、水のありがたみを痛感した。まだ寒い三月の半ば、リュックサックにできるだけ多くの空のペットボトルを入れて近くの小学校で給水を受け、息を切らしながら坂道を登って家にたどり着く。復旧までの半月間、難行苦行の日がしばらく続いた。

仙台で水道事業が開始されたのは大正十二年（一九二三）五月二十六日。それまで飲料水はもっぱら井戸に頼っていた。家を建てる前に井戸を掘り、水が出たところで初めて家を建てるのが普通だった。明治になると文明開化の影響もあって井戸の汚染が進み、市が水質検査をしたところ五千五百七カ所のうち飲料適はわずか二・四％という驚くべき結果が出た。

それでも水道開設はしばらく放置され、上下水道調査が初めて実施されたのは明治二十六年（一八九三）になってから。内務省のお雇い英人技師W・Kバルトンが仙台に来てつぶさに見て回り、五年後に上・下水道の敷設設計が完了する。「さあ、いつでも着工OK」となった。上下水道の同時着工は財政面からも難しい。洪水対策、衛生対策から下水道事業を優先したので水道事業は遅れに遅れて大正二年（一九一三）からの工事開始となった。

お手伝いさん減らしに役立つ

広瀬川支流の大倉川に取水口がつくられ、六キロの導水管を通って中原浄水場でろ過し、七キロ離れた荒巻配水所（現青葉区国見一丁目）から市内に配水した。総工費二百七十五万円。創業当初の水道料金は均一だったという。

開業時、市水道部が市民に加入を呼びかけた新聞広告が残っている。「古来井戸あるいは河川より直接汲み上げて使われている水は地表や外界の不純物、黴（ばい）菌などと接触するため良水とは言えません。水道を使うと衛生的であるほか腐敗の減少、洗濯もできるし、女中の縮小、工業家の能率増進、防火の利にも通じ、直接間接受ける影響は多大なるものがあります」水道開設がお手伝いさん減らしに役立つとは面白い発想であった。

水道事業が始まったころ、仙台市の人口は約十二万人、さらに三万人増えても十分対応できるだけの水源、送水管、配水管を備えた。それなのに昭和三年に名取郡長町、宮城郡原町、同郡七郷村南小泉を併合して市域が拡大し、旧市内の利用者増もあり、早くも四年で水不足をきたす。

新しい水源地は三候補地の中から大倉川南側を流れる青下川（現青葉区熊ケ根、大倉）が選ばれ、昭和六年から二年間かけて三つのダムがつくられた。第一ダムは堤防の高さ四十三メートル、第二は三十九メートル、第三は二十メートルあり、玉石コンクリートの堰堤に支えられている。今も現役として活躍しており、ここで取水した水は中原浄水場を経て青葉区の需要家に届けられている。

工事が行われたのは昭和不況で失業者が急増した時期であった。失業者対策として市では延べ五十万人を雇用して事業を続けた。

市水道記念館や森の散策コース

大倉川、青下川流域は仙台にとって、いわば「水の歴史地区」に当たる。現地にはヤギの頭をモチーフにした噴水口の碑が建ち、付近にある三つのダムと十二施設は平成十一年、文化庁から「登録文化財」に指定された。

近くに二階建ての市水道記念館があって市の水道の歴史や仕組み、東京・汐留の仙台藩屋敷跡から出土したおけなどを展示している。平成五年（一九九三）に開館してから同二十七年までに入場者は三十万人を超えた。

記念館責任者の相澤正男さんは「ぜひ見学して水道についての理解を深めていただきたいのですが、それだけではなく、良質でおいしい水道の水を飲むためには周辺の森林を守っていくことが大切なことも知ってほしい」と語る。自然に満ちあふれた周辺には三十分かけて歩くハイキングコースや森の散策コース、青下第一ダムに行く歴史満喫コースなどが設定されている。散策の途中、昭和八年（一九三三）完成の青下ダム旧管理事務所

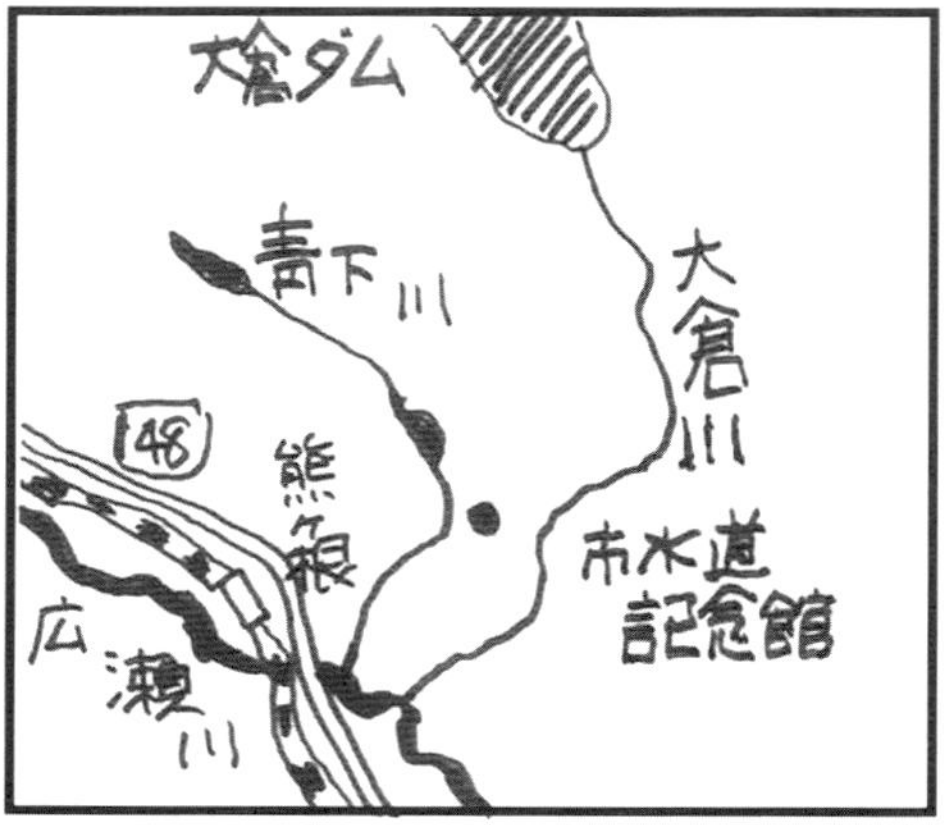

を見ることができる。記念館は十二月から翌年三月まで休館。

「うまい」けど「高い」

首都圏からは水不足の話が聞こえてくるというのに、人口百八万の仙台でその心配はしばらくなさそうだ。これはありがたい。県営大倉ダム（昭和三十六年）、建設省釜房ダム（同四十五年）、同七ヶ宿ダム（平成二年）、県営宮床ダム（同九年）が次々完成したのと、富田浄水場の整備（昭和三十年）で取水が多面的になった。しかも最近では水の使用量が少なくて済む洗濯機やトイレの普及。企業や工場の四割近くは水道水だけでなく地下水や雨水、工業用水を兼用するようになりむしろ過剰気味だという。

市水道記念館では青下ダムで取水した水道水をペットボトルに詰めて「仙台の水」として見学者に配っている。二年前、仙台で開催された国連防災世界会議で遠来の客にふるまったところ人気上々だった。市水道局の調査でも「仙台の水道はおいしい」に「どちらかといえばおいしい」を加えると五一％が「うまい」と答え、否定的な回答の三三％を上回った。

先日、転勤族の人たちが多い集まりで水道のことが話題になった。皆さん、口をそろえて「仙台の水はうまい」とおっしゃる。でも「水道料は高い」というのが一致した見解であった。地下水の豊富な熊本から移ってきた男性は「向こうに比べて五割は高い」と言うし、埼玉県からの女性は「二、三割は高いわよ」。

水道料金は自治体によって差がある。仙台市は他都市に比べて市域が広く配管距離が長いのと、ダム建設の投資額が大きいのでどうしても高めになるそうだ。市水道局のPR誌『H2O』(平成二十八年十一月号)によると仙台市の一般家庭の水道料金は一カ月平均三千四百八十八円。全国の平均三千二百二円、大都市は平均二千五百八十三円である。「仙台の水はうまいが高い」という皆さんの実感は当たっていた。

(平成二十九年一月号)

仙台市の水源の一つ青下第二ダム。玉石コンクリートが時代を感じさせる(小崎)

願いかなえてくれる定義さん

仙台市民が七十歳になって敬老乗車証を支給されると、まず行ってみたくなるのが青葉区の定義さんだという。仙台の中心部から定義まではざっと二十四キロ、バス代もばかにならない。同じ市内なので自己負担分が一割で済むのは魅力である。

「定義」はなんと読むのか。私は「じょうげ」だと思っていたが、正解は「じょうぎ」。『宮城県百科事典』（河北新報社）にそうある。ただし住所は青葉区大倉上下（じょうげ）とややこしい。

四方を山に囲まれた定義・西方寺の近くを大倉川が流れている。奥羽山脈の船形山を源流とし、愛子盆地で広瀬川と合流する長さ一九・六キロの川。源流付近は誰も足を踏み入れたことがないような奥深い山で雨量が多い。山形ではこの山を御所山と呼んでいる。一つの山に二つの呼び名があるのは珍しい。

仙台の水と文化の研究家、佐藤昭典さんのところには「地図で見ると、大倉川の方が関山を水源とする広瀬川より長いし、こっちが本当の源流ではないでしょうか」と問い合わせがあるそうだ。

佐藤さんの調査では江戸時代の古地誌『残月台本荒萩』だけでなく、多くの文献に大倉川が本流とあった。それが大正時代になると『宮城県々一班』のように現在の源流説に取って代わる。地理的には大倉川が長いけれども、川と道、人と川の関わりの深さから今の源流が決まったのだろうと推測している。

上流は薪の集散地だった

定義さんへ行く途中、巨大な大倉ダムの湖畔を通る。春は桜の並木道、秋は紅葉がダムに映えて美しい。建設省が昭和三十六年（一九六一）、大倉川をせき止めてつくった多目的ダムで二千八百万トンの貯水量がある。宮城県が管理し、広瀬川流域の洪水調整や仙台、塩釜両市の上水道、仙塩工業地帯へ供給する工業用水、農業灌漑用水、発電用に使われている。

ダムができる前、大倉川、広瀬川の豊富な水量を利用して仙台まで薪（まき）を運んでいた。昭和三～四十年代、エネルギー源が石油に代わるまで薪や木炭、亜炭は生活必需品で、大消費地・仙台では大倉、秋保などの薪を使っていた。大町、名掛丁を中央点に分けて北側は大倉、南側は秋保の薪だったという。

学校、役所、会社、商家や一般家庭のほか、敗戦までは第二師団がいいお得意さんだった。亜炭も風呂の燃料として使われ、夕暮れ時になると一斉に風呂をわかし始める。仙台の空は亜炭の煙で充満し、モヤがかかったようになった。

薪の生産は藩政時代、藩の管理のもとに行われた。明治になると大倉地区から一時姿を消してしまう。その後再開され、住民が二つの会社を結成、大倉川上流の国有林を伐採して薪を川に流し、西公園裏の広瀬川大橋の左岸（藩政時代は角五郎）で引き上げていた。

大倉小十里平分校で二年間教師をした郷土史研究家佐藤達夫さんは、地元の菅沢幸左衛門さん（明治二十九年生まれ、生きていれば百二十一歳）から流木体験を聞いている。

「八、九十人の組合員が伐採場所を抽選で決め、六月ごろからブナ、ミズナラを伐採し枝を払い、一・六㍍四方の棚にする。総量は八千棚から一万棚。翌年三月、これをソリで運んで沢に流し、三㌔ほど下流の定義地区に集める。ここで乾燥した薪は麦の色づく六月ごろ大倉川に流される。ここから広瀬川を下り、仙台の大橋付近まで早くて一週間、流木（ながしぎ）師と呼ばれた人たちが、川いっぱいになって流れる薪と一緒に川岸を下り、途中で薪の束が引っ掛かると皆で外しながら進んだ」

昭和十三年、貯木場のある定義から十里平まで一一・三㌔の森林鉄道が開通して輸送が便利になる。生産された木炭は、昔は馬一頭に一俵四貫目（十五㌔）の炭俵を六俵つけて、ひとり二頭を引いて仙台の八幡町の仲買商まで運んだ。八幡町は大沢、広瀬村から持ち込まれる薪炭の集荷口で、問屋や仲買商のほか米穀など農産物の仲買商もいてにぎわった。

一生一度の大願かなえてくれる

定義さんの正式名称は極楽山西方寺。平家の落人伝説がここでも生きている。文献を総合すると創建者は平安末期、平家一族の平筑後守貞能と言われる。貞能は平安末期、山口県下関市の壇ノ浦で平家とともに入水した安徳天皇と平家一族の冥福を祈って寺を建てた。

阿弥陀を信仰していた平清盛の長男重盛が病死する前、貞能に仏像を預けて長く後世に伝えるよう命じる。貞能は平家が西国に逃れたとき、平清盛の遺骨を高野山に収めた後、髪をそって僧となり、家来たちと大倉に居を構え、名も定義（さだよし）と改めた。現在の定義の地名はそれを音読したものだという。

寺の山門、鐘楼、六角の本堂のほか、戦後、五重塔もつくられた。お堂の後方の小さな丘は貞能が安徳天皇の遺品を埋めてその霊をまつったところ、そばにあるサワラは安産、縁結びの守護と言われている。「一生に一度の大願を定義さんは必ず聞き届けてくれる」との言い伝えがあり、江戸時代から明治にかけて多くの人が一夜泊まりで山道を徒歩で往復した。今も参拝客が絶えることはない。

寺の住職は平成二十七年、四十年ぶりに大江田博導さんから息子の副住職、紘義さんに引き継がれた。

定義さんと言えば「三角あぶらあげ」、寺院の参道に店を構える定義とうふ店でつくっている。明治二十三年（一八九〇）創業の老舗で、工程のほとんどは長年培われた手作業だ。一番人気の三角油揚げは低温油と高温油の二度揚げで表面はカリッと内側はしっとり仕上げる。仙台市出身の漫才師サンドウィッチマンの伊達みきおさんは「前世はキツネじゃねえかっていうくらい好きな食べ

観光客でにぎわう定義さん（志賀）

物で、揚げたてに醤油たらして、七味かけて、厚さ三㌢はあろうかという油揚げをがぶりつく。幼稚園のころ親父に『定義さんに行くか』って言われるのが何よりうれしかった。いまでも年二回ペースで通っています」。

（平成二十九年四月号）

仙山線はこうして造られた

　JR仙山線はいつ乗っても心が洗われる鉄道である。特に県境付近がいい。春の新緑、秋の紅葉、雪の装い。時折、広瀬川の本流、支流も姿を見せる。

　人間が古い私などは、仙台の次は北仙台、次が陸前落合と思ってしまうのだが、今ではその間に、東照宮、北山、東北福祉大前、国見、葛岡と五つも駅ができて、車内はいつもにぎわっている。

　仙台―山形間は六二・八キロ、快速で一時間十余分。仙台駅から日に五十一本の電車が出ている。うち三十二本は愛子まで。住宅地がここまで膨張しているのが分かる。県庁所在地が起点、終点になっているJR線は全国でも珍しいという。

　中国と戦争が始まってから四カ月後の昭和十二年（一九三七）十一月十日全線開業。今年（平成二十九年）は創業八十年の記念すべき年だった。全線開業はこの年だが、レールの敷設が終わるとその都度開業していったので、仙台から作並まではその六年前から運行していた。

山形とは古い付き合い

　全線開業からあまり時間がたたないころ、家族旅行したことがある。小学校に上がる前だが、滅多にない経験だったので覚えている。仙台駅から作並駅までは蒸気機関車が客車を運び、ここで電気機関車と交換して長いトンネルを抜けて山寺駅着。立石寺を回って天童温泉に一泊した。

　電気機関車を見たのはこのときが初めてだし、作並、山寺の両駅に機関車の向きを変える転車台があり、ぐるりと回る姿は面白かった。昭和初期は「大衆文化」の時代と言われ、交通機関の発達や行楽地の整備でレジャーブームが到来した。わが家もこれに便乗したのだろう。戦争が始まっていたけれども、最初のころ戦争気分はあまりなかった。

　仙台と山形は昔から交流の深い都市で、仙山線

市内の JR 木造駅舎では愛子駅と並んで最も古い仙山線北仙台駅。昭和 4 年の完成（志賀）

は重要な仲立ち役であった。働き者が多い山形の女性は野菜や果物を仙台に運んできて行商、帰りには仙台から海産物を仕入れて帰った。

山形市高瀬、安藤あきさんは平成十九年（二〇〇七）八十歳になるまで週に二回、仙台に通った。家の畑で採れた野菜や手作りの漬物を入れた竹かごを背負い、荷物を両手に北仙台駅で降りる。駅の近くに頼んでいるリヤカーに積み替えて青葉区木町、通町、柏木などの数十軒のお得意さんを回る。「長年のお客さんの顔が見られるのがうれしくて」と安藤さん。今ではトラックに変わり、山形から果物や野菜を積んで仙台で売りに来る人たちがいる。

平成二十八年十一月、両市は仙山圏のさらなる活性化を目指して連携協定を結んだ。その中には仙山線を活用した観光交流の強化も盛り込まれている。

奥羽山脈がネックになった

仙山線建設運動は遠く明治にさかのぼる。上野から青森までの東北線は明治二十四年（一八九一）、山形、秋田径由の奥羽線は同三十八年に開

通する。二つの幹線ができあがったのはいいが、両者を結ぶ横断鉄道は奥羽山脈が立ちはだかって着工の見通しさえたたない。そこで高い山がない小牛田―新庄間の陸羽東線（最初の名称は陸羽線）をまず着工し大正六年（一九一七）十一月に全通した。

　こちらは今年（平成二十九年）開業一世紀を迎えた。松尾芭蕉が歩いた旧出羽街道と並行して両県の温泉地を走る同線は「奥の細道湯けむりライン」の別称で親しまれている。

　一方、仙山線である。必要性は誰も認めながら、いっこう進まない。それでも明治末期、仙台から関山峠、二口峠、笹谷峠を経て山形に至る三案が提案されたことがあったが、どれを選ぶにしろ長いトンネルを掘らなければならず当時の技術では難しい。幻に終わるかと思えた大正十二年（一九二三）、新鉄道敷設法に計画路線として採択され、宮城県川崎、山寺経由の南部ルートと、山寺、神町の北部ルートの二案が提案された。

　どちらの案に軍配が上がったかは今の路線を見れば一目瞭然である。加藤高明内閣の大木達吉鉄道大臣は宮城県選出の代議士、伊沢平左衛門を呼んで「どちらがいいかね」と質問した。「私は七十七銀行頭取で仙台商工会議所会頭ですから、何とも申し上げられません」と答えると、大臣は「私が前にお邪魔したことがある勝山館は、仙台の北だったかね、南だったかね」と尋ね、伊沢は「北の方でございます」と答えた。勝山館は伊沢家の別荘である。「この謎めいた問答により現在のルートが決まった」と『仙台商工会議所七十年史』にあるのだが真偽は不明。鉄道建設にはこのような「我田引鉄」の話が常について回る。

完成したところから部分開業

仙台から作並までの「仙山東線」は大正十五年（一九二六）四月、盛岡建設事務所（盛岡工事局の前身）の手で工事が開始された。山形側の「西線」は工区が短いこともあり、ずっと遅れて昭和七年九月、奥羽線羽前千歳駅から新庄建設事務所が担当した。

東線は仙台駅を出てしばらく進むと東北線をまたいで西に曲がり北仙台、国見を経て山屋敷トンネル（三百八十メートル）に入る。トンネル掘削によって出た土砂は池や谷を埋めて堅固な土盛りを築き上げた。陸前落合駅から愛子駅までは平たんなので工事は順調に進み、昭和四年九月、仙台―愛子間で営業が始まった。愛子駅前では田植え踊りなどの郷土芸能を披露して開通を祝った。

これから先の愛子―陸前白沢間の工事に従事した青葉区上愛子二岩、庄子栄太郎さんは「赤松林が生い茂り伐採、伐根は大変な労働だった。一本の根掘りに丸一日かかることもあった。線路の格好ができるとトロッコや馬車に積んだ砂利が運ばれてきて枕木が敷かれてレールが伸びていった」。

高さ五十一メートルの熊ケ根鉄橋

昭和六年（一九三一）八月には仙台―作並間が開業する。その途中の熊ケ根駅約一キロ東の広瀬川には熊ケ根鉄橋（正確には第二広瀬川橋梁）が架けられた。深く切れ込んだ川の水面から橋上のレールまで五十一メートル、ここに長さ百三十四メートルの鉄橋がつくられた。完成した時は九州の高森線・白川橋梁、山陰線のトレッスル橋に次ぐわが国三番目の高い鉄橋だった。架橋作業の詳しい資料は見当たらない。

仙山東線で機関士をしていた青葉区上愛子上区、鴨田善吉さんは「仙台を出発して作並までの間で一番きつい場所は北仙台駅を出たばかりのところで、一〇〇〇分の三〇という勾配があった。蒸気機関車のボイラーにたっぷり注水して蒸気を上げた。熊ケ根の鉄橋を通る時、下を見てゾーッとしたものだ。帰りの作並駅から袴（はかま）をはいて仙台の学校に通う女学生が毎日乗ってきた。出征兵士が日の丸の旗に送られる姿もたびたび目にした」。

（平成二十九年二月号）

（注）熊ケ根鉄橋の架橋工事について、太白区緑ケ丘、庄子淳子さんから「母方の叔父、新弓ノ町、斎藤一男がトビ職として従事しました」とお便りを頂戴した。庄子さんは「叔父は土木建設会社に雇われており、『大変な難工事だったと言っていた。仙台・X橋の架橋工事にも従事した』と母親から聞かされた。叔父は敗戦直後、三十代で病没したのでこれ以上のことは分からない。仙山線に乗って熊ケ根橋を通るたびに若くして亡くなった叔父に思いをはせたものです」。

巨大トンネル わずか三年で完成

奥羽山脈を貫くJR仙山線「仙山トンネル」は、開通以来ずっと「面白山トンネル」と呼んでいた。それがいつの間にか名前が変わった。仙山線のトンネルだから、これでもいいのだろうが、改名する理由がなにかあったのだろうか。

トンネルの長さ五千三百六十一《メートル》、昭和十二年（一九三七）九月七日に完成したときは、清水、丹那に次ぐわが国三番目の長いトンネルだった。鉄道省は当初、勾配の比較的緩やかな関山越えを検討するが、最終的には奥新川――山寺の現路線を選ぶ。しかも八十年前、この巨大工事をわずか三年で完成させる技術をわが国は持っていた。

トンネル工事は昭和九年、宮城、山形両県側から同時に進められ、宮城県側は盛岡工事局の直轄事業となった。工事が始まる前、作並駅からトンネル掘削予定の入り口まで十五キロにわたってレールが敷かれ、機材や技術者、労働者を乗せた専用列車が毎日運行した。

入り口付近は深い峡谷になっている。ダイナマイト庫、倉庫、削岩機修理所、コンクリート混合所などの施設や宿舎、浴場は山の傾斜地を利用して建てられ、奥新川に宿舎、診療所が設けられた。診療所は地域住民にも開放されて重宝がられ昭和四十八年（一九七三）まで存続した。

延べ五十万人が工事に従事

全国から様々な職種の人と家族が集まり、奥新川や作並、山寺の駅周辺はにぎわった。元盛岡工事局職員、関重雄さんは「宿舎は工事関係者だけの集団生活で、娯楽はレコード、ラジオを聞くとか、マージャン、囲碁、将棋ぐらい。工事中、総選挙があったが折あしく豪雪期にぶつかり、しかも秋保村役場が投票所だった。片道二時間かけてスキーで往復した」。同じく同工事局の石田秀夫さんは「当時の人夫（労働者）には退職金も失業保険もなかった。帰省、再就職などの費用を自前で準備しなければならない。それに備えて一カ月の賃金の一〇％以上を強制的に貯金させ、通帳は工事局で預かった」と語っている。

工事が始まったばかりのころ、坑内ではわき水に悩まされた。それも六カ所程度で治まり比較的掘りやすい地質だったので一日平均四・九メートルの速さで進み、最高一日九メートル掘削したことも。山形側の工事も順調で、予定を大幅に短縮して貫通、当時珍しい四百メートルの長いレールを溶接して設置した。青葉区上愛子、結城今朝松さんは「わき水が少なかったので粉じんが飛び散って困った。工事中にトンネル内に温泉がわいて作業員の憩いの場になった」。

工事に従事した作業員は延べ約五十万人と言われる。落盤などの大事故はなかったが、宮城側で六人、山形側で七人の犠牲者を出している。宮城側では二人が除雪中、雪崩に巻き込まれて死亡した。このほかダイナマイト不発、工事専用列車に挟まれた、セメント崩落事故など。

昭和十二年十一月十日、全線開業。長いトンネルは蒸気機関車の煙が充満するので初めから直流

近代土木遺産に指定された仙山線熊ケ根鉄橋（志賀）

式の電化区間とし、作並、山寺両駅で電気機関車に付け替えて運行した。あまりにトンネルが長いので、内部には列車交換用の信号所が設けられた。

初乗りした人の感想が河北新報に載っている。「面白山トンネルの中は明かりがついて、レールの継ぎ目がなく、まるで氷の上を滑るようになめらかだった。電気機関車の乗り心地はほかの線に比べて格別良かった」

交流電化の実験線に選ばれた

仙山線は「交流電化発祥の地」と言われ、作並駅ホームに記念碑が立っている。

国鉄は戦後九年目の昭和二十九年（一九五四）、都市間移動を従来の蒸気機関車から交流の電車へ転換することを決め、調査試験地として仙山線を選んだ。日本の鉄道は創業以来直流を採用してきた。交直流を対比してみたところ、交流の方が変電所も少なくて済むし費用も安上がりなことが分かった。

ではどんな経緯を経て電化が完成したのか、JR東海元総合技術本部長、関秋生さんからうかがった。

それによると、国鉄の電化計画は、蒸気機関車の燃料となる石炭節約のため大正時代から既に考えられていたという。関東大震災や戦争で計画は遅れ、敗戦時に電化が完了していたのは東海道線東京―沼津間などごく一部に限られていた。

昭和二十九年、長崎国鉄総裁が先進地フランスの鉄道を視察してきて日本でも交流電化を急ぐことになり、交流電化調査委員会で検討し結果、適当に勾配があって「坂道発進」の試験にふさわしい路線として仙山線陸前落合―作並間が選ばれた。作並―山寺間は既に直流電化されていたので、交直接続試験ができることも大きいメリットだった。

昭和三十年、通信線や架線、地下ケーブル敷設から始まり、後に電気機関車を実際走らせてみた。電気機関車はフランスから輸入する予定だったが、日立で製作した国産試作車の性能がよいので輸入は見送りに。試験はうまくいって、同三十二年九月、仙台―作並間でわが国初の交流電化が開業した。(同線の全線電化は同三十五年十一月)東海道新幹線成功の陰には仙山線での交流電化技術の確立が土台になっている。(平成二十六年十月、東北福祉大・鉄道交流ステーション主催の講演会)

テストのため東京、新潟、千葉、山形などから平均年齢二十七歳という若い国鉄技術者十三人が仙台に集められた。この人たち、仕事に熱中のあまり電気機関車の中で眠ることもしばしば。試験要員のひとり、仙台市の鈴木隆雄さんは「みんな直流の経験しかなく、交流は未知への挑戦。千五百ボルトの直流式に比べて二万ボルトも流れる交流方式には皆疑心暗鬼だった。試験には失敗しても死ぬんじゃないぞというのが仲間の合言葉でした」『宮城風土記』(朝日新聞仙台支局編・宝文堂)

鉄橋、トンネルなどが土木遺産に

平成二十七年は仙山線にとっておめでたい年になった。土木学会が仙山線に架かる鉄橋、トンネルなどを「歴史的な近代土木遺産」に選んだのである。

認定されたのは①第二広瀬川(熊ケ根)、新川川、荒沢川橋梁②仙山トンネルと信号所③作並、山寺両駅の転車台④作並機関庫⑤奥新川直流変電所⑥

交流電化発祥地記念碑——の六項目九施設。

大半は昭和初期の先端土木、鉄道技術を駆使してつくられた。貴重な鉄道遺産を認定してもらおうと市民グループ「関山街道フォーラム協議会」の鉄の道部会は二年前から活動を展開、平成二十六年三月には作並駅の転車台を掘り起こした。転車台は山寺駅にもあり、到着した蒸気機関車をそれぞれ仙台、山形方面にUターンさせるための施設。役割を終えた後、作並駅の構内に長い間埋もれていた。

協議会顧問の星山幸男東北福祉大教授は同年五月、広瀬市民センターで開かれた「仙山線の魅力と文化遺産」の講演で「仙山線には自然豊かな車窓風景、温泉、歴史などの観光資源のほか、鉄道の多くの土木遺産や古い駅舎がある。これらの資源を活用して多くの人に地域の素晴らしさを発進し、後世に伝えよう」と提案した。今回の認定でその夢が一歩も二歩も近づいてきた。

（平成二十九年三月号）

政宗の大事業「四ツ谷用水」

藩政時代、仙台城下を広瀬川から取水した「四ツ谷用水」が網の目のように流れていた。春秋の二回、町を挙げて清掃し、役人を置いて監視したので用水はいつも清らか。炊事洗濯の生活用水や防火、農業用、一部は地下に浸透して井戸水として使われ、大雨になると排水路の役目も果たした。明治以降、地下に埋めてしまったので街の中で実物を見ることはもはやできない。

用水は仙台に新しい都市をつくるため、伊達政宗の命令で始められた。そのころ現在の市街地の大半は原野あるいは湿地だった。このままでは人は住めない。政宗は段丘地帯の荒れ地に数万人規模の町を開こうと計画した。

「仙台城下の一番低いところを広瀬川が流れている。これでは町に水を運ぶことができない。この問題を解決するために開発されたのが四ツ谷用水です」と用水研究家の佐藤昭典さん。築城と並行して工事は始められ、代々の藩主が引き継いで拡張、改修を進め、完成したのは百年後（七、八十年説も）と言われる。

川村孫兵衛父子の功績

事業がうまくいったのは工事を指揮した川村孫兵衛重吉（一五七四～一六四八）と娘婿元吉父子の功績が大きかった。孫兵衛は長州萩の人で毛利藩の元家臣。地理学、測量学を駆使して北上川改修を手掛けたことでも知られる。

まず広瀬川の郷六（現青葉区）に堰を設けて水を引き、城下の入り口、大崎八幡宮まで約三キロにわたり手掘りでトンネルを掘った。八幡宮までの間に四つの谷があり、ここを木製の樋をかけて結んだ。これが「四ツ谷用水」の由来という説がある。

トンネルはツチとノミだけで掘られ、低い所から水を揚げるためのサイホン技術も活用された。総延長約四十四キロ、平均して幅九十センチ、深さ六十センチの堂々たる掘が城下の道路の片側や中央につくられた。幕末、国分町の道路の真ん中を用水が流れている絵が残っている。

用水の本流は八幡町から北六番丁を経て福沢町で梅田川に注いでいた。この間、南に向かって複数の支流が流れ、一部は地下に浸透して井戸水となり、町中の屋敷林の杉、ケヤキなどの生育を助けた。これぞ「杜の都」の原形といったところだろうか。堀には精米、製粉用水車が二十カ所近くあった。

青葉区木町通、木町通学区連合町内会副会長伊藤文隆さんは「おやじから聞いたのですが、用水の本流が北六番丁の家の前を流れていて、幅が広くちょっとした川のよう。夏場には水泳をしたり魚捕りをして遊んだそうです」。

明治になって移転命令、これは失敗

明治になって赴任してきた初代県令（知事）塩谷良翰は、将来、人力車、馬車の時代が来ると用水は交通の支障になると水路を町裏や道路わきに移すように命じた。これは失敗だった。無計画に行われたので水の流れが渋滞して降雨のたびにあふれ出し伝染病が発生する。結局、下水道にすることになり、全部終了するのは太平洋戦争が始まるところであった。

姿を消した用水の歴史的価値が広く知られるまでには、多くの人たちの努力があった。県職員として下水道整備業務に携わった佐藤昭典さんは、昭和五十年代初めから歴史遺産としての用水の保存、復活を呼び掛けてきた。「四ツ谷の水を街並みに！市民の会」を立ち上げ、会長として長い間活動した。多くの著作、講演を続け、JR仙台駅東口や東北大学病院内での用水遺構調査のほか、用水の流路になっていた青葉区の六カ所に解説入りの標識を建てた。

かつては北六番丁を小川のような四ツ谷用水が流れていた。当時の写真を基に描いた（志賀）

現会長新関昌利さんは八幡小に在職中の昭和五十年代、三、四年生の社会科、郷土の開発を学ぶ単元の学習に「四ツ谷用水」を取り上げた。そのころ文献はゼロに近かった。幸い学区の中をまだ用水が流れていた。子どもたちと歩いて調べ、古老の話を聞き、図書館などで資料を集め父兄たちの協力もあってなんとかまとめることができた。学習の最後に特別授業が行われ、四年三組の子どもたちによる創作劇『四ツ谷堰物語』の公演はかっさいを博した。

平成二十八年、四ツ谷用水は土木学会の選奨土木遺産に選ばれた。仙台では、れんが下水道、仙山線鉄道施設群に続く三件目の選定である。その前年ＮＨＫテレビ「ブラたもり」で取り上げられると知名度はぐんと上がった。

「桜川」に用水復活の動き

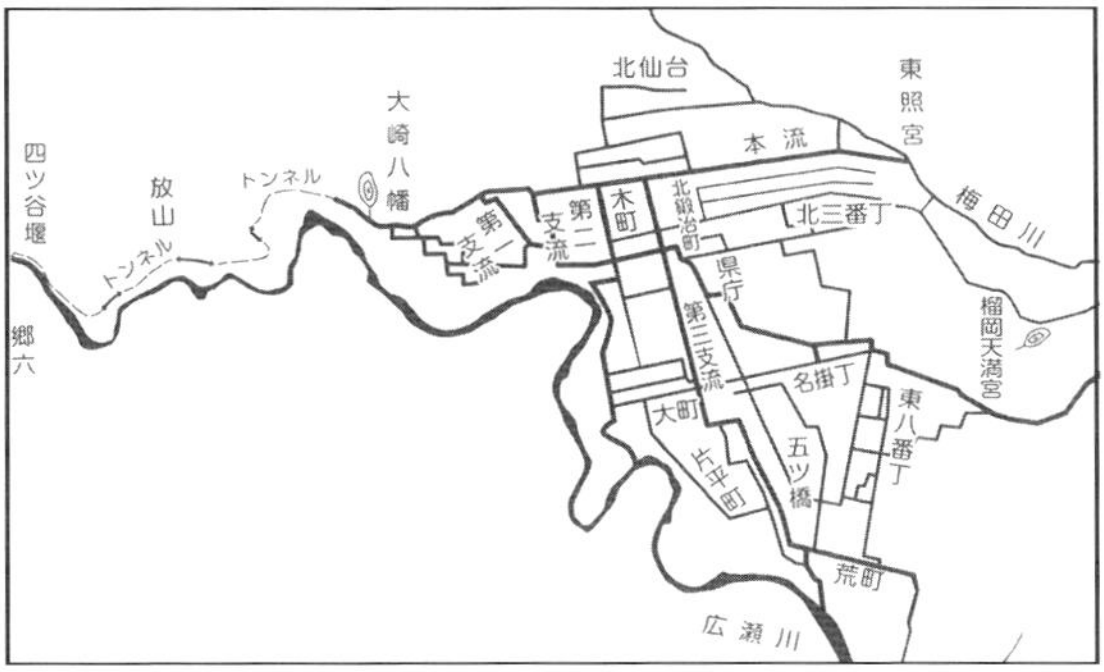

江戸時代の四ツ谷用水の流れ。佐藤さんの著書『もう一つの広瀬川』から

往時のせせらぎを復活しようと平成二十八年十月、「仙台『桜川』を復活する市民の会」が発足した。用水の本流が流れていた北六番丁通の地下には今も工業用水が通っている。通りに面した東北大農学部は青葉山に移転し、イオンモールが新しい所有者となった。市民の会は新所有者に用水の一部を敷地内に引き込んで約百五十メートルの清流を復活してもらうよう要望している。

昔、用水の周囲にシダレ桜が植えられ桜川と呼ばれていたので市民の会の名前はここから採った。佐藤昭典前代表は「用水の流れが見えるようになれば、伊達の文化がいかに素晴らしいものだったかはっきり分かるし、子どもたちの環境教育、市民の観光地にもなる」と語り、『四ツ谷翁「桜川復活」考　咲くか！しだれ桜』を出版して実現を訴えた。（佐藤さんは平成二十九年四月死去、市民の会新代表に八十川淳東北文化学園大教授が就任した）

もう一つ、同年三月に『四ツ谷用水光と影　仙台・消えた遺産を追う』（大和田雅人著、河北新報出版センター）が発行された。用水の歴史、復活を求める市民運動の軌跡を追ったルポで、用水の持つ意味を考える上で参考になる。

（平成二十九年六月号）

昔はみんな川で泳いだ

最近、広瀬川で泳いでいる人は見かけない。昭和の中ごろまで川は格好の水泳の場であった。仙台城下に入って蛇行を続ける川には深い淵が十八カ所あり、子どもたちは住んでいるところによって縄張りの淵を持っていた。戦後、大倉ダムができると水量が減って流れが変わり、淵も浅くなってしまう。

東洋造画館が大正元年に発行した「仙臺市全図」に淵の名前が載っている。上流から言うと八幡文殊堂付近の巻淵から始まって、賢淵、牛越橋下流の藤助淵、観音淵、県美術館下の新兵淵、松淵、澱淵、澱橋下流の胡桃淵、六兵衛淵と続く。今はもうない女淵、大橋上流の五間淵、花壇の早坂淵、馬ノ背淵、それに霊屋橋付近の源兵衛淵、小淵を経て向山大満寺北側の唐戸淵、松源寺淵、愛宕橋付近の西光院淵――となる。聞いたことのある名前もあるし、そうでないのもある。

藩主の前でダイビング披露

藩政時代、仙台藩主は城下で最も深い八幡の賢淵に出向き、旗本足軽の水練を見るのがならわしだった。郷土史家三原良吉さんが河北新報に連載した『廣瀬川の歴史と傳説』によると、広い中州の中央で藩主が床凡（しょうぎ）に腰を掛け、家老が左右に居並ぶ中、足軽たちは切り立った崖から賢淵にダイビングして背泳ぎや横泳ぎ、立ち泳ぎ、クロールなど水中の戦闘教練を披露したという。この足軽は藩主が登城する際の警護役で川内山屋敷に住み、仙台特産「埋もれ木細工」を開発するのは彼らの末裔である。

今、賢淵は土砂に埋もれて往時の面影はない。三原さんのご子息で青葉区米ケ袋、三原征郎さんが調べたところ、賢淵の対岸に突き出ていた岬（三居沢の鼻）が切れて先端部の巨大な岩が川の流路を変えてしまった。それがいつごろだったのか、近くの古老を訪ねて回ってもよく分からない。米軍が撮影した航空写真から昭和三十六年（一九六一）ごろと推測されるという。

広瀬川はかつて子どもたちの格好の泳ぎの場だった（志賀）

このほか中の瀬橋のすぐ下にあった女淵は流路が変わり仙台市の広大な河川運動場に。角五郎、川内、米ケ袋、愛宕下、宮沢にも公園、運動広場が誕生した。

広瀬川で水泳教室開催

昔はプールがなかったので、水泳と言えば多くの市民にとってそれは広瀬川であった。エピソードをいくつか集めてみた。

（1）川内一帯は陸軍用地で野砲連隊は県美術館の所にあった。野砲連隊の新兵は近くの淵へ降りて行って水泳の訓練を受けたので、その場所はいつの間にか「新兵淵」と呼ばれるようになった。

（2）明治三十八年（一九〇五）から三年間、仙台一中（現仙台一高）で英語を教えた岩本忠次郎先生は水府流の達人。水泳部の顧問として向山長徳寺北側の唐戸淵で生徒を指導した。教えを受けた数人が後に仙台水泳会をつくる。

（3）唐戸淵では大正四年（一九一五）夏、父兄会などの反対を押し切って「女生徒水泳教室」を実施した高等女学校の校長がいた。学校名、校長名は不明。

（4）昭和初期、市内の小学校長の発案で、六年生男子児童を対象に夏休み中の十日間、広瀬川の四カ所で水泳教室が開設された。出席は義務づけられ仙台水泳会のメンバーが指導した。

愛宕に市営プールがあった

愛宕神社裏手の広瀬川河畔に、仙台では珍しい市営プールがあった。高さ五㍍の飛び込み台が付いた五十㍍プールと、子ども用プールの二種類があり県水上大会の会場になったこともある。創業は大正十五年（一九二六）と言われ、荒町小学校の資料室には飛び込み台の周りに集まった子供たち（昭和六年ごろ）と水泳教室（同十一年ごろ）の写真が残っている。

市営プールの管理は太白区越路渡邊義昭さんの父親が委託されていた。昭和十年代後半、義昭さんが国民学校（現小学校）児童のころ、夏は朝五時に起こされた。いろいろの学校から児童が日替わりで何百人と泳ぎに来る。両親とプールの掃除、水の消毒を手伝い、放課後は入場者の切符切り、監視が仕事だった。地下水と広瀬川の水をポンプでくみ上げて満杯になるまで一昼夜かかった。戦時中の昭和十八年（一九四三）閉鎖されて軍用機器開発の工場となり、終戦後はプール跡地に住宅がたくさん建てられた。（河北新報）

もう一つ、東一番丁（現青葉区一番町）には昭和二年創業の民営「仙台プール」があった。今ではどこの小学校でもプールを持っているが、当時はまだ珍しく、木町通小学校は数少ないプールを備えた学校だった。在校生にとって「おらほの学校にはプールがある」というのが自慢の一つであった。

最初に広瀬川を汚したのは

都市化が急速に進んだ昭和四十年代になると、広瀬川には工場廃水、生活廃水が流れ込み汚染がひどくなる。最初に川を汚したのは戦後、進駐してきた米軍という話がある。川内地区の旧陸軍用地に東北最大の「キャンプ・センダイ」をつくり、トイレは水洗式、生活雑廃水を含めて一部は浄化したが、ほとんどを広瀬川に流していた。

近所の仲間と松淵にせっせと泳ぎに通っていたのはそのころである。泳いで対岸にたどり着くと崖の上から常に水が流れていた。そこで水しぶきを浴びながらしばらく休んで、また戻ってくる。格別なんとも思わなかったが、あれは「キャンプ・センダイ」からの下水だと言う人もあり、そうだとしたら、よくぞ赤痢などにかからなかったものだと今更ながら驚いている。市民会館裏手の断崖には東北大病院から流れてくる排水溝があり、そこには魚が寄って来て良く釣れたという話もある。

全国的に公害問題解決の機運が高まった同四十九年（一九七四）九月、広瀬川の清流を守り次世代に引き継ごうと仙台市は「広瀬川の清流を守る条例」を制定する。一時、汚れていた川に清流が戻ったのは、下水道の整備もあるが、条例の果たした役割、市民の活動があったからである。

川に新しい魅力を呼び戻そうと「広瀬川創生プラン」を指針に「広瀬川市民会議」が活動している。七団体が集まって平成十六年（二〇〇四）に発足。自然環境を守り、多くの市民が親しめる川にするため「広瀬川一万人プロジェクト実行委員会」が中心になって広瀬川清掃を続けている。賛同する団体、企業は既に百を超え、発足して六年後の平成二十五年には清掃参加者が念願の一万人を突破した。

春、秋の二回、上流の作並から広瀬川が合流する名取川の河口閖上までの十数カ所で流域一斉清掃を実施している。川に親しむ「作並かっぱ祭り」や源流散策、サケ放流などのイベントも開かれている。「始めたころ河川敷や中州で山ほどのゴミが集まり、何台ものトラックで運んだ。参加する人も最初は十〜二十人単位だったが、今では二千五〜六百人に増え、ゴミも少なくなって探すのに苦労するほど。今後も市民、企業、行政が連携して広瀬川の自然環境を守っていきたい」と実行委員会の代表は話している。

今年も七月一日、広瀬川でアユ漁が解禁になった。百万都市でアユが釣れる川として有名だが、そればかりでなくカジカガエルが戻ってきたのはうれしいニュースである。きれいな川に生息する体長四〜五センチのカジカガエルは、六〜八月の産卵期、オスがメスを求めて「ヒョロ、ヒョロ、フィフィ」と美しい声で鳴く。その声が霊屋橋下流の青葉区米ケ袋周辺でも確認された。川が汚れていたころは声も途絶えていたのだが、復活を願ってオタマジャクシからかえったカジカガエルを放流した結果、郊外だけでなく市街地のあちこちで見られるようになった。

ホタルはどうだろう。太白山自然観察の森近くの笊（ざる）川上流ではゲンジボタル観賞会が行われたというが……。（平成二十九年七月号）

川を挟んで鎮守の森

古い杉木立に囲まれた大崎八幡宮は、一月十四日の「どんと祭」が有名である。一年の無病息災を願う伝統の行事で、石段を上った参道の両側には露店が立ち並び、「裸参り」の善男善女の列が通り過ぎて行く。今年は例年を二万人上回る十二万人の参拝客があったという。武運の神としても知られ、東北楽天、ベガルタ仙台など多くのスポーツ選手は毎年、戦勝を祈願して参詣する。

伊達政宗は仙台に城を定めてから七年後の慶長十二年（一六〇七）八月、この神社を完成させた。政宗は開府十年以内に陸奥国分寺薬師堂、塩釜神社、松島瑞巌寺、五大堂、平泉中尊寺、毛越寺を次々新築、再建している。最初に完成したのは五大堂、次いで塩釜神社、ちょっと遅れて大崎八幡宮。

多くの寺社を短期間でつくることができたのは

支配地の本吉郡や気仙郡（岩手県）から産出する金で藩財政が豊かだったからと言われる。

なぜ「大崎」八幡なのか

大崎八幡宮の社殿は、京都・北野神社とともに現存する最古の桃山式権現造りと言われ、明治三十六年（一九〇三）四月、国の特別保護建造物に指定された。仙台城大広間の設計施工に当たった京の匠たちが八幡をつくった。しかも江戸期を通じ伊達家は、五百石近い社領を与えて尊崇し、四代藩主綱村は入口に大鳥居を寄進、その後も社殿の補修、改修を繰り返している。最近では平成十三年からの大改修がある。

この神社は米沢に本拠を置いたときに崇拝した成島八幡神社と、仙台領になる前、室町幕府から奥州探題を命じられ絶対的権威を持っていた大崎氏の守護神、大崎八幡（現大崎市田尻）を祭った。

司馬遼太郎は『街道をゆく』（朝日文庫）の中で「政宗にとって今の宮城県はなじみが薄かった。そこで古い権威の大崎を自分のニックネームにしたかと思える」と推測している。

八幡宮の東隣に別当寺の龍宝寺が建てられた。伊達氏が常陸中村にいたとき創建された古い寺である。当時、神社に寺はつきもので、塩釜神社に法蓮寺、亀岡八幡に千手院、東照宮には仙岳院など別当寺があった。しかも神社より寺の格式が高く、龍宝寺は八幡宮の神官を管轄し、門前町を仕切り、「どんと祭」も主催した。

明治維新後、廃仏毀釈で激変

明治維新後、政府は神仏分離令など神道国教化政策を取ったので、長く続いた寺社の関係は逆転。仏教によって圧迫されてきたと考えていた神職者たちは仏教を排撃し、各地で寺院、仏像、仏具を破壊した。この運動を「廃仏毀釈（はいぶつきしゃく）」と言う。仏教と神社は完全に切り離された。

龍宝寺でも寺料を没収されて八幡宮との関係を絶たれる。わずかの檀家と本尊を境内に残して自立しなければならず、寺宝も処分せざるを得なかった。八幡町が再び活気を取り戻すのは関山峠にトンネルが完成する明治十五年以降である。交通の要所であるだけでなく西の村々から集まる薪、木炭の仲買商も営業し、昭和五十一年（一九七六）までは市電も通っていた。

大崎八幡宮の大鳥居。江戸時代はここが城下の西はずれだった（志賀）

「昔に比べると活気は今ひとつ」という声が聞こえてくる。江戸時代は「どんと祭」や祭礼などに多くの人が訪れ、幕末になると宮町、国分町に次いで三番目に人口の多い町となった。定義如来への出発点として神社西側の茶屋町は繁盛した。

八幡町商店街では有志が地域の魅力を伝える「八幡町ぶらりマップ」をつくってPR中。商店会に加盟する三十二店の営業時間や特色をまとめ、散策コースとして「土木遺産に認定された四ツ谷用水やへくり沢」、「神社仏閣・歴史的建造物」、「広瀬川河畔探訪」の三コースを設定して活用を薦めている。

亀岡の八幡宮、眺望抜群

大崎八幡宮から一・五キロ南の川内亀岡町に亀岡八幡宮がある。伊達家初代伊達朝宗が伊達市梁川に造営した氏神で、政宗が初陣のとき戦勝祈願したと言われる。仙台開府時は同心町（青葉区錦町）に仮宮が置かれたが四代藩主綱村が権現造りの社殿を現在地に造営した。名前を亀岡八幡宮と改めたのは神社を移したとき縁起の良い「霊亀」が現れたので、鎌倉の鶴岡八幡宮にならって亀岡八幡宮としたという。

　三百七十二段の石段を上ると社にたどり着く。標高百二十《メートル》。江戸時代は城下切っての絶景スポットで仙台を訪れた旅人は神社に参詣し、眺望を楽しんだ。奥の細道紀行の芭蕉も仙台に着くと早速参詣している。

　亀岡宮は空襲で焼失し二十年後に再建された。石の鳥居は空襲でも無傷、東日本大震災では鳥居上部が前後に八《センチ》ずれただけで動じなかった。(平成二十九年八月号)

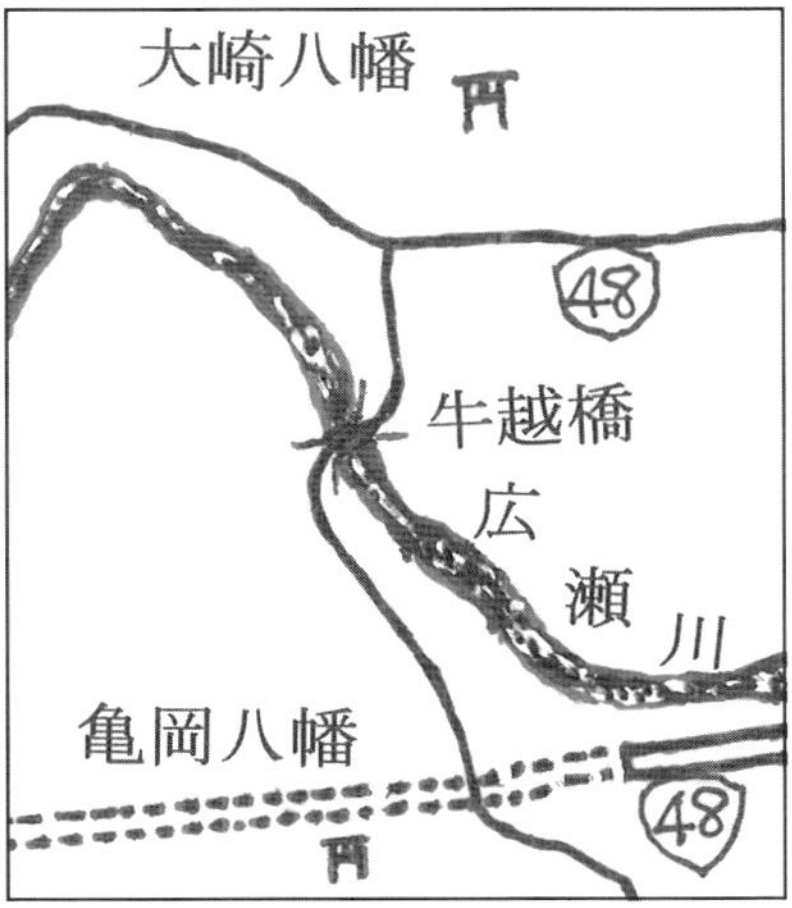

三居沢、愛宕下に発電所があった

　仙台の町に初めて電灯がともされたのは明治二十一年（一八八八）七月一日。宮城紡績という会社が現青葉区三居沢の発電所で四〇馬力水車タービンを回して五《キロワット》を発電、すぐそばの同社工場(現市交通局川内営業所）で点灯した。わずか五十個の小さな明かりだったが、輝く灯を初めて見た八幡町辺りの人たちは「キツネ火だ」と驚き、警官が駆けつける騒ぎになった。

　これがわが国最初の水力発電と言われる。東北電力は同所の第三発電所（一〇〇〇《キロワット》）を引き継いで主に川内、亀岡、八幡方面に配電している。東日本大震災のときはここだけ停電がなかったという。隣に東北電力の三居沢電気百年館（月曜日休館）があり一般公開している。

　発電所をつくった宮城紡績社長、菅克復（かん・

三居沢の東北電力発電所はいまも現役として稼動中（志賀）

こくふく）さんは宮城郡長も兼ねていた。当時は企業人が役人も兼務できた。明治十九年、東京で電気事業が始まり、新聞に「電灯の光力、夜なお昼の如し」とあるのを見て菅さんら仙台の経済人五人は調査のため上京する。「仙台ではまだ早い」と皆さん敬遠するが、菅さんは紡績工場で使ってみようと電球と水力タービンの機械を買い込んだ。

初の点灯から六年後には、三居沢の発電所を三〇《キロワット》に増設し、同時に開業した仙台電灯会社を通じて需要者へ供給開始。その後、仙台電灯と合併して宮城紡績電灯会社となる。三居沢には第三発電所（六〇〇《キロワット》）を増設、他にも発電所を構え、供給区域は仙台、塩釜など七市町村に拡大、名称も仙台電力株式会社となった。

同社の社長を長く勤めた伊藤清次郎さんが創業時の苦労話を『仙臺昔話電狸（でんたぬ）翁夜話』

（私家版）に書いている。伊藤さんは自らを電狸翁と称していた。

「事業を拡張しようと財界人に投資を呼び掛けるが前途を危ぶんで尻込みする。商売は初めから売り先が確定してから始めるものではないと説得して歩いた。電灯を使いそうな駅、郵便局、刑務所、遊廓、旅館などへ出向いても断られた。当時は都市ガスを使ったランプが多かったので『ランプの火屋（ほや）を磨く人の給料に比べれば電気代は安い』と説明して歩いた。明治三十二年時点で第二師団工兵隊、第二十九連隊、第四連隊、陸軍幼年学校に合計八百三十個、八幡町に街灯三十個、新常盤町（現宮町）の遊廓周辺に街灯二十七個が設置され、普及率は向上していった。仙台駅に電灯が設置されるのはその四年後である」

こんな笑い話もあった。東三番丁の元裁判官宅で電球が盗まれ、犯人は出入りの者だった。持ち出して自宅の天井につるしてみたものの、さっぱり明るくならないので返しにきたという。

もう一つの愛宕発電所

三居沢から約四キロ広瀬川下流の愛宕山のふもとに大正十年（一九二一）、愛宕下水力発電所が誕生する。稼動期間が八年間と短かったこともあり、知らない人が多い。郷土史家武山豊治さんが『仙台郷土研究』に書いたものによると発電所をつくったのは実業家菅原英伍さん経営の仙台電気工業会社。

川内の大橋下流三百二十メートルの右岸に堰を築いて取水し、愛宕下までトンネルを掘った。ルートは旧陸軍追廻練兵場、射撃場の縁から始まり、霊廟・瑞鳳殿裏に入り、向山の今のバス道路の下から愛宕山の麓までの約二キロ、発電所は開放型反動水車で四七〇キロワットを発電した。五年後、二本松電気会社（これも菅原英伍社長）と合併し六郷地区の二百三十戸、最終的には七百三十七戸に電気電力を供給している。

平成二年（一九九〇）、仙台城石垣復元のため周辺の測量調査をしていた東北工大工学部の松山正将教授（現名誉教授）と土木工学科の学生たちは古地図にも載っていない穴を見つけた。愛宕下発電所のトンネル跡だった。同大工学部環境測定研究室の報告書によると、取水口の追廻付近は道

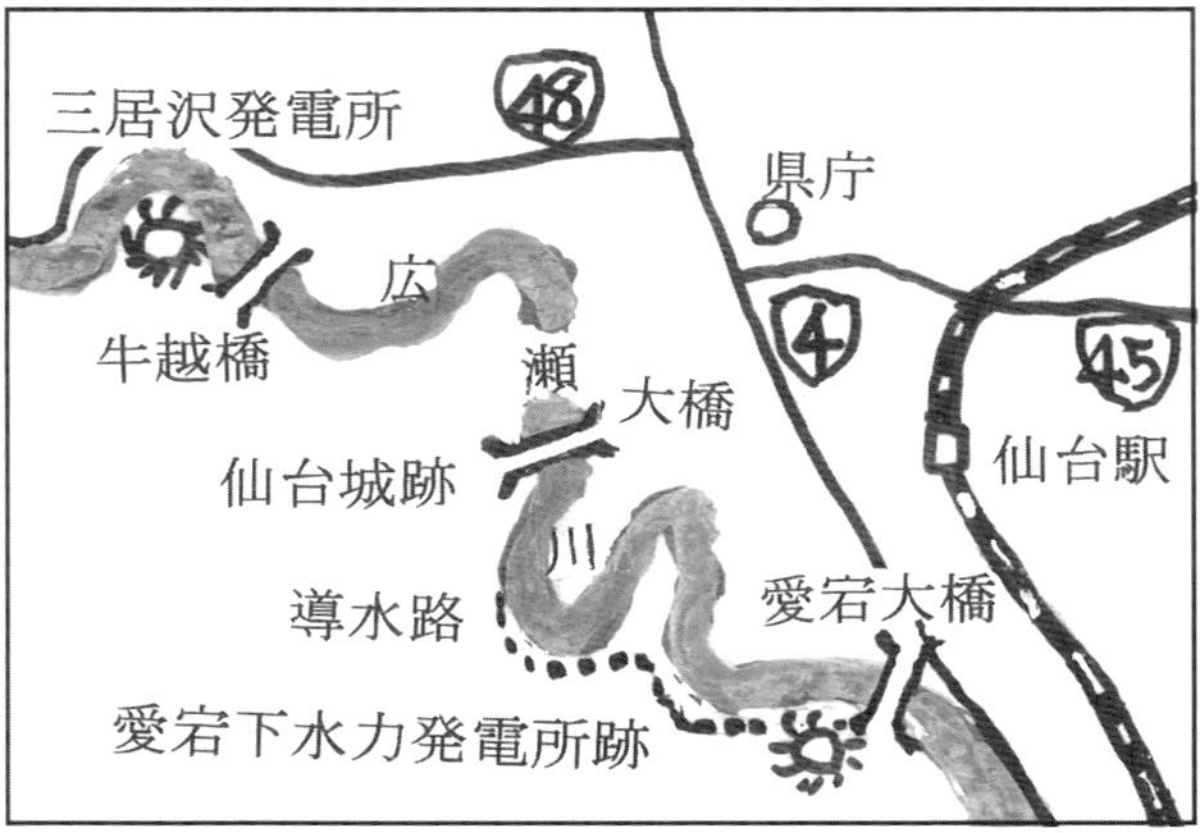

路が陥没したとき埋めてしまったのかトンネルはもうない。

発見した導水路は竜ノ口峡谷入口から愛宕山下までの約一・二キロ。トンネルの高さは平均二・八メートル、幅二・四メートルという堂々たるものだった。一部にひび割れ、崩落があったが、建設から時間が経っている割にしっかりしていた。途中五カ所の横穴は太平洋戦争中、防空壕として使われ、戦後モヤシ栽培に使われた形跡があった。

松山先生は「発電所としての営業が短期間だったのは、取水口から出口までの落差がわずか一メートルしかなく、効率的な発電をする水量が十分でなかったからだろう」と推測している。

発電所トンネルの活用法

調査後、学生たちとトンネルの利用法について討論した。温度が一六度と一定しているので、酒やみその熟成場所にどうかとの意見が出た。最も魅力的なのは歴史的な散歩道にという提案である。「ルートには仙台藩主・伊達家の墓所、瑞鳳殿、大年寺など歴史的に重要な場所がある。今そこへ行こうとしたらいちいち橋を渡らなければならない。トンネルを活用すれば広瀬川沿いを歴史の散歩道としてつなげることができる」と松山先生。産業遺産と観光のドッキング、何とも夢のある提案だ。

話はこれで終わりではない。トンネル部分の調査は済んだが、広瀬川からの取水方法とか、発電所の建物や規模など分からないことがまだある。松山先生と郷土史に詳しい青葉区米ケ袋、三原征郎さんは共同でその解明を進めている。

（昭和二十九年九月号）

江戸時代お屋敷町と言われた中島丁

青葉区中島丁は片平丁と並んで「お屋敷町」と呼ばれた。「江戸時代、大身の侍屋敷は広瀬川西岸の川内と、東岸の片平丁、中島丁など城近くに各二千坪前後の広さで割り出され……」と元福島大教授、小林清治さんの『伊達政宗』（吉川弘文館）にもある。明治以降は東北帝大医学部や附属病院が近いこともあって大学教授や医師、それに政治家、軍人などの多くが居を構えていた。

町名の由来は、町の東西が低く南は広瀬川、中央が盛り上がって島のように見えたから。近くに宮城一高、尚絅学院中高校、聖ドミニコ学院高校があり、登校時間になると生徒たちの元気な姿が見られる。

江戸時代は間口、奥行きともゆったりした家が四十軒ほど並んでいた。武士たちはしばしば屋敷替えがあったので、いつの時代の居住者を見るかで異なる。寛文の初め（十七世紀後半）、尚絅学院のところに禄高六百石、九十八歳まで元気だったという荒井九兵衛宅、向かい側は藩医虎岩道節、「仙台の大岡越前」と呼ばれた名奉行荒井加右衛門の屋敷があった。

二人の名士がこの町から出た

明治になるとこの町から二人の名士が輩出する。宮城一高のところが住まいだった仙台藩士、山梨文之進の長男勝之進がその一人。明治十年（一八七七）生まれ、日露戦争に参戦、軍令部参謀、香取艦長などを経て昭和三年海軍次官となり、昭和十四年から敗戦翌年の同二十一年まで学習院院長を勤め、昭和四十一年、九十歳で亡くなった。宮城一高の東端にあるカシの木は、山梨が子どものころよく登ったと言われ、「山梨生家跡」の碑が立っている。

商工大臣を勤めた藤沢幾之輔（一八六八〜一九二六）も仙台藩士の子として中島丁で生まれた。明治十三年（一八八〇）、二十二歳のとき仙台で代言人（弁護士）を開業、自由民権運動に加わり、その中心となって活躍。県議を経て明治二十五年、

手島さんのお宅にはタブノキの大木などがうっそうと茂っている（志賀）

衆議院議員に当選、その後当選を重ねて商工大臣、昭和五年（一九三〇）から一年間衆議院議長を勤めた。代議士時代、普通選挙運動に活躍し、国鉄石巻線の延長や塩釜築港に尽力した。いつも金に困り、選挙の時は腰弁当で演説に歩いたので「清貧政治家」「わらじ代議士」と呼ばれた。

水沢出身、斎藤元総理の住宅も

もう一人、二・二六事件の凶弾に倒れた岩手県水沢市（現奥州市）出身の元総理、斎藤実（まこと、一八五八〜一九三六）の屋敷もあった。斎藤は仙台藩士斎藤耕平の長男、海軍軍人で、海軍大臣を経て朝鮮総督となり、従来の「武断政治」から「文治政治」へ転換を図った。昭和七年（一九三二）から二年間、総理を務めた後、内大臣となるが、穏健な政策を取る斎藤のやり方に右翼、軍部が反発、国家改造を目指す陸軍青年将校のクーデターで暗殺された。

山梨は斎藤の下で副官をしていたことがあり、そんな関係から中島丁の藩士和田長兵衛の屋敷を紹介したのだろう。斎藤は「引退したら晩年は仙台で暮らしたい」と帰郷の際は夫婦そろって中島丁を訪れ、邸内や付近の広瀬川河畔を散歩したという。不慮の死により願いはかなわなかった。

現在は東北大歯学部長、仙台日赤病院長を勤めた手島貞一さん（八十六歳）のお宅で、千二百坪の敷地に樹齢二〜三百年の大木が三本茂っている。手島さんの父君が斎藤宅を買い求め、樹木を大事に育ててきた。一番古いのは樹齢約三百年のタブノキ。仙台市百年の杜推進課が今年発行した『杜の都の名木・古木』によると高さ二十五メートル、幹周四・三メートルあり、仙台では最も大きいタブノキだという。暖かい地方の海岸に多く見られる常緑の高木で、春に黄緑色の小さな花を付ける。

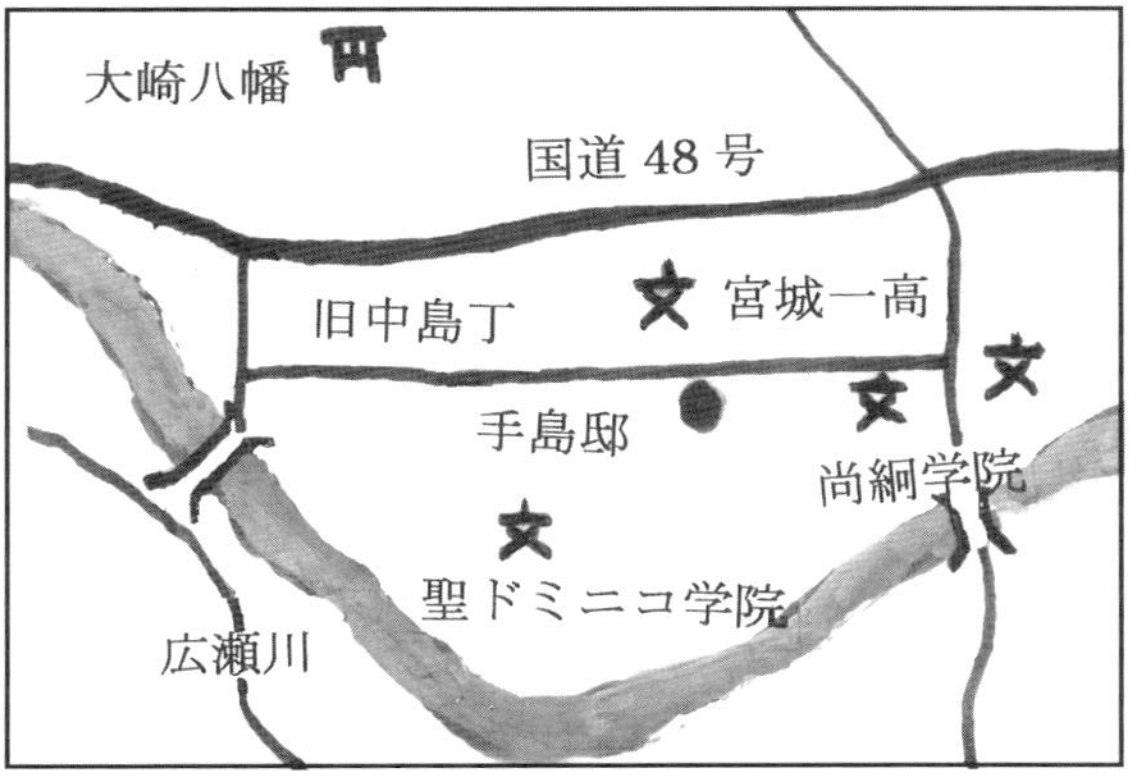

藩政時代、京都から仙台に三本のタブノキが持ち込まれ、定禅寺通の板垣氏邸、川内扇坂の藩士邸と中島丁に移植された。前の二つは戦災で焼失したので現存するのはこのタブノキだけとなった。

そばに樹齢約二百年、高さ一八・九メートル、幹周二・六メートルのカヤ。秋、実が熟して落ちるので、木の下には自然に芽生えた幼木が散在する。マンション南側には、樹齢約三百年、高さ二二・四メートル、幹周二・九メートル、市内最大というゴヨウマツが見える。いずれも仙台市の保存樹木で、マンションの住民で組織する管理組合の所有になっている。

手島さんは「そんなにだいそれたことではなく、先祖が大事にしてきた木々だし、少しでも緑を残そうという思いから保存してきました。仙台は『杜の都』と言われながらも決して樹木の多い街ではありませんから……」。

（平成二十九年十月号）

広瀬河畔で昭和の大博覧会

青葉区北山、寺島均さんからこのようなお便りが届いた。

「いつも興味深く拝読しています。広瀬川と言えば昭和三年（一九二八）に開催された東北産業博覧会ではないでしょうか。広瀬川を挟んで行われ、会場をつなぐロープウエイが頭上を運行したということですが、この博覧会について教えてください」

昭和四十五年（一九七〇）の大阪万博は「人類の進歩と調和」を基本テーマに、国内外から六千万人が訪れ大盛況だった。産業、学術、技術振興のために産物、文化財などを展示して公開するのが博覧会で、仙台でも明治以降数多く開催されてきた。

中でも東北産業博は規模の大きさだけでなく何かと話題の多い博覧会であった。主催は仙台商工会議所、後援宮城県、仙台市など。総裁に財界の大御所渋沢栄一、副総裁山口龍之助仙台市長、会長に伊沢平左衛門仙台商工会議所会頭が就任した。大正時代の末に計画されながら天皇崩御と不景気などの事情から延期になっていた。「不景気打開のために博覧会は必要だ。赤字になったらその分は私が負担する」という伊沢会頭の強い発言で開催が決まった。

西公園など三カ所で

会場は、川内の仙台二中（現仙台二高）、西公園、それに榴岡公園の三カ所、外国も含めて五万点の展示品が寄せられた。第一会場の二中は、陸軍騎兵隊跡地を県が払い下げを受けて新築したばかりの鉄筋一部三階建ての校舎。学校が北六番丁から移ってくる前に博覧会会場として使われた。校舎と校庭に運輸交通館、台湾館、満州蒙古参考館など二十余の特設館が展開、第二会場の西公園は本格的に建てられた朝鮮館を中心に、電気館、野外劇場、多数の売店が軒を並べた。

二中と西公園の間の広瀬川河川敷には動物園が

東北産業博覧会第二本館（西公園）の正門前（志賀）

開園し、両会場をつなぐ二十人乗りのロープウエイが往復した。ロープウエイは大正三年（一九一四）東京・上野不忍池で開かれた博覧会にも登場し人気の乗り物である。

第三会場の榴岡公園には二十年の歳月をかけて完成した日光東照宮の十分の一模型や電気仕掛けの華厳の滝、高さ十数メートルの陽明門、大鳥居が出品された。住宅の展示も行われ、文化住宅、農村住宅など五棟が披露され、会期中の契約もあった。

課題は中の瀬橋の改修

昭和三年は仙台市が大きく発展する幕開けの年でもあった。原町、南小泉、長町が合併し、宮城電鉄（現JR仙石線）は石巻まで全通する。仙台市電は博覧会開幕の一カ月前、市中心部を一周する約六キロの循環線が完成している。

ネックは第一会場の二中と第二会場の西公園を結ぶ「中の瀬橋」であった。人一人がやっと通れるような木の板を渡した貧弱な私設板橋なのである。もっとも、そのころはここばかりでなく、霊屋、愛宕、宮沢の各橋も同じような板橋だった。

「博覧会を機に新しい橋を」という案もあり、

試算したところ巨額の建設費がかかることが分かって断念、第二師団工兵第二大隊の架橋演習として四百人の兵が出て、全長百七十二メートル、幅六メートルの木橋を二十日間の突貫工事で完成した。中の瀬橋は昭和十五年の台風と戦後の同二十五年の集中豪雨で流失し、今の橋は同五十五年の完成。橋の下を西道路のトンネルが走っている。

モダンな東北産業博覧会の宣伝ポスター。公募で入選した五点のうちのひとつ

博覧会は四月十五日から六月八日まで、会期を五日間延長して五十五日間開催された。昼間だけでなく夜間も営業し、第一会場の二中屋上には探照灯が夜空を照らした。博覧会終了の前日に岩手県の詩人童話作家宮沢賢治も家業の商品調査のため訪れている。太白区、熊谷儀一さんは「中学生のころ博覧会を見るため、気仙沼からトラックと列車を乗り継いで仙台まで来た。市電の乗り心地の良さと、珍しいものがたくさんある博覧会を見て感激した」。

入場者は四十四万八千六百五十一人を数え、盛況裡に終わった。が、三万二千余円の赤字となり、その分は約束通り伊沢会頭が私財で穴埋めした。博覧会は赤字でも経済効果は多方面に及んだ。入場者の半数は県内各地から来た人で、東北線や市内の鉄道、バス、タクシー、人力車など交通機関は大きな収益を上げ、倒産がうわさされた仙台市街自動車株式会社は博覧会で経営立て直しに成功している。出品した農具の購入とか、これをきっかけに先進地視察や店舗の改築、宣伝方法を新たな方法にするなどの成果もあった。

明治天皇もご覧になった

わが国では明治十年（一八七七）、東京・上野の文部省博物館（現東京国立博物館）で開催された内国勧業博覧会が初めて。その四年後、仙台でも開かれている。主催者は仙台・肴町の魚問屋で俳人の鎌田三右衛門、白石出身の実業家佐藤三之助、遊郭経営、針生庄之助の三人。

会場は西公園から大橋に向かう道路両側の長い白壁土蔵で、約八百点が出品された。主な陳列品は平泉・藤原秀衡の大刀、源義経の笈（おい＝修験者などが背負って歩く箱）、弁慶のなぎなた、地元からは江戸時代の横綱谷風の化粧回し、慶長遣欧使節団大使として派遣された支倉常長をローマで描いたと言われる油絵肖像画など。

奥羽巡幸中の明治天皇も六月二十六日ご覧になり、谷風の化粧回しに興味を持たれたという。同行取材した東京日日新聞岸田吟香記者は「仙台では戸ごとに国旗が掲揚され、夜は赤い提灯がともされて陛下を歓迎した。（中略）博覧会会場では東西南北より集いし老若男女を数十の巡査が長き棒を振り、会場外に追い出したり。ここは天子様おひとりの遊覧所ではあるまいと、中には小言を言う者あり」と報じている。

近いところでは平成九年（一九九七）夏、河北新報創刊百周年を記念して宮城野区夢メッセで「国際ゆめ交流博覧会」が開催されている。

（平成二十九年十一月号）

仙台で二番目に古い西公園

数ある市内の公園の中で最も古いのは榴岡公園、次が西公園である。榴岡公園の歴史については「母のかがみ」三沢初子の項でも触れたように、江戸初期、仙台藩四代藩主伊達綱村が生母・三沢初子の死を悼んで釈迦堂を建立し、周囲に梅や桜の木を植えたのが始まりと言われる。

広瀬川の河岸段丘にある西公園は榴岡よりずっと遅れて明治六年（一八七三）、桜ケ岡公園として県が整備したのが始まりだった。後に管理は仙台市に移管され、同三十八年には都市公園・西公園となる。

藩政時代、ここは重臣伊達安房、古内左近之助、大内縫殿（ぬい）の屋敷で、各二千坪を上回る敷地があった。公園の整備に先立って伊勢堂山（青葉区千代田町）から荒巻神明社を公園の一角に移して桜丘大神宮と改称した。公園をつくるとき、中核に神社を置くのが習わしだったという。

これで公園と言えるのか

公園と言えば、静かなたたずまい、緑あふれる空間を想像する。当時の西公園は「これが公園かよ」と思えるような雑居状態であった。明治十六年（一八八三）発行の仙台市街地図を見ると、大神宮のほか劇場吉岡座、写真店青葉堂、割烹梅三楼、茶店長喜庵、茶店源吾茶屋、射的場、弓場などがあって春秋にはたくさんの人でにぎわった。

その後、現大町交番のところに市公会堂、北側に立町小学校、道路をまたいで陸軍の親睦団体仙台偕行社、一番北側に常盤木学園高等女学校が建設されてますます狭くなった。

大正五年（一九一六）に建設された市公会堂はルネサンス式二階建て木造漆喰（しっくい）塗りの白壁という特色のある建物だった。近くに仙台随一の料亭挹翠館（ゆうすいかん）があり、これも仙台市が買収し、ともに社交場として宴会や会合、演説会場や劇場に使われた。

昭和三年（一九二八）四月、松良善熙が常盤木学園を創立。最初、東二番丁にあったが、西公園

大正５年、現在の大町交番付近にルネサンス式の市公会堂が完成した。戦災で焼失（志賀）

にひときわモダンな校舎を建てて移ってきた。敗戦直前の空襲で大神宮と朝鮮館、源吾茶屋を残してほとんど焼失している。

多くの市民の協力でここまで

戦後の戦災復興事業では市中心部に青葉通、広瀬通などの広い道路をつくり、対象面積の一割は公園緑地帯にするのが当初の計画だった。その例として定禅寺通の北側に西公園と勾当台公園を結ぶ幅六十㍍の堂々たる緑地帯にしようとしたが、予算の関係で実現しなかった。その代わりというのもおかしいが、定禅寺通は道幅四十六㍍、真ん中に十二㍍幅のケヤキ並木の緑地帯がつくられて仙台の名物道路になった。

西公園は面積が一二・二三㌶（現在は一〇・八㌶）戦後、立町小、常盤木学園は引っ越し、偕行社も消滅したので広くなり、さらに北側を買収して市公会堂を建設、公園内には市民図書館や庭園、池などがつくられた。

「その多くは市民や市内の団体、会社からの寄付によるものです。市天文台は市民の募金、仙台中（現仙台高）跡地につくられた市民プールは東北電力、高さ七・五メートルの鉄製こけし塔は仙台商工会議所、蒸気機関車は国鉄（現ＪＲ）から寄贈していただきました。本当に感謝感激です」。奥山恵美子前市長は平成二十八年一月、「西公園を遊ぼうプロジェクト」の集会でこう語った。

　戦災で焼失した市公会堂は昭和二十五年（一九五〇）、戦後日本で初めての近代建築物として公園の最北端に新築された。千三百人収容の大ホールがあり、大きな催しは大体ここが会場になった。同四十八年（一九七三）老朽化のため取り壊されて十七階建てのビルに生まれ変わり、一部を市民会館として利用している。公園内にあった市民図書館はメディアテークに、市天文台も錦ケ丘に移り、プールは廃止したので、歯が抜けたようになった。

活動計画の整備に数年かかる

　西公園を今後どう活用し再生するのかはまだ決まっていない。平成二十六年、市民グループ「杜の都・西公園を遊ぼうプロジェクト」が結成され、市民参加の企画を実践している。事務局の清水千佳さんなどの報告によると、毎月のように公園の歴史や地質、草木や小動物、写真、絵画、音楽、俳句など、講師やガイド役の人が出ていろいろの切り口で公園を眺め、使い、遊んでいる。百万人の夕日を眺める会も開いた。

　そのような活動の中から「広瀬川がもっとよく見えるように」「散歩の途中、休めるようなベンチや東屋（あずまや）がほしい」「移動ワゴンでもいいから、カフェのようなものがあれば」などの要望が出された。「その実現のためには行政と市民との協働が必要であることが分かりました」と清水さん。

　地下鉄東西線まちづくり応援隊では、杜の都のシンボル広瀬川に連なる公園や史跡、川内の文教地区などを一体としてとらえ「せんだいセントラルパーク」と名付け、夢のあるプランを次々提案している。

「いろいろの要望があろうと思いますが、活動計画を整備するためには数年かかる。しばらく待ってください」と奥山前市長。郡和子新市長のお考えはどうなのだろう。

　地下鉄の開業効果で桜岡大神宮には初詣の参拝

者が増え、地下鉄を利用した公園の散歩も目立っている。公園に保存展示されている国内で現存する唯一の蒸気機関車（ＳＬ）Ｃ60型は、劣化が激しいので市民から補修の希望が出され、平成二十八年十月、「Ｃ６０（通称ログマル）広場」が完成した。天文台跡地には〇・七ヘクタールの広場を整備、芝生を張り、ソメイヨシノなどの桜を植えた。

実のところ、「杜の都」と言われながら仙台の中心部には市民がくつろげる広い公園は少ない。国土交通省のデータによると、十ヘクタールを超える面積を持つ「総合公園」は仙台では四カ所、八四・六五ヘクタール、市の総面積の〇・一％に過ぎない。同じ政令都市の札幌（十一カ所、〇・四％）、東京二十三区（四十四カ所、〇・九％）と比較すると貧弱さは否めない。数少ない大型公園として西公園の持つ意味は大きい。今後の活用法が注目される。

（平成三十年一月号）

キリシタン殉教碑と支倉常長像

西公園から青葉区川内へ行く途中、大橋の右手前に「仙台キリシタン殉教碑」が立っている。碑は道路から一段と低い所にあるので見逃されがちだが、広瀬川にかかわる史跡として忘れることはできない。

昭和四十六年（一九七一）、カトリック元寺小路教会の信者らによって建立された碑の台座の上には、両手を広げて天を仰ぐデ・カルバリオ神父と、神父を挟んで武士と農民の像が並んでいる。元和十年（一六二四）正月四日、大橋（当時は仙台橋と呼称）の下でポルトガル人宣教師カルバリオ神父ほか現岩手県奥州市胆沢地区にいた八人のキリシタン武士、農民が連行されて来て処刑された。

凍てつく寒さの中、神父らは川岸に水を引いて設けられた三メートル四方、深さ六十センチの水牢の杭にし

大橋のたもとに立つ「仙台キリシタン殉教碑」(志賀)

ばりつけられ、長時間、棄教するよう拷問されるが、がんとして聞き入れない。ついに寒さと疲労で衰弱死してしまう。遺体は役人の手で首をはねられ、体は寸断されて川に捨てられた。神父らの遺体は信者によってひそかに持ち去られたと伝えられる。

毎年、二月の第四日曜日に、仙台市と塩釜市の八教会が、碑の前で殉教祭を行っている。

キリシタン武士も重用

織田信長は、キリスト教に寛容だったが、豊臣秀吉の世になるとキリスト教徒への弾圧が始まり、徳川家康が幕府を開き、江戸時代が始まると、キリスト教は禁止される。

そのような動きの中で仙台藩は布教に比較的寛大な態度を取り続けた。北上川改修、四ツ谷用水掘削で活躍した川村孫兵衛や岩手県胆沢地方の水田開発に寄与した後藤壽庵はともにクリスチャン武士と言われている。政宗は信仰とは関係なく、開発事業を手掛ける二人を重用した。

仙台藩へは南蛮人や宣教師、信仰を続ける武将達の往来も結構激しかったという。しかし幕府の禁令には逆らえない。この処刑を境に仙台藩は弾圧へ方針転換する。広瀬川の中州、評定河原に藩の裁判所、評定所が置かれ、切支丹鉄砲改所が併設されて信者に対する厳しい取り締まりが行われた。

日本人による大航海、慶長遣欧使節団

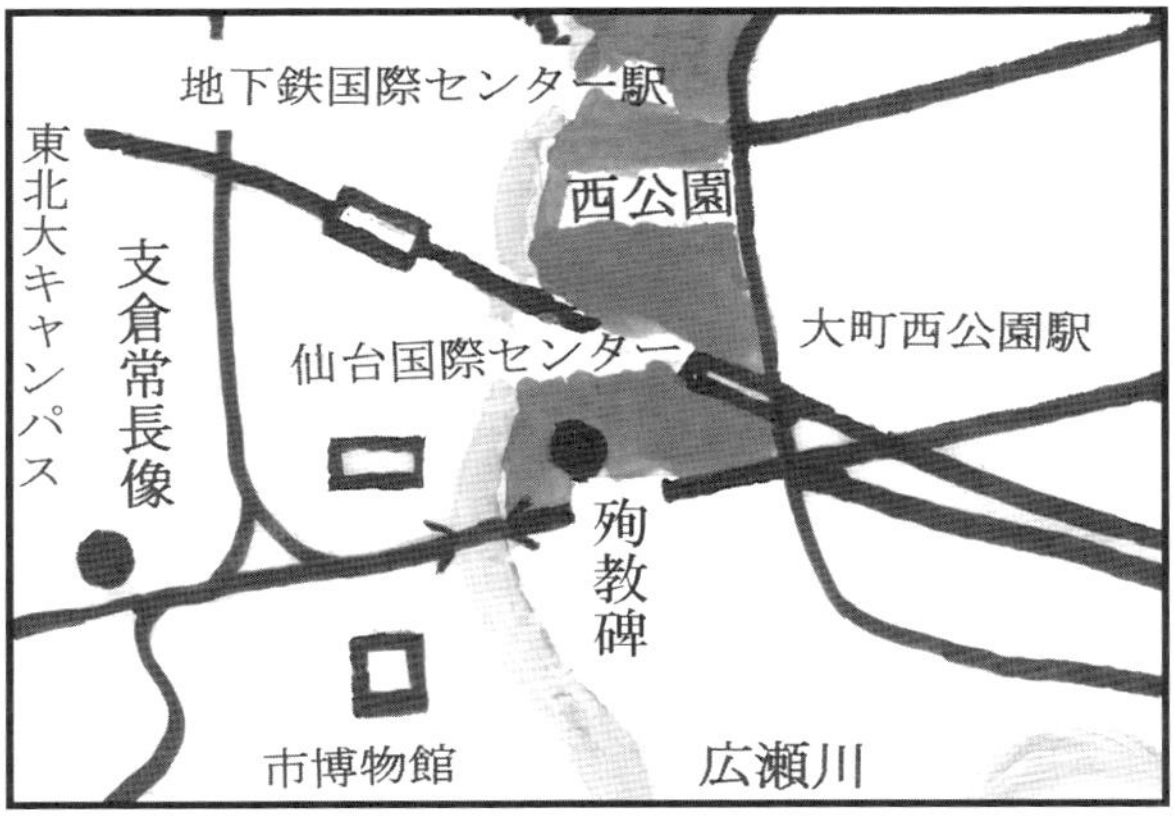

仙台藩のキリシタン武士の一人に支倉常長（一五七一～一六二二）がいる。常長の銅像は大橋を渡って仙台城跡に向かう途中の隅櫓の向かい側にある。宮城県出身の佐藤忠良さんが彫刻し、河北新報社が寄贈した。常長像はほかにも国内外に五体ある。

中堅家臣の常長は四百年前の慶長十八年（一六一三）九月、伊達政宗の命を受けて慶長遣欧使節団の大使としてヨーロッパに派遣された。領内で建設された五〇〇トンの洋式帆船サン・ファン・バウティスタ号が月浦（石巻市）から出帆した。スペイン生まれのフランシスコ会宣教師ルイス・ソテロを案内役として、随行者百八十人を超す大使節団で、十一月にはメキシコのアカプルコに到着。その後スペイン艦隊の艦船で大西洋を横断してスペインのセビリアに渡り、首都マドリッドに入った。当時としては驚くべき日本人による大航海であった。

サン・ファン・バウティスタ号の復元船を石巻の造船所で建設していたとき見学したことがあった。間もなく完成というころだったが、想像以上に大きい船だった。ただし天井の低い暗い船室に百数十人が詰め込まれて共同生活を送るのはかなり大変なことだろうと想像した。

使節団一行はヨーロッパ各地の人々に溶け込ん

で交流を深め、常長もスペインでフェリペ国王に謁見してキリスト教の洗礼を受けた。ローマでは法王パウロ五世に謁見、ローマ市議会は常長にローマ市の公民権を与え「貴族」に加えた。

ローマで描かれたとみられる支倉常長の肖像画は、黒服に身を包み、ロザリオを手に持って、十字架の上にあるキリストに向かって祈りを捧げている姿だ。わが国に残る実在の日本人を描いた油絵としては最も古いものとされている。この絵はキリシタン遺品とともに評定河原の切支丹鉄砲改所の蔵に幕末まで保管され、明治になって発見された。

常長はスペイン、ローマで国際交流を深めただけでなく、通商貿易を開くよう求めて精力的に活動したが、目的を達することができないまま七年後の元和六年（一六二〇）帰国した。当時のヨーロッパの政情、教会内の対立などが原因とみられる。

帰国後、支倉家はご難続き

常長の留守中、キリスト教を巡るわが国の事情は大きく変わっていた。出発して間もなくの慶長十八年十二月、院政を敷く徳川家康は「キリシタンは邪教を広め、日本政府転覆をもくろむ」とキリスト教を全国的に禁ずるキリシタン禁令、宣教師国外追放令を発令した。

仙台藩の慶長遣欧使節団は幕府が認めた正式の外交使節団で、船には幕府役人も同行していた。それにもかかわらず、帰国後、使節団一行は賛美されるどころか、むしろ冷遇された。

常長は洗礼を受けていたので政宗から棄教を迫られ、二年後の元和四年（帰国翌年病死説も）失意のうちに死去している。カルバリオ神父らが広瀬川で水攻めされたのを知らずに亡くなったのはせめてもの救いかもしれない。

支倉家にはその後もご難が続いた。常長の子息、常頼と常道の兄弟は寛永十七年（一六四〇）に家臣がキリシタンであったことの責任を問われて処刑され、支倉家は所領や家禄、屋敷を没収されている。

高橋富雄東北大教授は「この非情の政治が政宗を支え、仙台藩を安定させることにつながった」と『宮城県の歴史』（山川出版社）で評価している。

一方、作家の広瀬隆さんは「仙台藩の先進的な考えは長崎と幕末につながる見事な文明開化のパイオニアでありながら、その芽は一度摘み取られたように見えた。だが、後年の仙台藩における天文学の発展を見ると、藩内ではひそかに知恵の伝承が続いていたことが分かる」。『文明開化は長崎から』（集英社）

ローマで描かれた支倉常長の肖像画

いずれにしろ「キリシタン殉教碑」と「常長銅像」は、時の権力者の弾圧により信教の自由が奪われた歴史を知る上で、貴重なメモリアルになっている。

（平成二十九年十二月号）

（注）キリシタン殉教碑は建立から半世紀近く経ち、東日本大震災で碑の一部が倒れたり、長年の風雨で黒く汚れたので、カトリック仙台司教区が改修工事を進め、平成三十年六月に終了。併せて碑の両側に英語、スペイン語、韓国語で刻んだ石碑を新設した。

キリシタンへの弾圧はこれにとどまらず、『東北のキリシタン殉教地をゆく』（高木一雄、聖母文庫）によると、元和十年一年間で仙台藩は二十二人を水責めや火あぶりで処刑している。

フィギュア事始めは五色沼から

仙台市博物館の手前に、わが国フィギュアスケート発祥の地「五色沼」がある。昔、沼はもっと広かった。敗戦後進駐してきた米軍が川内に「キャンプ・センダイ」をつくったとき、一部を埋めたので狭くなった。その上、最近では温暖化の影響なのかスケートができるほど凍らなくなった。

沼のほとりに発祥の地を記念する彫刻が立っている。平成二十九年（二〇一七）六月十六日には仙台でともに育った五輪フィギュアスケート金メダリスト荒川静香さん（三十五歳）、羽生結弦選手（二十二歳）の偉業をたたえるモニュメントが市地下鉄東西線国際センター駅前に建てられた。

二高生がフィギュアに魅せられて

ご存知のようにスケートには、スピードスケート、芸術性や技術の高さを競うフィギュアスケート、六人がスケートをはいて小円板（パック）を打ち合うアイスホッケーの三つがある。そのうち、国内で最初にフィギュアをしたのは誰だろう。文献を当たってみると―。

▽『仙台はじめて物語』（逸見英夫著、創童舎）＝明治四十二年（一九〇九）、旧制二高に入学した田代三郎が米人宣教師デビソンからアウトカーブ（片足でカーブを描く技術）を習って滑りに成功。宣教師たちのスケートに魅せられた田代、河久保子朗、佐藤幸三ら二高生が辞書片手に滑り始めた。

▽『要説宮城の郷土史』（仙台市民図書館、種部金蔵編）＝明治三十八年、佐藤、田代の二人が「五色沼」でフィギュアを始めたのが最初。二人が二高に入学した後は同期の河久保とスケートの原書を読み、米国製のスケートを取り寄せて練習した。

▽『第二高等学校史』＝明治四十二年ごろ、英人宣教師たちがフィギュアをしているのを見た河久保が、同期の友人数人とドイツ語教師ゲオルグ・ウェルヘル先生に手ほどきを受けて練習したのが始まり。

資料によって微妙に異なる。大ざっぱに言うと明治後期、外人宣教師が「五色沼」で滑っているのを見た二高生がフィギュアに関心を持ち練習したのが事始めということになろうか。

スケートに限らず、仙台での近代スポーツの誕生には旧制二高が寄与している。野球は、同校の英語教師、フランク・W・ハーレル先生が引っ越し荷物の中にバットやグラブを忍ばせてきて生徒に教えたのが始まりだった。中学校の後輩に伝えられて広がり、明治末には仙台一中（仙台一高）仙台二中（仙台二高）東北中（東北高）仙台商業

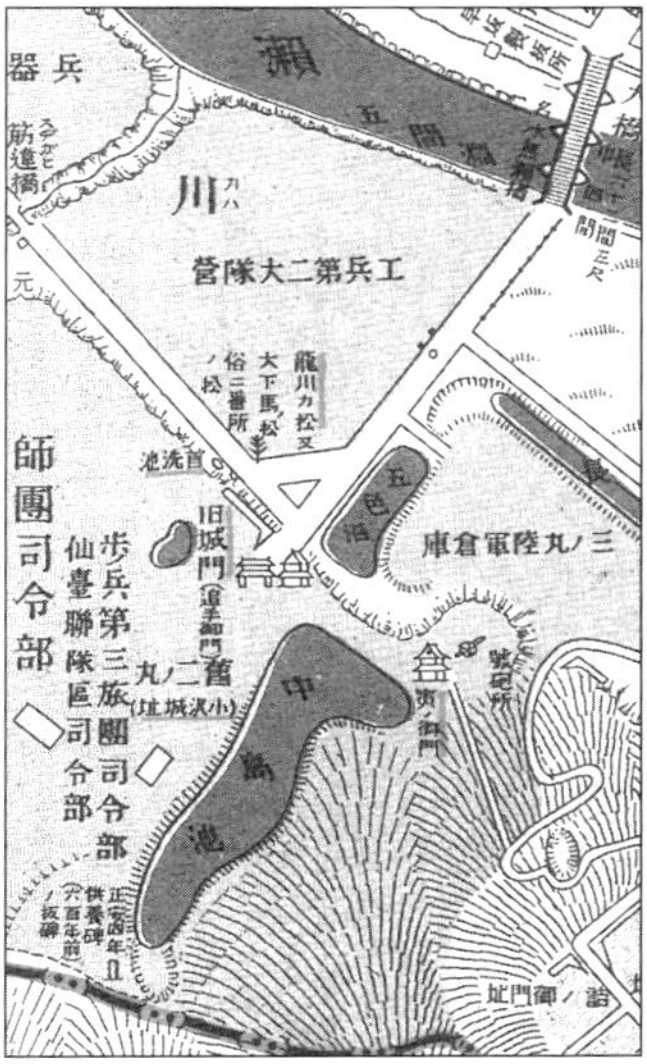

大正元年発行の「仙臺市全図」には「五色沼」とともに「中島池」も見える

（仙台商高）東北学院中（東北学院高）に野球部が誕生している。テニスも仙台では二高が起源と言われている。

河久保さん、スケート連盟設立に尽力

フィギュア競技は明治四十一年、既にロンドンオリンピックに採用されている。仙台で二高生が練習を始めたころ、世界ではもう五輪種目になっていたのである。遅れて始まった日本のフィギュアを世界に通じるまでに高めたのは二高出身、河久保子朗さん（一八八九〜一九五五）の功績が大きいと仙台市民図書館の種部さんは書いている。

勉強熱心な河久保さんは外国のスケート事情を翻訳したり、日本で初のフィギュア解説書を出版し、大正十四年（一九二五）発足する日本スケート連盟の設立に尽力した。仙台の六郷出身。仙台市北四番丁で内科病院を開業するかたわら仙台スケート協会会長、仙台市公民館長を勤めた。

スケート遊びは明治になると全国的に子どもたちの間で流行した。仙台には屋内リンクがなかったので、凍った広瀬川や雪の積もった道路がス

五色沼でスケートを楽しむ二高生。後ろに戦災で焼失した大手門、隅櫓が見える（志賀）

ケートリンクになり「たっぺすべり」がはやった。南町の橋本という店では靴に国産のスケートを真田紐でしばって「仙台スケート」として発売した。昭和初期の仙台を描き続けている画家の小野寺純一さんは「子どものころ広瀬川、宮沢橋の下あたりは一面に氷が張りつめスケートをして遊んだものです」と語り、その様子を作品に仕上げている。

仙台に初の大規模屋内スケート場が登場するのは戦後の昭和三十九年（一九六四）になってから。河北新報によると青葉区八幡六丁目、文殊堂前の広瀬川の近くに「八幡スケーティングセンター」が開設され、平成七年まで営業した。昭和五十三年（一九七八）、青葉区上杉二丁目に通年型の屋内リンク「勝山スケーティングクラブ」（平成七年閉鎖）、十年後には泉区に「オレンジワン泉」（後にコナミスポーツクラブ泉、平成十六年閉鎖）がオープン。荒川、羽生選手は同じ泉区のアイスリンクで練習した。

五色沼で全日本スケート大会

フィギュア発祥の地、「五色沼」では、昭和三年（一九二八）一月、日本スケート協会第一回大会が行われている。同九年二月には世界ベスト3のフリッツ・グルガーさんの華麗な演技を見ようと多くの観衆が詰めかけた。

不思議なのは、「五色沼」の何倍も広い「中島池」がすぐ上にありながら、五色沼のようにスケート大会が開催された形跡がないことである。中島池は大手門（戦災で焼失）をくぐるとすぐ左側にあり江戸時代からの池であった。池の真向かいに陸軍第二師団司令部があったので、軍機上の問題から使わせなかったのだろう。

戦後、川内地区を接収した米軍は「中島池」をすべて埋め立ててゴルフ場にしてしまう。そればかりかキャンプ内は治外法権で日本人は立ち入り禁止だったので、昭和三十二年（一九五七）十一月、米軍が川内から撤退するまで「五色沼」でのスケートは許されなかった。

（平成二十九年五月号）

城下で初めての橋 仙台橋

戦国武将の多くが城づくり、町づくりをする際に心がけたのは、橋をなるべく架けず、道路は迷路のように、城には豪華な天守閣をつくることだった。「ところが伊達政宗に限って、それと真逆の都市づくりをした」と中名生正昭さんが『奥の細道の謎を読む』（南雲堂）で指摘している。

言われてみると、なるほどその通りで、仙台城に天守閣はなく、市街地のほとんどは碁盤の目。城と町を結ぶ本格的な橋が最初に架けられ、時代とともに増えて行った。

仙台藩が最初に架けた橋は、お城や重臣の屋敷が立ち並ぶ川内地区から広瀬川を渡って城下へ向かう「仙台橋」であった。正保二年（一六四五）、幕府が仙台藩に命じてつくらせた「仙台城絵図」（仙台市博物館蔵）に、この橋がたった一つ描かれている。位置は現在の大橋の少し上流と言われ、川底に橋柱を立てた穴が複数残っている。

その後、城下の橋は年を追うごとに増えていく。郷土史に詳しい市若林図書館長岡崎修子さんから以前うかがった話をまとめると、天明六年（一七八六）～寛政元年（一七八九）に作成した『仙台城下絵図部分』（仙台市博物館蔵）や幕末の『安政補正改革絵図』（第二師団司令部蔵・焼失、安政三～六年＝一八五六～五九）には仙台橋のほかに澱（よどみ）、中の瀬、評定所、長町橋（現広瀬橋）の名前が見える。角五郎（牛越）、米ケ袋（霊屋）、愛宕、根岸（宮沢）には舟で対岸に運ぶ渡しがあった。

最初の橋、仙台橋は城づくりが始まった慶長六年（一六〇一）十二月には早くも完成している。幅五間（約九メートル）長さ五十間（約九十メートル）の堂々たる板橋で、藩内の気仙、本吉地方で採れた松と杉二百八十本が柱に使われた。橋の欄干に取り付けられた「擬宝珠」（ぎぼし）には政宗の治める領国が中国の伝説の聖王・尭の治世下に劣らないほど繁栄するようにとの願いを込めた銘文が刻み込まれた。

洪水のたびに流失、架け替える

せっかくつくった橋は元和三年（一六一七）の洪水で押し流されてしまう。そればかりか寛永十四年（一六三七）、正保四年（一六四七）、寛延元年（一七四八）、明和五年（一七六八）、天保六年（一八三五）にも流失し、そのたびに架け替えられた。

明治になると仙台城跡は陸軍用地となり、第二師団司令部のほか歩兵、野砲、工兵など各部隊の兵舎が建てられた。同二十二年（一八八九）九月の暴風雨で全市は未曾有の大洪水に見舞われ、大橋、澱橋、中の瀬、広瀬の各橋はことごとく流失して川内の軍隊は孤立、弓の矢にひもを付けて射って連絡し合う事態になった。新しい大橋は陸軍の強い要請でベルギーから強固な鉄材を輸入して三年後に鉄骨の橋が完成している。

今の大橋は鉄筋コンクリート、和風の意匠を取り入れた格調の高い橋で、昭和十三年（一九三八）九月の完成。この年、追廻錬兵場で東北振興大博

江戸時代の面影を残す大橋。明治20年ごろ撮影した写真を基に描いた。左後ろに大手門が見える（志賀）

覧会が計画され、同時に橋も架け替えることになった。前年、中国と戦争が始まり博覧会は中止になったが、橋は予定通り完成した。総工費十九万七千円。橋本組が建設した。仙台空襲では軍の施設のそばにありながら被害を免れ、戦後たびたび襲ってきた台風にも持ちこたえた運のいい堅固な橋である。

このほか江戸時代、城下には次の橋があった。

【澱（よどみ）橋】元禄八年（一六九五）四代藩主綱村が現在の橋の三十メートル下流に架橋した。長さ九十五メートル、幅六・三メートル。それ以前は少し下流の支倉通南側がけ下から川内に渡る支倉橋があった。元禄初期の大洪水で流失。

【中の瀬橋】澱橋下流の広い瀬に架けた土橋で「大工橋」と呼ばれた。元禄年間に改名。ここも流失、改修の連続だった。昭和初期、東北産業博覧会の開催前に陸軍工兵隊が突貫工事で架け直したので「工兵橋」と呼ばれたことは前に触れた通り。現在の橋は昭和五十五年（一九八〇）の完成、仙台西道路が下を通っている。

【評定所橋（現在の評定河原橋）】評定河原に

広い中州があり、江戸のころ裁判所に当たる評定所が置かれた。二代藩主忠宗は政宗の墓所・瑞鳳殿を径ケ峰に造営することになり、城から花壇を経て墓所に行くための通り道として架橋された。ここも何回も流されている。

　このほか、政宗の時代、花壇に屋敷があったので追廻から花壇までの広瀬川には屋根つきの花壇橋が架けられた。上流の仙台橋同様、二度にわたって流失したが三度目の花壇橋はつくられなかった。

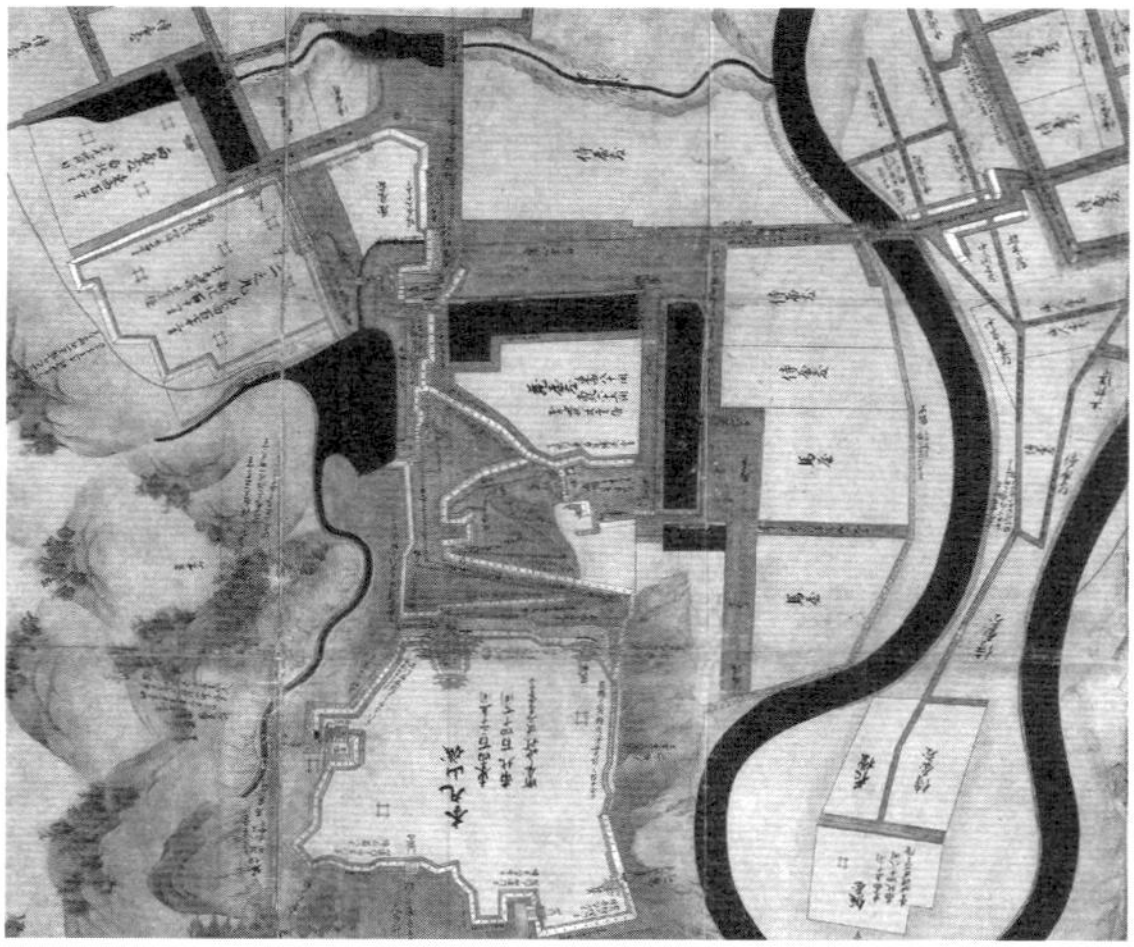

最古の地図「奥州仙台城絵図」には仙台橋（現大橋）がただ一つ載っている

謎多い広瀬橋の起源

どうも分からないのが城下の最南端、河原町の奥州街道筋にあった長町橋（現広瀬橋）である。江戸初期の「奥州仙台絵図」、幕末の「安政城下用途図」に橋は見当たらず、元禄時代には橋があったが、安政時代は渡し舟になっている。

　郷土史家三原良吉、佐々久両氏は著作の中で「仙台開府後しばらく長町橋がなく、歩いて渡っていた。次に舟渡しとなり、寛文元年（一六六一）初めて橋が架けられたらしい。その後も架けては流され、また掛け直すという繰り返しだった」と述べている。

　ところが郷土史家関根一郎氏は「政宗が江戸への最後の旅となる寛永十三年（一六三六）四月、若林南の大橋で駕籠を止め部下に留守中のことを指示したと『貞山公治家記録』にある。大橋は長町橋の前身、現在の広瀬橋を指すのだろう」との見解だ。これだと橋は政宗生存中、完成していたことになる。

時代はぐんと下がって明治四十二年（一九〇九）、広瀬橋はわが国初の鉄筋コンクリート橋として完成、有栖川宮威仁親王が自動車に乗って渡り初めをした。昭和になって橋のすぐそばに市電専用橋がつくられた。これらをひとつにまとめた現在の橋が昭和三十四年（一九五九）八月に完成している。

（平成三十年三月号）

お金を払って橋を渡る

橋にまつわる頓智（とんち）話をひとつ。

「広瀬川に橋がいくつあるか、知ってますか。ただし旧城下の牛越橋から下流についてです」

「えーと、まず牛越、澱（よどみ）でしょう。中の瀬は西道路用と合わせて二本と数え、その下流に大橋、評定河原、霊屋、愛宕大橋、愛宕と続いて宮沢、広瀬橋、千代大橋の十二。このほかに地下鉄東西線、ＪＲ東北新幹線、東北線、貨物線、千代大橋の下流には仙台南部道路、地下鉄南北線は広瀬川の下を通っている」

と、まじめな答えはブー。正解は大橋、愛宕大橋、千代大橋の三つです。いずれも「はし」と発音し、他は皆「ばし」と濁ります。

藩政時代、仙台橋（現大橋）がまず架けられ、後に澱、中の瀬、評定、長町橋（現広瀬橋）が出現したことは既に触れた通り。では渡し舟があった牛越、米ケ袋、愛宕、宮沢の橋の歴史を調べてみよう。

【牛越の渡し＝現牛越橋】　青葉区八幡と三居沢を結ぶ牛越の渡しは、仙台城築城の際、国見や大石原から掘り出した石垣に使う石材を牛にひかせて渡ったところと言われる。ソリのような「修羅」に乗せて、川の中に石を積んでつくった河床路を運んだ。その総量は約二万トン、トラック四千台分。

明治三十八年（一九〇五）、日露戦争のころ、牛越橋が架けられた。現在の場所から三十㍍ほど上流にレンガ積みの橋げたを利用したものだったが、八年後に流失。その後はつり橋や木造橋が何度か架け替えられた。今の橋は戦後の昭和二十九年の完成である。橋の近くの河原では秋になると若者たちが芋煮会を開く姿が見られ、近くに三居沢発電所、不動尊や交通公園がある。

【米ケ袋渡し＝現霊屋橋】　江戸後期、霊屋下と米ケ袋を結ぶ渡し舟が開設された。渡し賃はひとり三文。明治以降は何度か粗末な板橋の越路橋（大正四年に霊屋橋と改称）が架けられたが、洪水で流され、現在の橋は昭和十年（一九三五）、愛宕橋と同じ年に完成した鉄筋コンクリート。近くに伊達政宗の霊廟があり橋の欄干には六個の灯籠を摸したものが配されている。この橋ができるまで、霊屋下に住んでいた子どもたちは大雨が降ると橋が危ないので学校（片平丁小）は休みになった。

【愛宕の渡し＝現愛宕橋】　藩政時代、土樋の真福寺の場所に誓願寺渡しがあり、左岸はがけになっているので城下の難所の一つと言われた。『仙台鹿ノ子』には「徒歩にて往来たやすからず、夜道慎むべし」との注意書きが見られる。明治になると最初の木製有料つり橋が架けられた。片道五厘。大正時代に洪水で流失し、霊屋橋の完成と同じ年にコンクリート橋が完成する。「今では土砂ですっかり埋まってしまい浅くなったが、橋の下は水深が深く、橋の欄干から飛び込んで泳いだものです」と太白区金剛沢、菅田幸一さん。

昭和五十年（一九七五）、橋の少し上流に愛宕大橋が完成する。愛宕橋は生活道路だが、こちらは幅が二十七㍍あって広瀬川に架かる橋では最も広く新しい橋である。市道元寺小路―郡山線の都市計画道路、片道三車線。産業道路として大動脈の役割を果たしている。

【根岸の渡し（現宮沢橋）】 根岸町と舟丁を結ぶ宮沢の渡しは藩政時代からあった。昭和十五年（一九四〇）には今の宮沢橋下流十五メートルのところに有料の板橋が架けられた。太白区根岸町、農業林玄太郎さんのご先祖は七十余年間橋守をしていたという。林さんは「通行料は大正末期に五厘、昭和になると一銭だった。川底にくいを立て、そこへ長さ四メートル、幅三十六センチの板を二十個並べた。大雨が降ると板が流されないように大急ぎで撤収した。昭和十三年（一九三八）、仙台の真ん中に有料橋があるのはおかしいと言われ、市に寄付しました」。（河北新報）

三居沢と八幡を結ぶ牛越橋は台風による洪水で流失、仮橋が架けられた（昭和二十五年ごろ）（志賀）

終戦後まもなくの昭和二十二年（一九四七）、石井組社長

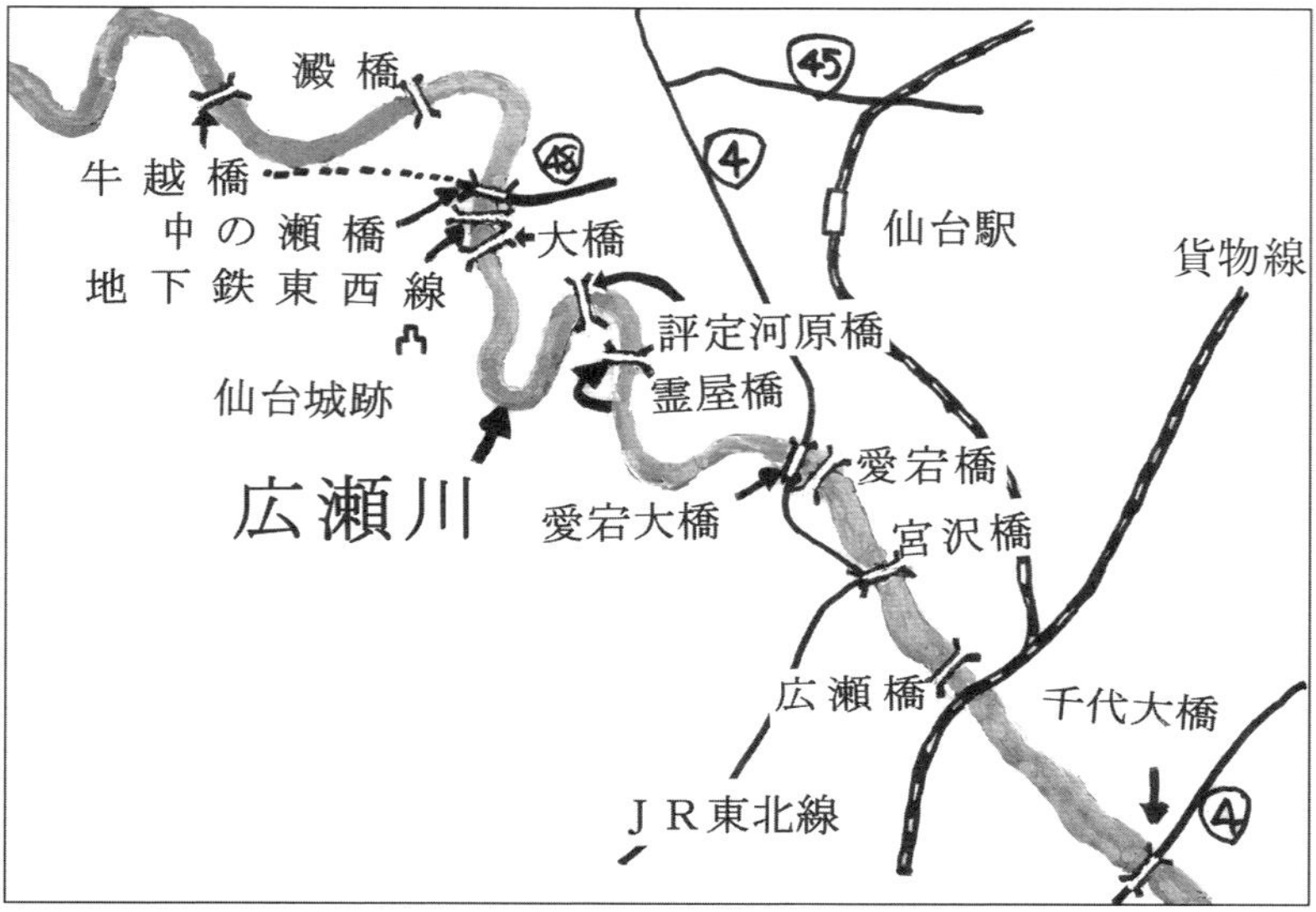

河合宇三郎さんら多くの人の努力で長さ九十《メートル》の木造根岸橋が完成する。喜んだのも束の間、一カ月後のカサリン台風で流されてしまう。今の橋は名前も宮沢橋と変えて昭和三十年に完成、同五十九年に補強工事が行われた。

宮沢橋河畔では毎年八月二十日、灯籠流しが開かれる。川のほとりに施餓鬼棚を設けて、江戸時代の宝暦、天明、天保飢餓で亡くなった人や、東日本大震災の犠牲者を供養し、灯籠舟が川を下る。花火大会もあり、長町、南材地区の町内会、商店会が地域おこしの一環として続けている。

一番下流にあるのは千代大橋で、長さ三百十《メートル》と広瀬川の橋の中では最も長い。昭和四十一年（一九六六）国道４号バイパスとして完成。橋のわきには名取市高館熊野堂と仙台港を結ぶ約三十八《キロ》の工業用水パイプが通っている。このほか名取川との合流点付近に仙台南部道路（高速道）がある。

藩政時代、広瀬橋の下流には橋はなく、三橋から日辺へ、日辺から落合へは渡し舟を利用していた。

（平成三十年四月号）

繰り返す水害 五十二回も氾濫

これまで見てきたように、広瀬川の歴史は水害の歴史でもあった。大雨が降っても洪水の心配がなくなるのはわずか六十年ほど前のことに過ぎない。

藩政時代の約二百五十年間に広瀬川は五十二回氾濫したと言われる。仙台藩が最初に架けた仙台橋（現大橋）は五回も流失、そればかりか明和五年（一七六八）の洪水では澱、評定、長町（現広瀬橋）の各橋、文化九年（一八一二）には長町橋がまた流された。天保六年（一八三五）の大雨では澱、川内、琵琶首、花壇、霊屋などの二千四百十六戸が流失、死者二十七人を出している。

明治、大正、昭和になっても水害は続いた。特に太平洋戦争の敗戦後がひどかった。長く続いた戦争で国の予算の大半は武器弾薬や航空機、軍艦建造を最優先したので、植林や河川修理まで手が回らない。荒れ放題の国土に大雨が降るとひとたまりもなかった。

昭和二十五年の集中豪雨

講和条約締結までわが国は米軍の占領下にあり、台風の名前も米国女性の名前をとってカサリン（昭和二十二年）、アイオン（同二十三年）、キティ（同二十四年）などと呼んでいた。これら三つの台風と昭和二十五年（一九五〇）の集中豪雨で県内では四十七の橋が流されている。

このうち最も被害が大きかったのは同二十五年八月三日から四日にかけての集中豪雨である。作並で四九六ミリ、仙台で二三七ミリの猛烈な降雨があり、広瀬川は一時間に一メートル以上増水した。

この大雨の後で川を見に行ったのでよく覚えている。清流は濁流と化し、なぎ倒された木々や家屋を飲み込んで流れて行った。当時はレーダーによる追跡の方法もなく、降雨についての詳しい情報がなかったので被害を大きくした。

県内ではこのとき仙台圏を中心に広瀬川、七北田川、名取川などで堤防八カ所が決壊、死者七人、行方不明四人、流失家屋二百八十戸、床上床下浸水四千五百四十戸に上った。

広瀬川では牛越、澱、中の瀬、評定河原の各橋と架け替えたばかりの宮沢橋が流失、流域の角五郎丁、花壇、霊屋下、愛宕、河原町が浸水している。このうち花壇地区は川の氾濫で二メートル近く増水、赤茶けた泥水でプールのようになった。川向かいの経ケ峯大露頭が大きく崩れて「川津波」となって花壇を襲い堤防をなぎ倒した。市動物園跡地につくられた戦争被害者用仮設住宅や海外からの引き揚げ者が入っていた木造二階建てアパートは崩壊した。

仙台市南材木町小学校の副読本『広瀬川と町―わが南材』によると、同校学区では集中豪雨により宮沢橋が流されたほか六郷掘、七郷掘もあふれて学区全体が水浸しになった。上流から流れてきた木材、家屋などが東北線の鉄橋に引っかかって水が流れなくなり、被害を大きくしたという。

漂流物拾おうと一万人が海岸に

仙台高裁判事夫人の猪狩サクさん（当時四十九歳）はご主人が出張中に角五郎丁の官舎が浸水した。サクさんはご主人が大事に保管していた五冊の裁判記録を背負って逃げたが、途中広瀬川の濁流にのまれて六郷井戸付近まで流され、遺体で発見された。最高裁は記録を守ったサクさんを表彰している。

若林区南小泉、後藤陽子さん（八十八歳）からは「堤防が切れて六郷の田は冠水し、泥かぶりの稲束をヒルに吸い付かれながら土手まで運んだ。上流の追廻の戦災者、引き揚げ者用住宅が一戸流れてきて屋根上にいた人が橋で助けられたのを見ました」とお便りがあった。

洪水後、閖上から蒲生までの太平洋沿岸には一万人を超す人が出て波に打ち上げられた水害の漂流物を持ち帰った。敗戦から五年、金もモノも不足していてなんでもほしい。ふろおけ、家財道具を馬車に積んで運び去る不心得者もあり、警察は「拾ってから一週間以内に届けないと流出物横領で検挙する」と警告した。

広瀬川に本格的な堤防が完成するのは、戦後十一年たった昭和三十一年（一九五六）になってからである。災害復旧工事は三居沢付近から広瀬橋

広瀬川の護岸工事。はじめてコンクリートの堤防になった（『市民の戦後史』仙台市発行から）

までの八・八キロを宮城県、広瀬橋から下流七・八キロを建設省（現国土交通省）が担当した。戦前の古い写真を見ると愛宕橋付近の堤防はコンクリートではなく土を小高く築いた土手がほとんどである。築堤工事によってこれらはコンクリートの堤防に変わった。

当時、県仙台土木事務所広瀬川災害復旧工事主任を務めた佐藤伊四郎さんは「毎秒千二百トンに耐えられる程度でいいんじゃないかという話もあったが、将来に備えて千八百トンの流量でも持ちこたえられるものにした。敗戦直後で、技術も資材も未熟だった。今のように生コンもなく十五センチぐらいの幅に型をつくり、スコップで一つずつ詰めていった」（河北新報）

並行して川幅も広げられ、宮沢橋下流は八十五メートルから百三十五メートルに拡張、それによって百戸以上が移転を強いられた。堤防改修はその後も随時行われている。

大倉ダムの功績

広瀬川から水害がなくなったのは堤防の完備はもちろんだが、小中学校が「植林で防げ郷土の洪

仙台圏の水がめ大倉ダムは2800万トンが貯水できる多目的ダム（志賀）

水」を合言葉に学校植林運動を展開したこと。それに大倉ダムの完成が大きかった。

定義に行く途中に見える大倉ダムは、建設省が広瀬川支流の大倉川をせき止めて昭和三十六年（一九六一）に完成した。堤防の高さ八十一メートル、船形山の森林地帯から集水した二千八百万トンを貯水できるダブルアーチ式のダムで県が管理している。広瀬川流域の洪水調整のほか仙台、塩釜両市の上水道、仙台、多賀城、塩釜市の工業地帯に供給する工業用水、農業用灌漑用水、発電用に使われている。

ダム建設を巡っては宮城県と仙台市の間で長い対立があった。水道や工業用水確保のため大倉川にダムが必要だという点で両者の考えは一致したのだが、場所を巡って上流を主張する市と対立、建設省が県案を支持したこともあり、そこに決まった。

早いものでダムの完成から半世紀以上が経った。この間、宮城県沖地震、東日本大震災と大きな地震が二つもあり、ダムの耐久性、老朽化が心配されたが、東日本大震災後実施したダム本体のコンクリート試験では設計値以上の数値を示し、堅固性が証明された。

最近の気候変動は想像もつかない大雨を降らせる。当然のことながら広瀬川も安心はできない。全国的には山林の荒廃著しく、将来多くの山林が地権者管理放棄の山になるという試算がある。そうなると、山中に放棄された倒木や切り倒されたまま捨て置かれた間伐材が大雨で流され、橋げたに引っかかって流れをせき止め、あるいは土石流が周辺地域を襲い大きな被害を受けることになる。適正管理されている樹木の根が天然の地留めの役割を果たす。治山こそが治水の基本であることを忘れてはならない。

（平成三十年五月号）

藩主の別荘が花壇にあった

広瀬川は大橋から愛宕橋にかけて大きく蛇行している。中でも花壇地区はシャモジ形をした楽器の琵琶のような形をしているので、根っこの部分は琵琶首と呼ばれた。城に近いこともあり、江戸初期は、この地区に藩主の屋敷が設けられた。明治から昭和にかけては早川家の広い牧場、昭和になると仙台市動物園が開設されてにぎやかな行楽地になった。

藩祖・伊達政宗の花畑、茶室を備えた屋敷は、今の自動車学校、公団アパート付近にあったと言われ、花壇の地名の起こりでもある。城の真下の追廻から花壇までの広瀬川に二百間（約三百六十メートル）の屋根付き橋が架けられ、政宗はここを渡って屋敷へ行った。泊まって絵を描き、宴会をし、夏はほとんどここで過ごした。暇さえあれば釣り

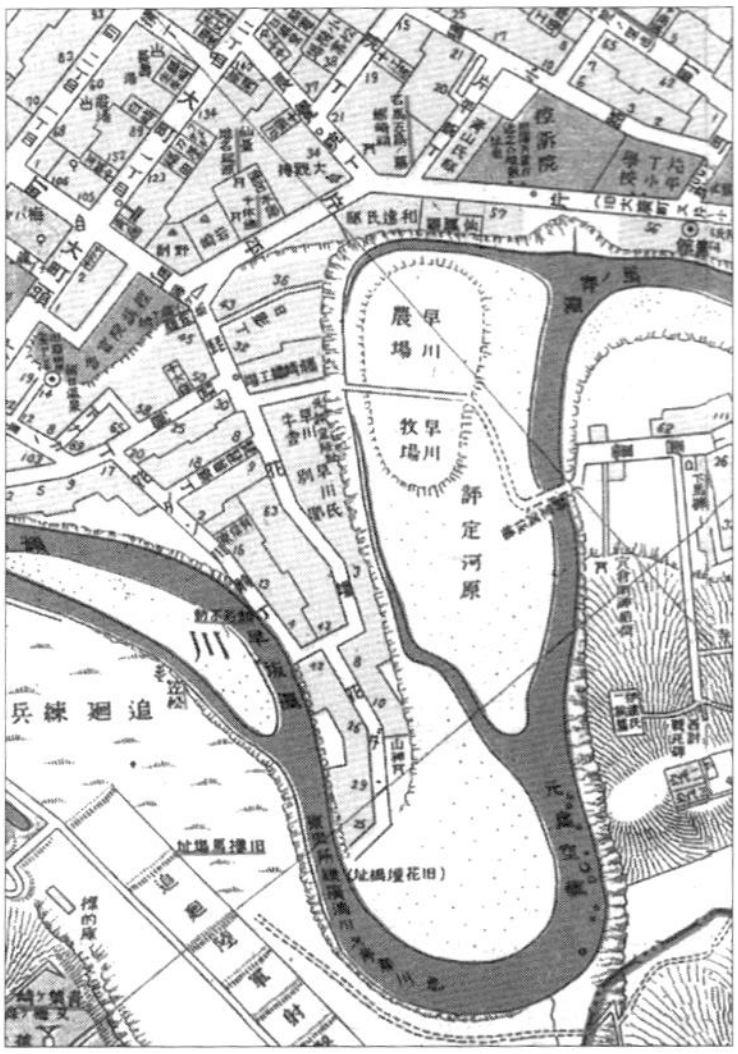

大正時代の花壇地区。広瀬川は二本流れていた「仙臺市全図」＝東洋造画館発行＝

に興じ、鷹匠を召して鷹飼を楽しむこともあったという。

花壇橋は元和三年（一六一七）と寛永十四年（一六三七）の洪水で、上流の仙台橋とともに流される。仙台橋はそのたびに再建されたが、花壇橋は三度目を架橋することはなかった。政宗亡きあと屋敷では江戸中期まで薬草が栽培され、明治になると陸軍の所有地になった。

広瀬川は二手に分かれ

今では想像もつかないが、広瀬川は昭和初期まで花壇地区で本流と支流の二手に分かれていた。本流は現在の流れと同じ。支流は東北大グラウンド、野球場の西側を通り、片平小西側のがけ下で本流と合流していた。最古の仙台城絵図（一六四五年作成）にこの支流は見当たらない。となると、その後のいつの時代にか大洪水に見舞われて支流ができたのだろう。中州の評定河原には江戸時代、評定所、今で言う裁判所が置かれたことは前に触れた。

現在の姿になるのは昭和八年（一九三三）、市の失業者対策事業で支流は埋め立てられ、生み出された約一万坪の土地は東北帝大（現東北大）へ売却され、残る八千坪は市動物園用地に充てられた。

波乱の生涯・早川智寛

第四代仙台市長を務めた早川智寛（ともひろ・一八四四～一九一八）は市長退職後、評定河原の払い下げを受けて牧場を経営した。幼少のころ近くで育った若林区沖野、伊藤弘さん（七十七歳）は「私が小さいころ中州はもうなくなっていて、野球場の西側に早川牧場と牧舎、搾乳場が移っていた。遊び場だったのでよく行った。戦後は牧場を辞めてその跡に大きな建物が建った」と話している。

智寛の波乱に満ちた生涯については三男で「会社再建の神様」と言われた早川種三さんの自伝『流れるままに』（河北新報社）に詳しい。

それによると智寛は小倉藩士の子、成人して建設官僚になる。明治十一年（一八七八）、政府はわが国初の洋式港湾を野蒜（現東松島市）につくることになり工事主任として早川を本省から宮城県に派遣した。築港工事は台風の被害で失敗に終わる。

智寛はその後、役人を辞めて土木会社「早川組」を設立、日本鉄道株式会社による東北線（当時は日本線と呼称）建設工事を手掛け、従業員四千人を超す大会社の社長になった。これほど大成功したのに「土木は終生の仕事にあらず」と会社を解散、もうけた金で蔵王山ろくに約一千町歩の牧場を購入して軍馬の育成に励み、併せて花壇の土地も買って牧場を経営した。

「花壇の屋敷は二千坪くらいあったろうか。牛が二〜三十頭いた。乳をしぼって『早川牛乳』として出したが濃くてうまいと評判も高かった。屋敷の中に清水がわいていて、そこでいつも冷やしていた」と種三さん。

智寛は明治三十六年（一九〇三）、満六十歳のときに仙台市議会から市長に推挙され、一期四年、教育と産業振興を二大スローガンに市政を進めた。身長一・八メートル、体重九十キロの巨体に白髪姿、「白ひげ市長」と親しまれた。

牛乳の普及率は高かった

牛乳と言えば昔はビンに詰めて毎朝宅配されていた。市内には二十七カ所の搾乳所があり、毎日製造・販売していた。低温殺菌だったので朝、搾乳したものをすぐ処理して配達しないと腐敗する恐れがある。約三百人の牛乳配達人が出来立ての牛乳を急いで配った。仙台市外から来た苦学生が多かった。

青葉区米ケ袋の今野牧場では昭和四十九年、「広瀬川の清流を守る条例」の施行で牛が飼えなくなるまで、広瀬川河畔の土手に牛を放ち青草をはむ姿が見られた。明治時代の創業で、常時十数頭、多いときには三十数頭の牛を飼っていた。餌は栽培したトウモロコシと青葉山、東北大、西公園な

広瀬川の河川敷では、乳牛がのんびり草をはむ光景も見られた（志賀）

どから刈り取った草、市内の豆腐屋二十軒から譲られるおから。片平学区はもちろん荒町、連坊、南材木町、一番町から原町苦竹の自衛隊まで宅配していたという。

　日本人が牛乳を飲むようになるのは戦後になってからである。仙台で戦前から牛乳を飲む人が多かったのは宮城病院（現東北大病院）に代表される大病院や、旧陸軍第二師団が飲用を積極的に勧めたからだと『せんだい市史通信』（市博物館発行）にある。

最初の動物園は花壇に

　花壇の自動車学校のところに戦前、仙台市動物園があった。昭和十一年（一九三六）四月、全国で十一番目、東京以北では初めての動物園としてスタートする。東京・浅草の花やしき（当時は花屋敷）から入手したゾウ、シロクマ、オシドリなどの三十五種類百点と、市民から寄付されたクマ、ライオン、シカが展示され、年々観客が増えていった。

　八木山動物公園の初代園長を長く勤めた根本策郎さんは「評定河原、その後の三居沢、八木山まで仙台の動物園は全て上野動物園の古賀忠道さんの指導でつくられた。評定河原にあったシロクマの池やサルが島などは特に素晴らしかったと聞いています」。

開園を記念して、仙台駅から評定河原まで古賀さんを先頭に、動物たちのパレードがあって、前景気を盛り上げた。

開園の翌年、中国との戦争が始まり、戦時色が強まる。それでも動物園の入場者は昭和十二年十七万人、翌十三年二十万人、十四年二十五万人と増加の一途をたどった。

太平洋戦争が激しくなると内務省から「空襲で檻が壊れて猛獣が逃げ出したら大変なことになる」と処分命令が出され、園内のクマ、ライオンなど十二頭の猛獣が殺された。これらの動物がいた畜舎には豚が飼われ、園内は野菜畑になった。昭和二十年四月に閉園。同年七月の空襲で畜舎などの施設は全焼した。戦後、三居沢動物園を経て現在の八木山動物公園が同四十二年に誕生する。

（平成三十年六月号）

片平の牢獄と宮城刑務所

江戸時代の警察というと、頭に浮かぶのは池波正太郎の『鬼平犯科帳』である。鬼平こと長谷川平蔵指揮する特別警察「火付盗賊改方」は江戸城下を巡回して強盗殺人、放火などの凶悪犯を取り締まった。それにしても小説通りとすれば人権無視も甚だしい、ずいぶん過酷な取り調べをする集団であった。

仙台藩の牢獄は青葉区米ケ袋、今の片平市民センターのところにあった。刑務所のようなものかと思ったらそうではなく、主として裁判中の未決囚や処刑を待つ死刑囚を収容する拘置所だった。東北大吉田正志名誉教授の『仙台藩の警察と牢』（大崎八幡宮発行）、『仙台藩の罪と罰』（慈学選書）で教わった。

吉田先生によると、時代によっても異なるが、

格子で囲まれていた米ケ袋の牢獄。明治40年ごろまで使われていた。当時の写真を基に描いた（志賀）

牢獄は米ケ袋のほか岩手県奥州市、宮城県登米市にもあり、比較的重い罪の被疑者が町奉行所から送られてきた。花壇の評定所で判決が出ると、島送りは牡鹿半島周辺の江ノ島、網地島、田代島などへ。処刑は最初のうちは評定所の隣で、後に米ケ袋で行われ、元禄三年（一六九〇）になると七北田村（現泉区）に移された。

幕末までに七北田刑場で処刑された人数は約七千人（『泉市誌』）とも約五千人『仙台・泉の散歩手帳』（木村孝文、宝文堂）とも言われ、周辺には供養のための地蔵菩薩や供養塔が並んでいる。

西南戦争の国事犯三百五人が

米ケ袋の牢獄は道路から一段と低いところにあり、周りを厳重な柵でめぐらした。西は広瀬川を望む絶壁、道路側にやぐらと見張り番所が四つ。中に小屋が複数あって、その小屋はさらに二～三の小部屋に分かれていた。

江戸時代は士農工商の格差社会である。身分によって被告の入れられる場所も違い、武士と僧侶の「揚屋」にだけ畳が敷いてあった。牢の中の様子を記した数少ない資料に『佐藤専蔵一代記』がである。専蔵は文化五年（一八〇八）伊具郡の組頭を務め、村役人の不正追及の代表者だったことから騒動を扇動した疑いで米ケ袋の牢に入れられた。

牢には「牢名主」がいて、まずここで日常の生活秩序を教えられたこと。牢に入って驚いたのは、皆、山伏のように髪がボウボウ伸びていたこと。食滅多に風呂に入れてもらえなかったのだろう。食事は朝夕の二度、飯は下等な白米二合半、汁など。このくだりは『宮城県史』に載っている。

明治になると欧米式の警察司法制度が導入され、宮城県では明治七年（一八七四）、七屯（警察署）七十人体制でスタートする。米ケ袋は宮城県監獄署と呼ばれて刑務所になった。後に監獄署は道路を隔てた現在の東北大金属材料研究所、放送大学の大半にまで拡張された。両者を結ぶトンネルが片平の道路の下を通っていたという話を聞いたことがある。

金研の現在の記念館の部分は陸軍用地で、第二師団の師団長宿舎になっていた。明治三十年（一八九七）四月から十月まで、乃木希典将軍が住んでいた。

仙台、東京に大規模集治監

宮城県監獄署、明治十年現在の収容者は殺人六、強盗七、窃盗八十六、詐欺十四、暴行十六、とばく二十四など二百二人。そこへ同年暮れ西南戦争の国事犯（政治犯）三百五人が送られて来る。懲役一～五年の実刑判決を受けた人たちだった。

西南戦争は西郷隆盛ら明治政府に不満を持つ士族が起こした反乱で、西郷が鹿児島に帰って設立した私学校の生徒が中心になって挙兵、熊本城を攻略できないうちに政府軍の反撃で敗退、西郷が自殺して終わる。

十年前の戊辰（ぼしん）戦争で仙台藩などの旧幕府軍は薩摩、長州らの新政府軍と戦って敗れている。西郷征伐の臨時巡査を募集したところ、かたき討ちとばかりに宮城県内から二千八百二十二人の応募があったという。

全国の監獄には西南戦争の国事犯二千七百六十四人が分散収容された。郷土史研究家、柴修也さんによると、宮城県には四回に分けて送られて来て、監獄署周辺の武家屋敷に収容された。これで、もう手いっぱい。政府は征討費から十六万円を支出して東京・小菅と仙台に国が管理する大規模集治監（現在の刑務所）を建設する。

　宮城集治監の場所は伊達政宗が晩年の八年間を過ごした若林城（現若林区古城）跡に決定した。東西四百二十メートル、南北三百五十メートルの城は政宗死去と同時に解体され、周りを巡らした土塁と堀が残っていた。

宮城集治監（後の宮城刑務所）は市民から「六角大学」と呼ばれた『目で見る仙台百年の歴史』（仙台市発行）

集治監は欧州の監獄をモデルに設計され、木造洋風建築、中央に四階建ての見張り塔がそびえ、そこを中心に六棟の二階建て獄舎が放射状に配置された。

　建築に使う材木は薬師堂、白山神社、仙岳院の境内の杉など四千九百本を伐採して進められ、明治十二年八月完成。片平の建物は仙台拘置支所として引き続き使われた。片平市民センターになる前は東北大農学研究所、その前は旧制二高の運動場だった。

　収容された囚人は雄勝のスレート石盤制作、野蒜築港工事、道路工事などに従事した。監獄係水野重教は温暖の地から北国に来て寒いだろうと暖かい着物や足袋をはかせるよう内務省と掛け合って実行した。服役中に死去した受刑者のうち七人の墓が広瀬川を挟んだ霊屋瑞鳳寺にある。

　後に外相として、幕末に結ばれた不平等条約の改定に尽力した陸奥宗光（一八四四〜一八九七）は、西南戦争に呼応して政府転覆計画に加担したとして山形監獄署に収容され、後に宮城監獄署へ移され三年余を仙台で過ごした。

古い建物の割にはよくみがかれていた

明治の建築物・宮城刑務所は、昭和四十八年（一九七三）老朽化のため解体された。解体の十年ほど前、訪れたことがある。所内は古い建物の割に清掃が行き届いて、ぴかぴかみがかれていたのを覚えている。

新聞社で警察担当の記者をしていたころで、東京・小松川女高生殺しの李珍宇受刑者が死刑執行された取材であった。処刑されたという情報が前夜あり、徹夜で動き回ったが法務当局のガードは固く確認が取れない。翌朝、法務省は処刑を発表した。

朝鮮人高校生だった李受刑者の事件を巡っては「日本にいる朝鮮人への偏見、家庭の貧困などに原因があり、我々の側にも罪がある」と作家大岡昇平、開高健氏らが立ち上がって助命嘆願運動を展開、宮城県内でも支援団体が活動していた。

「普段と変わらない冷静さで（死刑執行の）通知を聞き、独房から六十メートルほど離れた祭壇まで歩いて行き、神父にお礼を言い、お茶を一服飲んで執行場へ向かいました」と刑務所から説明を受けた。二十二歳の生涯だった。

（平成三十年八月号）

瑞鳳殿 政宗の墓所

青葉山に城を築いた仙台藩は、広瀬川西岸に藩ゆかりの寺社や墓所を集め、このうち墓所は経ケ峯と大年寺山に置いた。初代伊達政宗から最後の慶邦まで藩主は十三人。このうち政宗、二代忠宗、三代綱宗と九代周宗、十一代斉義の五人は経ケ峯に、それ以外の四代綱村から十三代慶邦までの八人は大年寺にまつられた。

藩主の中で霊廟があるのは政宗の「瑞鳳殿（ずいほうでん）」、二代忠宗「感仙殿（かんせんでん）」、三代綱宗「善応殿（ぜんのうでん）」のお三方だけ、ほかの殿様の墓碑は御影石の角柱を立てた簡素なつくりである。

霊廟は敗戦間際の空襲で焼失、残ったのは石垣、階段、灯籠だけであった。こんもり茂った鎮守の森がなぜ爆撃されたのかというと、広瀬川をまたいで向こう岸にある米ケ袋地区を爆撃した米軍機が、焼夷弾を連続して落としていったので、とばっちりを受けたのである。戦後、敷地約二万三千坪は伊達家から仙台市に寄付され「経ケ峯歴史公園」となった。

霊廟再建を願う声が各方面から寄せられ、昭和六十年（一九八五）、国や自治体の補助と県民の寄付合わせて十四億円をかけて三廟が昔通りの姿になった。東日本大震災で受けた被害も復旧し、多くの観光客が訪れている。来館者の総数は約七百万人。

三藩主の霊廟調査

霊廟再建に先立って三人の藩主の石室発掘調査が行われている。その様子を岩出山伊達家の子孫で、仙台市博物館長などを務めた伊達篤郎さん（故人）から以前うかがったことがある。

政宗は寛永十三年（一六三六）五月二十四日、東京・日比谷公園のところにあった仙台藩江戸上屋敷で七十歳の生涯を閉じた。正月ごろから食事がのどにつかえるなど体調不良が続いていたが、病を押して四月、江戸に行き、徳川三代将軍家光にいとまごいをした。

死因は食道噴門がんと、がん性腹膜炎。遺体は亡くなるとすぐ束帯姿で棺桶に納棺され、水銀、石灰、塩を詰めた上でかごに乗せて江戸を発ち六月三日には仙台に到着している。

「これは秘密だったのですが、政宗公の遺体は昭和四十九年、三百三十八年ぶりにまた江戸へ戻っていたのです」と伊達さん。遺体と副葬品を詳しく調べるため一時、国立科学博物館に運ばれたのである。

発掘調査がなぜ行われたのかというと、瑞鳳殿の再建について専門家が検討した結果、元々は木造建築だった本殿、拝殿を耐火構造の鉄筋コンクリートに変えることになった。となると十坪の霊廟本殿（屋根部分は二十七坪）だけでも木造のざっと二十倍、約三百トンの重さになる。地下墓室の状況が分からないと基礎工事もできない。東京で伊達家の親族会議が開かれ、調査は丁重に、遺体の写真は公表しない条件で合意した。

経ケ峯の霊廟「瑞鳳殿」に向かう石段は石高と同じ六十二段ある

武将らしからぬ優男

調査は、昭和四十九年九月、まず政宗から始まった。東北大伊東信雄名誉教授を発掘調査団長に人骨調査は同大葉山

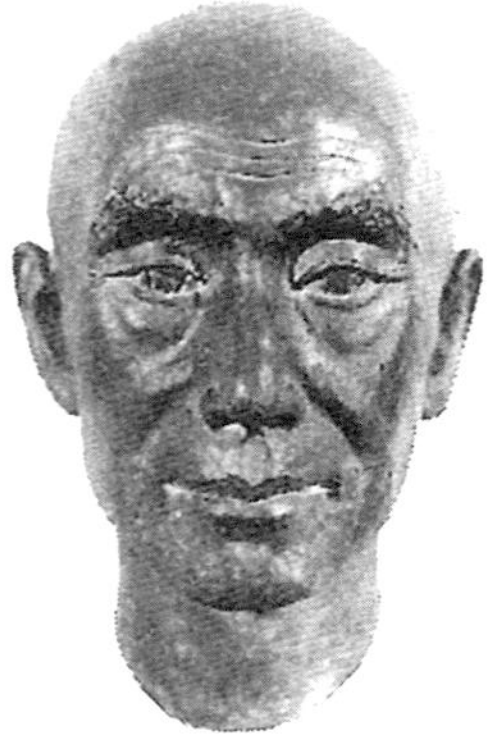

伊達政宗の復元像（四十歳ごろを目標に鈴木武義氏が復元した。鈴木尚氏監修）＝『骨が語る日本史』から＝発表当時、元市博物館長伊達篤郎さんに似ていると話題になった

杉夫助教授（後に京都大教授）、東京大鈴木尚名誉教授が担当した。

開けてみたら石室内部は泥や水の流入はなく遺物は石室の底に葬儀の当日そのままに並べられていた。遺体は東に向かって両腕を体の前で組み合わせ、あぐらをかいていたという。

鈴木名誉教授によると政宗の身長は一五九・四センチ、B型。当時としてはわずかに高いくらい。頭骨は後頭部が張り出し、前額部がふくらんだ頭脳明晰型、鼻筋の通った戦国武将からは想像できない優男で、顔は細面、鼻筋が通った美男子だった。優男というのは、容姿が上品で優美な男、風流を解する優雅な男。『明解国語辞典』にそうある

独眼竜と呼ばれていたにもかかわらず、左右の目に病的な損傷は認められず、幼少のころの天然痘の病菌によって失明したという資料と一致した。右足首に骨折跡が発見され、資料に米沢時代の二十三歳の時、城内で落馬した際骨折とあるので、これが実証されたことになる。

副葬品は黒塗りの衣類を入れておく箱に冠と束帯が納められ、太刀、脇差し、よろいのほか文具類など愛用した身の回りの品々が並べられていた。すずりの表面にはまだ指に黒く付くほどの墨がつき、穂の先が黒く染まった筆も収められており死の直前まで使われていたように見えたという。愛煙家だった政宗のきせるが二本、蒔絵のたばこ箱に収められていた。

このほかに黒い色の芯が入った鉛筆や、磁石を兼ねた携帯用の日時計が皮製のきんちゃくに入れられ、ヨーロッパ風の金のブローチも発見された。鈴木名誉教授は「イスパニアの宣教師か支倉常長の帰国土産として政宗に献上したものかもしれない」と解釈している。

病変からがんと特定

二代藩主忠宗の「感仙殿」、三代藩主綱宗の「善応殿」の再建は昭和五十六年（一九八一）から始まり、ここでも石室調査が行われた。「伊達忠宗、伊達綱宗の墓とその遺品」（伊東信雄編、瑞鳳殿発行）などによると、二代忠宗は仙台城で六十歳のとき死去。身長約一六六・三センチ、A型。筋肉の発達は父政宗ほどではなく、短頭。腸チフスが死因だった。

三代綱宗は二十一歳のとき酒食がたたって、幕府から藩主の座をはく奪され、以後品川屋敷で和歌、書画、茶道に精進する隠居生活を送った。享年七十。こちらは身長一五六・二センチ、A型。死因はレントゲン検査の結果、歯肉がんのような悪性腫瘍と診断された。顔は祖父政宗、父忠宗に似て面長だったが顔のかたちは三人の中で最も貴族的だった。

発掘調査団長の伊東信雄東北大名誉教授は「近世初頭の大名の墓を三代にわたって調査できたのは画期的なことだった。初代、二代の副葬品は太刀、具足など武具が主力で戦国時代をほうふつさせたが、三代目になると武具は身のそばに置く大小だけで、大半は化粧道具、工芸、香道具など。天下太平の生活を楽しむ時代になったのが分かる。綱宗の死因は遺骨に残る病変を科学的方法で調べ、がんと判明した。このような特定は恐らく歴史上の有名な人物では初めてだろう」と述べている。

発見された三藩主の副葬品のうち政宗については仙台市博物館、忠宗、綱宗の分は霊廟内の資料館で保管している。

（平成三十年七月号）

大名小路 片平丁の変遷

「片平丁」は町名変更により「青葉区片平」となったが、学校や裁判所が並ぶ静かな町であることに変わりはない。藩政時代は支倉から田町までが片平で、重臣屋敷が軒を連ね、その石高を合計すると二十八万石となり「大名小路」の異名があった。「片平」の地名の由来は、江戸のころ、広瀬川の崖の上に沿って道路があり、屋敷は道路の片側（東側）にだけ並んでいたから。明治になるとほとんどの重臣屋敷は国に没収されて陸軍所有地となった。

藩政時代はしばしば屋敷替えがあったので住人は時代によって異なる。寛文九年（一六六九）の絵図によると裁判所のところが船岡四千三百石、「伊達騒動」の一方の当事者原田甲斐邸、片平丁小学校は三千石の一門飯塚出雲邸、東北大片平キャンパスには一関三万石・田村右京、登米二万石・伊達式部、岩出山五千石・伊達弾正の屋敷があった。

足軽屋敷でも百六～七十坪

仙台藩の場合、重臣の屋敷はそれぞれ二千坪前後、中級で五～六百坪、足軽でも百六～七十坪の広さがあり、屋敷内にはたくさんの樹木が茂っていた。これが「杜の都」のルーツという人もいる。

しかも片平には重臣の屋敷跡を示す痕跡が残っている。東北大金属材料研究所、放送大学の西側道路わきの石垣がそれで、ここに長い塀を回した豪壮な邸宅があったのだろうと想像しながら歩くと、江戸時代にタイムスリップしたような不思議な気持ちになる。

陸軍所有地はその後、裁判所、東北大、旧制二高、仙台高等工業学校、仙台医学専門学校などに移管されるが、面白いのは学校や裁判所の正門が申し合わせたように西側の伊達政宗墓所、瑞鳳殿の方角を向いていることである。

東北大なんかは一番町に面した北門を正門にした方がなにかと便利なのに、「政宗公の墓所にお尻を向けるわけにはいかない」と今の正門が決まったという。ほかの学校、役所も同じ理由から西向きの門構えになったのだろう。

裁判所構内は保存樹がいっぱい

これらの施設の中で一番古いのは片平丁小学校。明治維新と深い関係がある戊辰戦争で新政府軍と戦って敗れ、仙台藩の責任者として斬首された重臣但木土佐の屋敷だった。一軒の屋敷が小学校一校分なんてすごい。明治になると藩の祐筆・岡千仭が儒学中心の麟徑堂を開塾、その後、初等教育の義務化で仙台では五番目の小学校になる。初代校長は岡千仭の弟、岡徳輔。読み書き、そろばんの三教科を教えた。

歴史と伝統のある同校の卒業生は多彩で、文化勲章受章者で赤痢菌発見の志賀潔、有機化学者野副鉄男、半導体研究の世界的権威で、平成三十年十月、九十二歳で死去した西澤潤一の三氏は先輩である。同二十年、仙台では初めて校庭の芝生化が完成。砂塵を防ぎ、都市部の地上温度が周辺部より高くなるヒートアイランドに対応している。

次に古いのが明治十一年（一八七八）に居を構えた宮城上等裁判所、後の宮城控訴院、現在の仙台高等裁判所である。大正十四年（一九二五）に赤レンガ三階建ての法務合同庁舎が完成、元々あった控訴院と、現在のタワービルの所にあった仙台地裁が一緒になった。裁判所の建物は戦災を免れたが、老朽化と手狭になったので昭和五十三年（一九七八）、八階建ての現在のビルに変わった。

構内には原田甲斐が植えたという樹齢四百余年の常緑高木コウヤマキのほか、シラカシ、エドヒガンザクラ、カエデ、ヒマラヤスギ、キャラボクがあり、いずれも市の保存樹木に指定されている。

ナンバースクール二高の誕生

三番目は、今はもうない第二高等学校、旧制二高である。日本の近代化を進める上でエリート育成のため政府が創立した文部省直轄校で、明治十九年（一八八六）、北海道を除く全国を五区に分けて三年間の高等教育の場を設けた。最初のナンバースクールは五校で、第一が東京、第二仙台、第三京都、第四金沢、第五熊本。その後第六（岡山）、第七（鹿児島）第八（名古屋）高等学校が

片平に復元された旧制二高の正門。わきに校歌碑、校章の「蜂」のいわれを記した碑が立ち「第二高等学校片平記念苑」になっている（志賀）

設置された。

　創立時、二高は第二高等中学校と称した。本科、予科、医学部の三科から成り、荒町小学校での間借り授業からスタート、同二十二年、片平丁の現東北大片平キャンパス約二万六千坪を取得して新校舎を建てる。

　敷地の選定には時の文部大臣、森有礼が東北巡視の途中立ち寄り、正門の位置を直接指示した。森は「門の位置はこの辺でよい」と足先で円を描いて指示したので、（ステッキ説もある）その場にいた仙台の大工、本間俊平が色をなし「学校の大切な門の位置を決めるのに足で指示するとは何事だ」と詰め寄ったという。『東北大五十年史』にこの話が出ている。

　明治二十七年、第二高等学校と名称が変わり、大正十五年（一九二六）になると北六番丁（現青葉区堤通雨宮町、前東北大農学部）に和洋折衷木造二階建ての本校舎を建設して移って行く。太平洋戦争末期の空襲で校舎は全焼、戦後は戦災を免れた富沢の旧仙台陸軍幼年学校で授業を再開した。学制改革により昭和二十四年（一九四九）東北大に併合された。

二高の正門は現在の東北大正門から約百《メートル》南にあった。赤レンガの角柱一対で扉がなく、鉄の鎖一本を渡していた。学校移転とともに北六番丁に運ばれ、武道寮の正門に。敗戦後は学生が大八車で富沢まで運び二高記念館前に移した。今は同校同窓会「尚志会」の手で片平の元の場所に戻された。卒業生は一万二千六百四十三人。大半の方は鬼籍に入った。

明治四十年（一九〇七）九月、南六軒丁に、これまた文部省直轄校の仙台高等工業学校が開校する。二高の南側の陸軍用地と県有地を取得して校舎が建てられた。日露戦争後の工業発展に伴い、産業界で新しい技術に通じた人材が必要になったので、中学（五年）卒の男子が三年間学ぶ学校である。土木、機械、電気、採鉱冶金の四学科で定員五百人。校名はその後目まぐるしく変わるのだが、この学校も戦後東北大に包摂され、四十五年間の歴史に幕を閉じる。卒業生は八千三百七十七人、こちらもほとんどの方は亡くなっている。

（平成三十年九月号）

今はもうない赤レンガ三階建ての法務合同庁舎（現仙台高裁）（村上）

東北大、学院大の歴史的建造物

今、片平で一番広い「土地持ち」は東北大である。創立時は第二高等学校（旧制二高）の運動場を分けてもらい、細々とした開学だったが、その後は拡大の一途をたどる。理学部、工学部に次いで大正十一年（一九二二）法文学部が新設されると（経済学部、農学部は戦後の創立）、先住者の二高は逃げるように北六番丁（青葉区堤通雨宮町）に新校舎を建てて移って行った。

東北帝大は東京、京都に次ぐわが国三番目の帝国大学として明治四十年（一九〇七）誕生した。仙台に理科大学、クラーク先生の札幌農学校は東北帝大農科大学となった。

仙台ではずっと前から大学誘致運動を進めてきた。政府は財政難を理由に首をたてに振らない。見かねた盛岡出身の内務大臣、原敬（たかし）は足尾銅山を経営する古河鉱業から百万円という巨額の寄付を引き出し、これを原資に東北帝大新設をあっという間に閣議決定してしまう。百万円は現在の百億円に匹敵する大金であった。

足尾銅山は「日本の公害企業第一号」と言われたいわくつきの企業。硫酸銅を含む鉱石、排水が渡良瀬川に流れ込み、漁獲減、田畑被害を与えたほか、周辺の山は木材伐採と煙害で丸裸になり、住民から銅山の閉鎖を訴えられていた。

原敬は古河鉱業の副社長を兼ねていた。寄付によって会社の汚名を払しょくし、併せて地域の振興を図ろうと古河家を説得した。その底流には明治維新後「白河以北一山百文」と蔑視されていた東北地方の後進性を大学創設により跳ね返そうとの願いもあったのだろう。

後のことになる。東北帝大は古河家を顕彰するため同家の家紋「五三の桐」を本館玄関の上に彫り込んだり、会議室に創業者古河市兵衛の写真を飾ったりしたので学生から「こんな金持ちの紋所のある建物で神聖な理学を極めるのは，われわれ学生の沽券（こけん）にかかわる」と批判の声が上がった。

二高の運動場を分けてもらい

官報告示から開学まで四年かかったのは校舎をどこに建てるか決まらなかったからである。教授陣は東京帝大理学部教授会で早々と決定するのだが、文部省に土地取得の予算がなかったので、新しい土地取得ができない。そこで、同省の直轄校である二高の敷地二万六千坪のうちの六千二百坪を転用して校舎を建設することにした。現在の場所で言うと、東北大正門横の多元物質科学研究所のあたり、二高の運動場であった。

「まことに狭く。珍妙なみすぼらしい状態だった」と『東北大学百年史』は憤慨している・札幌の同大農科大学は広い演習林、農場を除く本部面積だけでも七十五万五千坪あり、これに比べると東北帝大の土地はその百分の一にも満たなかった。

二階建ての本部や講堂、図書館、教室などが急いで建設され、明治四十四年九月に入学式が行われた。新入生は数学、物理学科各九人、化学科八人、合計二十六人（定員三十人）。大正になると前例がないと異を唱える文部省を押し切って女性受験を認め、三人の日本初の女子学生が誕生した。戦後の学制改革で旧制二高、仙台高等工業、宮城女専、宮城師範、宮城青年師範は包摂されて新制東北大学となる。

現在の東北大片平キャンパス内に仙台医学専門学校（医専）があった。東北大学医学部の前身で、中国の文学者魯迅（一八八一〜一九三六）が学んでいたことでも知られる。

履歴がややこしい学校で、明治初期、中目斉、石田真が中心になって南町に設けた共立舎病院と医学教育の付属学舎がルーツである。明治十六年（一八八三）県立宮城医学校となり、卒業生は無試験で内科、外科の開業免許が与えられた。

同二十一年、第二高等中学校（後の旧制二高）が開設されると同校の医学部医学科、薬学科となり、同三十四年には独立して仙台医学専門学校に。同四十五年、東北帝大に包括され、後に北四番丁の県立宮城病院は東北帝大医学専門部付属病院となった。

東北学院は六人の生徒で発足

東北最大の私学・東北学院大学は片平のすぐそばにありながら、住所は土樋（昔は南六軒丁）となっている。幼稚園、中、高校、人文、社会、自然科学系の学部と大学院を市内や多賀城に擁する総合大学で、最近、清水小路の仙台市立病院跡地を買収してキャンパスを本部のある土樋付近に集約する動きがあるようだ。

創立は明治十九年（一八八六）五月、押川方義（まさよし）によって「仙台神学校」が木町通北六番丁に開設された。キリスト教の伝道師を養成するための学校で、教師は押川と米国人宣教師ウィリアム・E・ホーイの二人、生徒はわずか六人だった。

その後東二番丁南町通の土地を購入して仙台教会とともに移転、同二十四年には東北学院と改称して一般の生徒も受け入れて中等教育を担うことになる。大正十五年（一九二六）に現在の本拠地である南六軒丁の旧重臣屋敷を買収して鉄筋三階建ての専門部が完成、戦後新制大学になった。

両キャンパスに明治の建造物

二つの大学のキャンパスには歴史的建造物が残っている。敗戦間際の空襲で片平の東北大は本部など一部が焼失したが、残った建物も多い。その保存を訴えて活動した青葉区霊屋下、桜井久美さんから以前「今、仙台に残っている歴史的な建物の過半数は片平が占めているのではないかしら」とうかがったことがある。桜井さんたちは活動のひとつとして「片平キャンパス界隈お散歩マップ」を制作、後世に伝えたい近代建築として二十一の建物をカラー写真付きで掲載、PRした。

古い順の並べると、▽二高物理学教室＝木造、明治二十三年▽仙台医専教室＝木造、同三十七年、魯迅も学んだ▽二高書庫＝レンガ造り、同四十五年▽東北帝大理学部生物学教室＝現放送大学、仙台で最も古い鉄筋コンクリート建設、大正十二年▽同付属図書館＝現在史料館。ルネサンス様式のデザインは片平の近代建築のシンボル、大正十四年――など。平成二十九年、これらは登録有形文化財に指定された。

東北大は当初、市内にある同大の施設を全て青

東北帝大付属図書館。現在は史料館になっている。レンガの壁と白壁、アーチの窓と屋根の上の塔が大正時代を感じさせる（村上）

重要文化財に指定されたデフォレスト館「東北学院旧宣教師館」（志賀）

葉山に移し、片平は売却する計画だった。「歴史的建造物のある片平は残して」という市民の声に押されて計画を変更、片平の土地二十三ヘクタールは残ることになった。

一方、東北学院講内には旧専門部校舎、ラーハウザー記念礼拝堂のほか、明治二十年（一八八七）に建設した外人住宅が残っている。宣教師として来日、東華学校で教えていた米人J・H・デフォレストの住宅「シップル館」で、木造二階建て。一、二階前面にベランダを設け、菱組天井を設けるなどわが国に残る外人宣教師住宅の初期のものとして数少ない建物である。平成二十八年、国の重要文化財に指定された。寺社建築以外で重要文化財に指定されたのは仙台では初めて。

（平成三十年十月号）

水田潤す 六郷、七郷堀

江戸のころ、仙台城下を「四ツ谷用水」が網の目のように流れ、これとは別に穀倉地帯・仙台平野が広がる六郷、七郷地区には「六郷堀」「七郷堀」が流れていた。「四ツ谷」は主として生活用水だったが「六郷」「七郷」は灌漑用に使われ、今も現役として活躍している。

この三つを「仙台三堰」と言い、「郡山堀」を加えて「四堰」と呼ぶ人もいる。このほか、名取川から富沢、西多賀、鹿野、根岸を経て広瀬川に注ぐ「木流し堀」があった。こちらは名取川上流の秋保や太白区山田山周辺から大量に切り出された薪や木炭を運ぶための運河であった。

六郷、七郷地区は、私にとってなじみの薄い土地である。かつての八木山の所有者「紅久」の八木家から「六郷、七郷には戦争が終わるまでたくさんの小作地があり、出来秋には新米を積んだ馬車が列をなして蔵にきたものだった」と聞かされたことを思い出した。

戦前、仙台の大地主は伊沢平左衛門（三百五十町歩）、八木久兵衛（百九十五町歩）、佐々木重兵衛（百五十町歩）のほか、五十町歩以上の地主が四人いた。戦後の農地改革で不在地主の農地は小作人に売り渡された。

愛宕堰から二手に分かれ

六郷、七郷堀の取水口は広瀬川の左岸、愛宕橋と宮沢橋の中間にあり、「愛宕堰」と呼ばれている。現場に行ってみると広瀬本流から勢いよく流れ込んできた水は、少し進むと二手に分かれ、直進しているのが七郷堀、トンネルになり南側に曲がるのが六郷堀である。取水の比率は流域面積に応じて六郷三五％、七郷六五％。

取水口から若林区役所までの七郷堀を歩いてみた。距離にして一・七キロはあろうか。どこまで行ってもきれいな水が流れていた。南染師町の真ん中を通り、文化町、六十人町を東に進みＪＲ線をくぐると間もなく区役所にたどり着く。この間ずっと市街地が続いている。

文化町に住んでいる方から「昔は一面畑だった。住宅街になるなんて想像もしなかった」という話を聞いた。堀は区役所から二方向に分かれ、宮千代、卸町を経て梅田川に注ぐ高砂堀、中倉、遠見塚などを通る柳堀、仙台堀などに分かれる。

一方、六郷堀は河原町で地下を通り、ＪＲ線をくぐって地上に出て、江戸時代、伊達政宗の屋敷があった宮城刑務所まで流れ、これをぐるっと回って国道バイパスの下を通り、沖野や飯田の水田地帯へ細分化している。

若林区まちづくり推進課は「堀ＤＡＹマップ」をつくって「徒歩や自転車で堀のある風景を探しに出かけよう」と呼び掛けている。

取水めぐって流血沙汰も

太平洋戦争が開戦する少し前の昭和十六年（一九四一）三月、旧六郷、七郷村は岩切村とともに仙台市に合併した。それ以前、六郷は名取郡六郷村、七郷は宮城郡七郷村に属していた。そればかりか伊達政宗がこの地を治めるまで六郷は粟野氏、七郷は国分氏が支配していたので隣村ながら住民の気質から家屋のつくり方まで違い、両村はあまり仲が良くなかったという。

二つの農業用水は政宗が青葉山に築城する以前から流れていたようである。仙台藩が江戸初期の正保二年（一六四五）、幕府の命令で作成した最古の地図「仙台城絵図」に二つの農業用水のようなものが薄っすらと描かれている。堀の拡張と大掛かりな開田が進むのはそれ以降であろう。

二つの堀の取水口は昭和二十九年（一九五四）まで別々になっていた。七郷堀取水口の五十メートルほど下流に六郷堀の取水口があった。水田を耕すために水は欠かせない。春の田植え時、必要なだけの水が流れ込まなくてはならない。上流で水を取り入れ過ぎると下流では水不足になってしまうので、水争いが絶えなかった。勝手なことをさせないためにクワやスキを持って大勢の農民が水口を守った。これが基になって流血沙汰になることもあった。

農民は日ごろから水路を直し、川底の堀さらいを怠らず、大事にしてきた。江戸中期の寛永三年（一七五〇）、霞目（現若林区）出身、後に横綱となる谷風は舟丁あたりで七郷堀の泥さらいを手伝っていた。（堀にかかる橋の架け替え工事という説もある）十六歳の若者である。仙台興業を終えて江戸に帰る途中、たくましい働きぶりを見た関ノ戸億右衛門（伊勢ノ海部屋）にスカウトされて大相撲入りし、「相撲再興の祖」と言われるまでに出世する。

二十六年間の力士生活中、戦うこと二千七百六十四回。負けたのは四回だけだった。ただ強いばかりでなく、人情味あふれる人格者だったらしい。日本相撲協会の諮問機関、横綱審議委員会委員長も務めた一力一夫河北新報社会長から以前「角聖と言われた人でね。土俵態度が立派なだけでなく人格高潔、識見に富む人だった。格調ある字を書いているし、和歌もたしなんだという。『谷風の前に横綱なし、谷風の後に横綱なし』という言葉もある。これほどたたえられた力士はほかにいないんじゃないかな」とうかがったことがあった。

七郷堀沿いには南染師町という名が残っているように江戸時代から染物屋の町であった。染め工場の庭の干し場では布地が風にたなびき、七郷堀

若林区民ふるさとまつりの一環として行われた七郷堀の探検ツアー（志賀）

の清流では染めた反物を洗っていた。昭和四十年代後半から堀での布洗いは中止し、染め工場内で処理している。今も数軒の染物屋があり、工程はほとんど手作業。扱うのは半纏（はんてん）、手ぬぐい、のれん、タオル、神社などののぼり、旗、横断幕、風呂敷、タオルなど。インターネットでの注文が多いという。

年中水が流れるように

七郷掘流域は住宅街の広がりでマンションや住宅が増えた。そうなると堀に水が流れているうちはいいが、農閑期、雨が上がると汚物が乾き、枝にぶら下がって悪臭を放つ。住民から区役所に苦情が寄せられ、「いっそ堀にコンクリートでふたをしたら」という声も出るようになった。平成七年（一九九五）のことである。

近くの女性グループが半年かけて調査し、「年間を通して水を流したらどうだろう」と提案する。取水源の広瀬川を管理する東北地建（現国土交通省東北整備局）は「水量が減るとほかの利水者に迷惑がかかる」と了承しない。地域の町内会が連合で動き出し、市や県、それに堀の下流域で水利権を持つ土地改良区とも話し合った結果、東北地建も態度を軟化、通年通水した場合の水量への影響調査を何度も繰り返し「小量なら問題なし」となった。

仙台市は「環境水利権」という新しい概念を打ち出し、国と県に働きかけ平成十七年、農業用水路としては全国で初めて、六郷、七郷掘に非かんがい期の環境目的の水利権を県から取得した。こうして年中水が流れ、景観は守られ、堀ではさまざまな催しができるようになった。

堀の魅力を発信する「六・七郷堀サポーターズ」が同十八年結成され、六郷、七郷掘の歴史や環境・景観、暮らしとの関わりなどを調べている。スタッフは年齢、職業も様々だが毎月一回集まって堀の観察、役割を伝える活動をしている。農業用水の中を長靴はいてバシャバシャ歩く「堀なか探検ツアー」もその一つである。

城下で最南端の町々

藩政期、仙台城下の最南端は河原町（若林区）であった。伊達政宗が晩年、近くに若林城を建てて移ってきたので、河原町には中心部から大店が移って来て活気ある町になった。

城下の境に当たる広瀬川河畔の街道筋に仙台藩は「丁切（ちょうぎり）」と呼ばれる木戸を設け、朝夕開閉する木戸番も置いた。旅行者はこの門をくぐり、時代によって徒歩や舟で、長町橋（現広瀬橋）ができるとそれを利用した。

今なら東京へは新幹線で二時間足らずのひとっ飛びだが、当時の旅は大事業だった。出たきり帰らぬ人もいたので、旅人たちは橋のたもとの「旅立稲荷明神」（若林区若林二丁目）に参詣して旅の安全を祈願し、河原で家族と酒を酌み交わし、心を引き締めて出発したという。

河原町隣の新河原町には五軒の茶屋が軒を並べていた。参勤交代のため城を出た藩主は、旅立稲荷に参拝する前に、まず茶屋で休憩した。「五軒茶屋」の地名は赤壁，観水楼、対橋楼、お百茶屋、菊六の五軒が並んでいたことに由来する。「ともに政宗のころからのもので、藩主が参勤交代のおり、先駆が長町で休むときに藩主は赤壁で休み、近侍の者たちはほかの四軒で休憩した」と郷土史家、菊地勝之助さんの書いたものにある。

このうち対橋楼と観水楼は明治時代まで営業していた。観水楼は昭和初期に閉めてしまったので対橋楼だけが残り、「割烹・五軒茶屋」の名で平成元年（一九八九）まで営業した。末裔が青葉区片平で料亭「対橋楼春風亭」を経営している。

何の集まりだったか忘れたが、昭和三十年代後半、広瀬川が望める五軒茶屋の座敷で民謡「さんさ時雨」を聞いたことがあった。今回調べて分かったのだが、歌ってくれたのは多分、高橋みつさんだったろう。愛称「おみっちゃん」。昭和二十六年（一九五一）、仙台を訪れた作家の坂口安吾は、「仙台には美人がさっぱりいない」などと発言して物議をかもしたが、みつさんの歌う民謡にはすっかり魅了されて「素晴らしい」を連発、安吾にほめられたただ一人の仙台人と話題になった。

みつさんは五軒茶屋の仲居時代、「さんさ時雨」「仙台大津絵」の歌い手として土井晩翠などに愛された。日中戦争が始まると、郷土出身兵士の慰問団として中国へ。もちろん戦後になってからだが、七十五歳を過ぎて鶴ケ谷にある特別養護老人ホームで生活していた。平成十二年（二〇〇〇）九十四歳の生涯を閉じる。「私にできるのは芸事で他人さまに喜んでもらうことだけ。出演の前の晩は、お化粧が乗らなかった夢を見たりして眠れないことが多かった」と生前語っていた。

城下南部の中心街、河原町

河原町には江戸のころから青物市場があった。長町に市場が開設されるのは明治十二年（一八七九）になってからなので河原町は大先輩に当たる。近郷の六郷、七郷などの農家から新鮮な農作物が市場に持ち込まれた。それだけでなく、商店や卸問屋が立ち並ぶ城下でも有数の商店町となり、七郷堀の清流を利用した染め物を中心とした職人の町でもあった。

明治以降も河原町は国分町、大町と並んで南部の中心街として知られ、蔵が立ち並ぶ地主の多い町だった。明治初期の仙台の地価は大町一丁目と河原町が同額の反（三百坪）当たり三百三十円、東一番丁はたった三十円という。

仙台市元収入役針生寅次郎さんはエッセー『河原町の歳の市』で、正月用品のほか食品、小間物、だるまなどが並び、六郷、七郷はもちろん長町、閖上、富沢から多くの人が集まり、広瀬川の河原にはサーカスの小屋もかかったと述べている。

太平洋戦争末期の空襲で市中心部は焼失したが、このへんは戦災を免れ、古い家屋がさほど多くはないが残っている。仙台市は街の景観形成に役立つ建物七件を「杜の都景観重要建造物」として指定した。うち五件は南材木町、河原町、舟丁に集中している。最近南材木町の旧針惣（はりそう）旅館も指定された。同町にはこのほか小林薬局、旧丸木商店、河原町に旧仙南堂薬店、舟丁には石橋屋がある。ちなみに残りの二件は通町の横山味噌醤油店と堤町の佐大商店登り窯。

藩政時代の面影が残る河原町、南材木町、舟丁の魅力を発信しようと、河原町商店街振興組合は「まち歩きマップ」をつくり、ツアーを開き市民や観光客に町の良さを体感してもらっている。

先日、この催しに参加し、間口が狭くて奥行きの長い商店や、昔ながらの土蔵を見ることができた。まち歩き実行委員長の金城慶三さんは「この町は歴史的建造物が残る一方、お好み焼き、油そば、焼き鳥、喫茶店、すし、ケーキの店などもあって、古さと新しさが混在した魅力がある」とＰＲしている。

古い町名が残っているぞ

仙台市では新住居表示により昔からの町名の多くが消滅した。長い間仙台に住んでいても青葉区中央とか本町と言われたって仙台駅の近くだろうと推測するぐらいで正確な場所は見当がつかない。その点、河原町から荒町にかけては懐かしい町名がうらやましいほど残っている。

列挙すると、八軒小路、新弓ノ町、畳屋町、穀町、南石切町、南材木町、南染師町と由来が分かるような町名がいっぱい。その北側には東七番丁、東八番丁、東九番丁、五十人町、六十人町、三百

「杜の都景観重要建造物」の一つ舟丁の石橋屋（志賀）

人町、元茶畑、裏柴田町、表柴田町、成田町、控木通、保春院前丁、南鍛冶町、荒町――などがある。

どうしてここだけ残ったのだろう、前から不思議に思っていたが、そのわけが分かった。荒町商店街振興組合の理事長をしていた出雲幸五郎さんが「町名は文化財だ」と真っ先に異論を唱えて賛同者が増え、市は実施を断念したというのである。（河北新報）

出雲さんは地元荒町の生まれ。文具店を開業する傍ら独創的なアイデアで街のかいわいを活気づけた。仙台フィルハーモニー管弦楽団を招いて星空コンサートを開いたり、戦争の風化を食い止めようと仙台空襲の体験を伝え続けた。平成二十九年九月、八十六歳で死去。出雲さんは藩政期から続く素晴らしい町名を残してくれた。

同じような例として、X橋の項でも触れた駅東第三次区画整理事業区域の鉄砲町、二十人町、名掛丁などがある。市の原案では全体が榴岡何丁目になる予定だった。町内会では「町名が無くなれば文化も消えてしまう」と新町名反対の賛同者が広がる一方、「全町名を残すのは難しいならば不公平だから全て新しく」との意見もあり、町内会内や市の担当者と何度も話しあった結果、平成二十七年（二〇一五）、二十一の町名のうち十六を残すことで決着したということである。（朝日新聞）

山を切り開いて造成した新しい住宅団地なら、新住居表示の必要性は分かる。なじみのある古い町名をがらりと変える考え方は適切なのだろうか。

（平成三十年十一月号）

広瀬川を歌った歌こんなにあった

このシリーズの最後は歌の話題で締めくくることにしよう。仙台を歌ったご当地ソングがあまたある中で、「あなたの好きな歌を二つ」と言われたら、なにを選びますか。私だったら迷わず、「青葉城恋唄」と「ミス・仙台」に軍配をあげる。発表された時期はずいぶん離れているが、二つの歌には、仙台の四季を背景に、若き日の恋の思い出を懐かしむ青春挽歌という共通項がある。もちろん歌詞には広瀬川が登場する。

「青葉城恋唄」

一、広瀬川流れる岸辺
想い出はかえらず
早瀬おどる光に
ゆれていた君のひとみ

昭和五十三年（一九七八）五月、レコード化されるとたちまちミリオンセラーとなり、この年の紅白歌合戦でも歌われた。発売の翌月に宮城県沖地震が起き、多数の死傷者が出て被害の様子が全国に伝えられた。地震を乗り越えてほしいと願う「復興ソング」の意味合いを持つ歌でもあった。

歌のきっかけは、NHK仙台放送局のFM番組でディスク・ジョッキーをしていたさとう宗幸さんのもとに、当時仙台に住んでいた石巻市出身の星間船一（本名星捷一）さんから詩が寄せられたことに始まる。「一読して、仙台の情景と切ない心情をつづった歌詞が琴線に触れ、一気に五分ほどで完成しました。多くの人に愛される曲は、あっという間にでき上がることを実感しました」と宗幸さんは語っている。（河北新報）

この歌、平成二十八年（二〇一六）七月からJR仙台駅新幹線ホームの発車メロディーに使われている。仙台市の音楽家榊原光裕さんの編曲、仙台フィルハーモニー管弦楽団が演奏している。

まるで市民歌のように

「ミス・仙台」

一、森の都の花乙女
　月に棹（さお）さす広瀬川
　若きひと夜の恋ごころ
　仙台　仙台　なつかしや

「青葉城恋唄」からさかのぼること四十二年前の昭和十一年（一九三六）夏、日本コロムビアから「ミス・仙台」は発売された。中国と戦争が始まる前年である。西條八十作詞、古関裕而作曲。何度もレコード化され、これまで二葉あき子、二代目コロムビア・ローズ、島倉千代子、地元のすがいかよ、美波京子の五人が歌っている。

古い歌だから知らない人が多いかもしれない。お聞きになりたい方は、毎年、七夕まつりでにぎわう繁華街の街頭スピーカーから流れてくる。発売と同時にまるで市民歌のように熱狂的に歌われた。戦後もブームは続き、経済人の集まり東北経済倶楽部ではまずこの歌を全員で合唱してから会合が始まった。

本当の作詞者は西條八十ではなく地元の新聞記者説とか、戦時中から戦後にかけて同じ歌が「仙台音頭」という別の題名で歌われていたなど、なんとも謎に満ちた歌で、私はそれを調べて平成十七年、『流行歌「ミス・仙台」』（河北新報出版センター）を上梓した。

仙台を歌った歌の数は？

「ご当地ソング」は、その町の地名や山川、観光地、名物などを織り込みながらつくられる。住んでいる人に親近感を抱かせ、他の地域の人に「一度行ってみたいな」とあこがれを起こさせればしめたものである。

仙台の「ご当地ソング」はどのくらいあるのだろう。収集家として知られる太白区東郡山、高橋俊秋さんから以前、「レコード、CDのコレクションは二百曲以上持っています」とうかがったことがある。

TBC東北放送は平成元年（一九八九）四月、仙台市の政令市移行記念番組として仙台にゆかりのある歌を百曲選んで、その一部を放送した。題名で最も多いのは当然ながら「仙台」と名のついた歌で四十七曲、次いで「伊達政宗」を冠したものが十一曲、「広瀬川」は九曲であった。三部門を合計すると全体の六七％を占め、ご当地ソングの双璧は「政宗」と「広瀬川」ということになる。

このうちタイトルに「広瀬川」が入っている歌には次のものがある。カッコ内は歌手名。

「広瀬川」二曲（瀬戸杏子・ジェームス三木）「広瀬川哀歓」（三笠純一）、「思い出の広瀬川」（北野佑）、「広瀬川慕情」二曲（みかみけいこ・野路由紀子、八代亜紀）、「雨の広瀬川」（花京院しのぶ）、「広瀬川恋唄」（祐子と弥生）、「初恋の広瀬川」（藤和也）。このほか歌詞の中に広瀬川が入っている曲は「仙台慕情」（花京院しのぶ）「仙台の女（ひと）いつまでも」（すがいかよ）など数多い。

仙台のご当地ソングを広めよう

若林区中倉、日本専売公社（現日本たばこ）元職員島栄一さん（八十五歳）は定年退職後、「ご当地ソング」に興味を持ち、名刺の肩書に「仙台ゆかりの歌を広める会代表」と印刷するほどの熱の入れようである。

島さんは「よくカラオケに行きますが、仙台に

いろいろの歌に取り上げられている広瀬の清流（志賀）

ちなんだ歌は『青葉城恋唄』ぐらいしかない。せめて『ミス・仙台』は置いてほしい。仙台を歌ったいい歌がたくさんあるのに全く無視されているのは残念です。山口県下関市では市教委が中心になって昭和初期のレコードから地元関係の歌を復刻して保存していると聞きます。仙台市でもなんとか保存することはできないものでしょうか」と訴えている。

　当然ながら市内の多くの学校の校歌にも広瀬川は登場する。その頻度の高さ半端ではない。広瀬川の入った部分を引用すると―。

　▼音さえ清し広瀬川（八幡小）▼昼夜を分かぬ広瀬川（東二番丁小）▼青葉の山と広瀬川（木町通小）▼俯せば流れも広瀬川（立町小）▼青葉の山に広瀬川（片平丁小）▼広瀬の流れ空の青（荒町小）▼みなもと遠き広瀬川（長町小）▼広瀬名取のあうところ（六郷小）▼広瀬川せせらぐ音に（折立小）▼広瀬の清きせせらぎに（一中）▼広瀬の川のせせらぎに（二中）▼流れも清き広瀬川（六郷中）▼霧晴れわたる広瀬川（愛宕中）▼青葉広瀬をまのあたり（尚絅学院）▼青葉の山広瀬

の流れ（二高）▼千古に清き広瀬川（県工）▼広瀬の川の一筋に（一高）▼清き流れの広瀬川（宮農）▼広瀬川流れのほとり（仙台城南高）▼青葉山と広瀬の水と（常盤木学園）―など。

丹念に調べたらもっとあるかも知れない。広瀬川のそばにあった学校がよそへ移転しても「広瀬川は市全体の川だと思っている」「いい歌だから残したい」とそのまま歌っているところもある。

まとめみたいなもの

百万都市の中心部を流れながら、豊かな緑、多くの野生を残す広瀬川は、「仙台のシンボル」と市民ご自慢の川である。清流にはアユがおどり、カジカガエルの美しい声が響き、秋になるとサケが上ってくる。今回の連載では、岸辺に営む人びとの暮らしや歴史といったものを中心に、エピソードを交えながら描いてみた。さぞや読者の皆さんの関心は高いだろうと思ったが推測は外れ、反響はあまり多くなかった。

なぜだろうと考えた。今、広瀬川では昔のように子どもたちの泳ぐ姿は見られない。薪を運ぶ木流し風景を知っている人はもちろんいないだろうし、大雨のたびに洪水を心配することもなくなった。

昔の広瀬川は仲間が一緒に遊ぶ川、生活必需品に直結した川、自然災害におびえる川だった。それが今では川との付き合いを考えなくても生きていけるようになった。夏は釣り人が、冬は飛来した野鳥を撮影するカメラマンの姿を見かけたりするが、遊歩道の普段の人通りはさほど多くはない。川への関心は自然希薄になり、遠くから清流を眺めるだけ。「市民自慢の川」とか「仙台のシンボル」と言っても、それは傍観者としての広瀬川にすぎない。

洪水に悩まされることがなくなってつい忘れがちだが、山と河川の整備、管理は国土を治める根本理念である。異常気象がとみに目立つ昨今、警戒を緩めることはできない。

昔、川が氾濫するのは大体、台風がやってきて猛烈な降雨に見舞われた後と相場が決まっていた。戦後、大きな被害をこうむったのは、米国女性の名で呼ばれていたカサリン（昭和二十二年）、アイオン（同二十三年）、キティ（同二十五年）

台風のときであった。

今は違う。季節に関係なくある日、突然経験したこともないような集中豪雨が長時間、同じ地域に降り注ぎ、あっという間に河川氾濫、土砂崩れが多発する。中国、四国地方での「平成三十年七月豪雨」、その前年、岩手県岩泉町安家地区では、清流安家川が暴れて流域に甚大な被害を出したことは記憶に新しい。しかも、そのような状況がいつ、どこで起きるか、誰も予測はつかない。

もう一つ、一時期の汚れた川が、行政や市民の努力でやっときれいな川に戻った歴史を忘れてはならない。環境浄化を今後も進め、維持して行く必要がある。そのためには、市民と川との付き合いをもっともっと密接に、「おらほ（おれたち）の川」にしなければならない。このシリーズを取り上げながらそんな感想を持った。


（平成三十年十二月号）

青葉山・川内の四代

難攻不落の仙台城

青葉区川内と青葉山は、市内有数の文教・風致地区として知られている。観光客でにぎわう仙台城跡だけでなく、東北大、宮城教育大キャンパスのほか県美術館、市博物館、それに東北大植物園、仙台市青葉の森といった広い緑地帯もある。

今のような平和な姿になるのは、六十年ほど前のことで、それ以前は、江戸時代の仙台城→明治維新後は陸軍用地→太平洋戦争に敗れると三沢と並ぶ北日本最大の米軍キャンプというように、日本史を読んでるように所有者は変わった。「X橋は見た」の項と合わせて読まれると余計理解が進むだろう。

青葉山を仙台藩の居城に決めたのは徳川家康である。慶長五年（一六〇〇）、天下分け目の関ヶ原合戦で伊達政宗は家康に味方し、会津の上杉景勝を牽制した功績により岩出山五十七万石から仙台六十万石に加増される。（後に常陸、近江に各一万石加増）

仙台城は標高一三二メートルの山上に築かれた典型的な山城で、前面に広瀬川、南側は深さ約七十メートルの竜ノ口峡谷に守られた難攻不落の城であった。

慶長十五年、仙台を訪れたスペイン、当時のイスパニアの使節セバスチャン・ビスカイノは『金銀島探検報告』の中で「（仙台）城は日本で最もすぐれ、堅固なるものの一つにして、水深き川に囲まれ、断崖百身長を超えたる厳山に築かれ、入り口はただ一つにして大きさ江戸城と同じ。城から町を見下ろし、海岸を望むべし」と書いた。

本当にほしかったのは榴岡

「政宗はこの城が好きではなかったらしい」郷土史家三原良吉さんの説である。政宗は若いころから機動戦が得意な上、城などは頼みにならぬというのが持論だった。城の候補地として石巻・日和山、榴岡、青葉山の三カ所を家康に示したが、本当にほしかったのは榴岡で、「政宗の夢は平地の榴岡を中心に都市を環状式につくり、その東方に展開する仙台平野と太平洋をにらんでいた」と三原さん。

政宗の都市づくりは慶長六年から始まった。仙台城から広瀬川に架かる「仙台橋」（現大橋）を渡ると東西幹線（大町、新伝馬町）に接続し、芭蕉の辻で南北幹線（国分町、南町）の奥州街道と交差していた。城に近い片平丁と川内、中島丁には重臣屋敷を配し、さらに東方向に東一番丁から九番丁まで、北は北一番丁から九番丁まで武家屋敷が置かれた。中心地を平士（将校）屋敷、その外側を組士（下士官）屋敷、城下周辺に足軽（兵卒）の集団を置いた。

芭蕉の辻を中心とする商店街は二十四あり、大町、立町、南町、肴町、柳町、荒町の六町は御譜代町として様々な特権を持っていた。このほか、侍の住宅地を丁、足軽と町人の居住地を町と区別していることは広く知られている。

天守閣はつくらなかった

仙台城は天守台の名で親しまれる本丸、現在の東北大萩ホール付近に置かれた二の丸、市博物館の三の丸に分かれる。石垣は入口の大手門跡、本丸、三の丸、清水門などに配置され、石垣に使った約一万個の石は国見峠、三滝などから産出した安山岩で、牛にひかれた地車と修羅により運搬された。

小林清治福島大名誉教授は、「石垣づくりには古くからの村人も、新しい仙台城下の人も、十五歳から七十五歳までの男は、朝早くから夕方まで毎日一軒からひとりずつ働きに出された。米どころでありながら農民は自分のつくった米は武士に納めてろくに食べることもできず、ヒエや麦、豆を食べ、住まいは土間にむしろを敷いた小屋であった。華やかな伊達文化、城づくりの裏面にはこのような現実があったことも忘れてはならない」と言う。

本丸の完成は着工から十年後。紀州の匠（たくみ）刑部左衛門国次が全力をふりしぼった桃山様式の豪華けんらんたる建物が出現した。大広間は畳二百六十枚分あって年末年始の儀式、全国からくる大名の使者、南蛮人との謁見など迎賓館の役割も果たした。藩主の料理を調理する部屋、藩主

城の高台には京都の清水寺を思わせる数寄屋づくりの書院があった（村上）

の子息の元服に使う部屋、一段と高くなったところに天皇を迎える帝座の間もつくられたが、これを使う機会はなかった。

政宗騎馬像のあたりには数寄屋造りの眺望亭と呼ばれた書院が建てられ、ここから城下を望むことができた。崖に張り出すように建てられ、長い柱で床を支えていた。

仙台城に天守閣はなかった。護国神社わきの高台は城の図面では「天主台」とあり政宗は五重の天守閣をつくる計画があったが中止される。城が高台にあるので必要なかったとか、幕府に配慮したためなどの説がある。天守台をつくりながら天守閣を建てなかった例は、盛岡城、唐津城、佐賀城など外様大名に多いそうだ。

「なんにもないお城」と言われて

平和な世が続くと、軍事的に見ても山城はあまり意味がなくなる。仙台城本丸にたどり着くまで八百メートルの急坂を毎日登らなければならないし、住まいとしても藩政をつかさどる館としてもいかにも不便である。二代藩主忠宗は寛永十五年（一六三八）幕府の許可を得て城の下に二の丸造営を始

正面入り口にあった豪華な大手門、左は隅櫓。いずれも戦災で焼失したが、隅櫓は有志の寄付で再建された（村上）

め、本丸にあった大広間などを除き二の丸に移された。

そのころ城の入口に大手門がつくられた。「城山御殿の門」と呼ばれ、幅二十《メートル》、二階建ての広壮な門で、豊臣秀吉が朝鮮出兵の時、九州・肥前の名護屋（現佐賀県唐津市）に築いた城門を政宗が拝領したと言われる。解体して海上輸送し、一時江戸藩邸に置いた後で仙台に運ばれたという説がある。

昭和六年（一九三一）、大手門は隣接する隅櫓（すみやぐら）とともに国宝に指定された。太平洋戦争末期の空襲で二つとも焼失。戦後の昭和四十二年十二月、隅櫓だけが復元された。

仙台市は平成十七年（二〇〇五）、大手門、巽（たつみ）門を含めた仙台城跡整備基本計画を策定している。同二十九年当選した郡和子市長も大手門復元を重点政策に位置づけたので機運は高まっている。

ただ、実現までには多くの問題を抱えている。大手門が復元されると、仙台城跡、太白区八木山へ向かう車は門の高さの関係で制約を受ける。八木山までの道路は、東北大川内キャンパスから地下鉄八木山動物公園駅付近を経て橋立までの都市計画道路川内旗立線があるのだが、二百億円超とみられる膨大な事業費がネックになり、川内——八木山動物公園前の約三キロで着工の見通しが全く立っていない。さらに、大手門復元に必要な工事費（二十億円超？）をどう捻出するのか、市は市庁舎建て替えと音楽ホール建設の二大事業を控えているので、今すぐ予算化する余裕はない。

明治維新まで、城は本丸、二の丸とも完全な形で残っていた。本丸は陸軍によって取り壊され、一部は兵舎建設の材料にされた。二の丸は陸軍第二師団司令部、歩兵第三旅団司令部として使っていた。明治十五年（一八八二）九月七日、追廻練兵場で西南戦争戦没者慰霊祭が行われたとき、打ち上げ花火が不発のまま風に流されて二の丸大殿舎の屋根の上に落下して爆発、あっという間に部屋数五百余の広壮な建物は焼失した。

在りし日の姿を忍ぶことができるのは石垣と復元された隅櫓ぐらい。訪れた観光客から「なんにもないお城」という感想をよく聞かされる。

陸軍第二師団の根拠地

明治の初めから太平洋戦争に敗れるまでの約七十年間、青葉山、川内一帯は陸軍が使っていた。幕末まで昔の姿をとどめていた仙台城本丸の建物は軍によって解体され、東北大萩ホール付近にあった二の丸は東北鎮台司令部を経て第二師団司令部になるのだが、火災でほとんど焼失、その後再建された。そのことは前に触れた。

県内の陸軍用地は川内だけではない。仙台では主要家臣の屋敷が並んでいた片平丁一帯が軒並み接収され、榴岡公園、宮城野原、台原、宮城県内では王城寺原、鳴子など二十四カ所に上った。明治初期、仙台市内の土地の約一割は陸軍用地という異常さだった。

仙台は「学都」と並んで「軍都」と呼ばれ、学生と軍人の多い町であった。明治中期、政府は徴兵令を施行し、対外戦争を主眼とする師団に編成替えする。東京の第一師団から熊本の第六師団まで全国に六つの師団を置き、仙台には第二師団が設けられた。師団というのは独立して戦闘ができる各兵科を備えた集団のことで、戦時と平時でも異なるが九千から一万数千の兵を擁した。「軍都」と言われた由縁である。

これが仙台の軍隊地図

川内地区には次の各部隊の兵舎があった。時期によって変動があり、これは明治～大正にかけての状況である。

▽東北大萩ホール付近＝第二師団司令部、歩兵第三旅団司令部、仙台連隊区司令部▽仙台国際センター＝工兵第二大隊▽地下鉄東西線国際センター駅北側（前の仙台商）＝兵器支廠▽仙台市博物館＝陸軍倉庫▽仙台二高＝騎兵隊▽県美術館＝野砲第二大隊▽東北大川内キャンパス＝弾薬、食糧を輸送する輜重（しちょう）隊第二大隊。明治期は歩兵第二九連隊▽川内公務員宿舎＝軍の刑務所衛戍（えいじゅ）監獄。追廻は練兵場、射的場、青葉山も訓練場として使われていた。

昭和になると騎兵隊は宮城野原に移転、その跡地は仙台二中（現仙台二高）に。東北大川内キャンパスの場所に仙台陸軍教導学校が設置され、昭和十八年から陸軍予備士官学校と改称する。

フリーライター西大立目祥子さんの祖父は戦前、西公園の向かい側でタクシー屋を経営していた。祖父が残した日記には「広瀬川の西方一帯は全部軍の施設で『兵隊屋敷』と呼んでいた。大橋付近は兵隊相手の飲食店や土産物店。追廻は広い演習場で、どんな日でもここで兵隊の教練が行われていた」とある。

軍の経済効果は大きかった

榴岡には師団の主力・歩兵第四連隊が置かれた。（『X橋は見た』の項参照）このほか、昭和二十年時点では東二番丁に憲兵隊、三神峯に陸軍幼年学校、霞目に少年飛行学校など。付属施設として宮城野原に陸軍病院、原町苦竹、幸町に陸軍仙台造兵廠、多賀城に海軍工廠、船岡に海軍火薬廠を持っていた。敗戦直前、仙台赤十字病院は海軍病院と改称された。明治初期には鷺ケ森、貝ケ森（現青葉区）、砂押（現太白区）に火薬廠、向山（現太白区）には陸軍墓地があったという。

仙台にとって軍の経済効果は大きいものがあった。入営前や面会の家族で旅館はにぎわい、日曜日の繁華街や映画館は軍服を着た兵隊であふれた。小さいころ、伯母に連れられて文化キネマで映画「愛染かつら」を見に行ったとき、隣の席に座っていた兵隊さんが南京豆（ピーナッツ）をポリポリ食べながら見ていたのを覚えている。貴重な休息の時間だったのだろう。

軍関連の商売は「御用商人」として米や麦、酒、缶詰などの保存商品、馬具、帽子、下着や時計など売り上げを伸ばした。入隊、徐隊の際の記念品、土産品などを売る店も繁盛、「軍隊が市内に落とす金は少なく見ても一カ月二百五十万円以上になり、軍隊がいないと仙台の経済は三分の一以下になる」と河北新報（明治三十九年七月十一日）は報じている。

二師団、すべての戦争に参戦

戦後の平和な時代と対照的に、戦前の七十年は戦争の連続であった。当時の呼称に従うと日清戦争、日露戦争、満州事変、日支事変（日中戦争）、大東亜戦争（太平洋戦争）と続き、第二師団はすべての戦争に参加、しかも激戦地ばかりだった。

日清戦争で第二師団は台湾を占領し、日露戦争では陸軍最大の激戦地となった奉天（現瀋陽）会戦で勝利した。満州事変の発端となった奉天郊外、柳条湖の鉄道爆破事件では第二師団将兵約三百人が戦死、後に続く日中戦争、太平洋戦争最初の戦没者となった。

昭和十二年（一九三七）、中国と戦争が始まると、軍縮で廃止されていた第一三師団が復活し仙台、会津若松、高田の三連隊のうち第一〇四連隊は宮城県出身者で占め、中国の徐州作戦などに参加した。同十六年、太平洋戦争開戦。同師団はビルマに進出して占領した。

一方、第二師団は第三八師団、四八師団とともにオランダの植民地ジャワ島（インドネシア）攻略作戦に参戦、半月足らずで占領した。従軍した泉区旭ケ丘、元教員高橋武男さんから以前、「数百年間オランダの植民地で圧政に苦しんでいた住民はみんな親切で、オランダ兵はあっちへ逃げたと教えられ、作戦は順調に進んだ。行進中、大勢の農民からヤシの実やパパイヤの差し入れがあった」という話を聞いた。

川内にあった第二師団司令部（村上）

その後、待っていたのはガダルカナル島の悲劇である。飛行場奪還をめぐって米軍と死闘を繰り広げ、七千六百七十一人の戦没者を出している。（『X橋は見た』の項参照）

戦局が厳しくなってきた昭和十九年三月、第二師団の補充部隊として宮城県出身者などで編成された第四一師団は千島列島守備を命じられる。船団を組んで現地に向かう途中、米潜水艦の魚雷で輸送船日連丸と護衛の駆逐艦が撃沈され、約二千人の戦没者を出した。

米軍上陸に備え陣地づくり

戦争末期の昭和二十年（一九四五）になると米軍の日本本土上陸は現実味を帯びてくる。軍は全国で二百五十万人を徴兵し各地で陣地づくりに励んだ。東北地方を担当する第一一方面軍は青葉山の地下壕に司令部を置き、防空を担当する東北軍管区司令部など三つの管理、監督機関が新たに設置された。青葉山から八木山にかけては多くの防空壕や陣地が構築された。

宮城県内に敵が上陸してくるとすれば石巻周辺だろうと想定し、宮城など三県からなる第一四二師団は牡鹿半島から三陸沿岸にかけて防空壕を掘って機関銃を据え、主要道路には戦車爆破用の一人用タコつぼをつくった。青葉区柏木、大内四郎さん（九十一歳）も作業に参加したひとりで、「最初は満州派遣と言われ分厚い軍服が支給された。本土決戦が近いということで志津川湾の見える小高い丘でタコつぼ掘りをした。敵が上陸したらここに入って向かってくる戦車へ爆弾を持って突っ込む訓練だった」。

川内に新設された東部二七部隊（山砲）に入隊した気仙沼町（現気仙沼市）千葉勝衛さんは「服や靴は支給されたが銃や帯剣は中隊に五、六丁程度しかなく全員に行き渡らなかった。訓練も体操や講義だけだった」と敗戦間際の貧弱な装備ぶりを語っている。

敗戦のほぼ一カ月前、仙台は空襲を受けて中心部の市街地の約四割、川内の軍施設の約八割が焼失している。師団で飼われていた六十頭の軍馬が放たれたので、猛火の中、街を駆け回った。

宮城県内の亜炭の歴史を調べている「亜炭香学」（仙台市市民文化財団企画）のグループは青葉山、東北大植物園内のがけ下で軍の施設とみられる地下壕跡を発見、平成二十七年三月、その報告会を開いた。地下壕は三本のトンネル（幅一・八メートル）が並行してつくられ、中央で何カ所も横道と交差していた。

探索した主催者の伊達伸明さんは「地下壕は亜炭坑とは明らかに異なる掘り方で、広い部屋では会議ができる三十坪ほどの広さがあった。排水溝が掘られている部分もあるなど本格的な壕だった」と語っている。米軍の本土上陸に備えて東北地方を守備する第一一方面軍司令部は青葉山の地下につくられたと資料にある。あるいはここだったのかもしれない。

キャンプ・センダイの建設

昭和二十年（一九四五）八月、戦争に負けたわが国は連合国に占領された。「軍都仙台」の象徴とも言うべき川内地区は米軍が接収して広大な駐屯地「キャンプ・センダイ」をつくり、ここを拠点に占領行政を監視した。連合国軍総司令部（GHQ）は絶対的権力を持ち、新憲法制定、財閥解体、農地解放、婦人参政権、学制改革、家族制度など古い日本を次々と壊し、新しい日本が生まれていった。

宮城県には同年九月から十月にかけて約一万の米軍が進駐、空襲の被害を免れた原町苦竹の陸軍造兵廠、多賀城の海軍工廠、榴岡の歩兵第四連隊、霞目の陸軍飛行場など県内の十二の施設を接収して宿舎や物資集積所とした。

司令部は東北帝大キャンパスに？

当時、仙台で最も近代的なビルは昭和十一年に新築したばかりの北一番丁（現青葉区上杉）、仙台地方簡易保険局＝現日本郵政グループ＝である。白亜四階建て二棟のビルは当然のように接収されて東北を担当する第八軍第一四軍団司令部となった。

米軍はここを司令部に決める前に、戦災を免れた片平の東北帝大理学部化学教室の鉄筋ビルを司令部の候補に選んだという。佐武安太郎総長が体を張ってこれを阻止。あわや学問の府に星条旗がひるがえるところだった。東北大元学長の加藤陸奥雄さんからうかがった話である。

このほか焼け残った明治生命、富国生命ビルの屋上ポールには星条旗がはためき、市内にある約六十戸の民間住宅も将校用宿舎として接収された。米ケ袋、西澤潤一元東北大学長宅もその一つである。

占領が終わって返還された家に入ってみて驚いた人がたくさんいた。床の間の柱には白いペンキが塗られ、畳の部屋は土足で上がったので使い物にならない。文化の違いと嘆く前に、返還されただけでも喜ばなければならなかった。

占領軍の施設で働く日本人は宮城県内だけで一万人を超え、職種は通訳、翻訳などの事務職から運転手、大工、理髪師などの技術職、ハウスメイド、コックなどの家庭住宅要員、消防、警備など百二十種に上った。

占領軍の労務関係を担当した県職員氏家一郎さんから「当初は職種によって人が集まらず、旧日本軍から払い下げられたトラックに乗って郡部を宣伝して回った。給料は職種によっても異なるが『一般の日本企業の五割増し』と言われる高賃金だったのでまもなく人出不足は解消した」とうかがったことがある。

東北一の拠点兵営をつくった

昭和二十年暮れ、仙台の第八軍第一四軍団司令部は北海道に移転し、札幌の第九軍と統合する。ところが、そのわずか三カ月後に第九軍司令部はまた仙台に戻って来る。米ソ冷戦の激化により米軍はソ連（現ロシア）に近い札幌に司令部を置くことを敬遠したのだろう。しかも第九軍の担当範囲は北海道、東北から横浜、東京を除く関東、甲信越と広大な地域になった。

仙台の拠点性が高まり、米軍駐屯地「キャンプ・センダイ」の建設が急がれた。川内の旧陸軍用地は戦後、仙台市が戦災復興事業区域に指定し、公園などとして整備する予定だった。広さ約百十万坪。米軍の突然の要求で急きょ指定は外される。これは絶対的な命令で、誰も逆らうことはできなかった。

ダンプカー、パワーシャベル、ブルドーザーなど米軍お得意の機動力を駆使して作業が進められ、十五ブロック総数二百四十六棟の建物が点在する東北一の拠点が見る間に完成した。県は物資不足の中、建設資材や作業要員の調達に追われた。

川内に米軍施設が整備されたのはいつごろだろう。文献を調べても分からない。昨年、東北大の蟹澤聰史名誉教授から、米軍が昭和二十二年に空撮したという仙台の立体写真を見せてもらう機会があった。米軍は同年、このような写真を全国で撮影したという。これを見ると川内地区にはこの時点でたくさんの新しい建物が見られるので、戦

川内の「キャンプ・センダイ」内にあった米軍ゲストハウス（村上）

後二年目には完成していたことが分かる。

米軍が作成した「キャンプ・センダイ」の地図には、第九軍司令部が今の県美術館の西側に当たる公務員住宅の場所に置かれ、周辺に映画館、野球場、現在の東北大川内キャンパスのところには教会、図書館、体育館、電話局、消防、下士官用宿舎、東北大萩ホール周辺には一戸建ての将校用宿舎が点在している。東北大植物園付近には二階建てゲストハウスが二棟建設された。かろうじて戦災を免れた旧陸軍の兵舎七棟もフル活用した。隅櫓の北側に江戸のころからあった中島池はゴルフ場にするため埋め立てられた。

暖房のある体育館に驚き

高校生のころの昭和二十四年（一九四九）、友人の親の紹介で、友人と川内の将校宿舎を訪ねたことがある。軍事拠点というよりは広々とした学園都市、スポーツ公園といった感じで、住宅はすべて白一色に塗られ、窓枠だけが緑色。建物の周辺は一面に芝が張られていた。訪問先の台所には大きな冷蔵庫があり、夫人から出されたコカ・コーラを初めて飲み、居間のソファに置いてあった写真雑誌「ライフ」のきれいな印刷にカルチャーショックを受けた。

日本では食料が十分に行き渡らないころで、冷蔵庫の存在にもびっくりしたが、それよりも中に入っているあふれんばかりの食べものがうらやましかった。米軍の家族は藤崎百貨店の地下を全部使って開設された米軍専用の売店PXで食料を買っていた。もちろん、日本人は立ち入り禁止。

当時、仙台商高でバスケットボールをやっていた長町のAさんは、米軍家族の高校生チームから試合を申し込まれ、川内の米軍体育館でプレーした。同じ高校生なのにずいぶん背丈が大きく圧倒されたことと、冬なのに体育館が暖房で暑かったのを覚えている。暖房の備わった体育館なんてそのころ想像もできなかった。

四カ所に検問所を設けた

太白区緑ケ丘、『仙臺文化』発行人渡邊慎也さんは昭和二十六年（一九五一）四月から八カ月間、川内の司令部で勤務した。前年六月、朝鮮戦争が始まり、米軍が参戦した影響で軍事通信の米兵が不足し、電気通信省（現NTT）から派遣されたのである。

渡邊さんは「キャンプの職場には朝鮮戦争に従軍し、中国国境付近で中国兵と戦って、命からがら逃げてきたカリフォルニア出身の兵士が五人いた。家族や恋人のためにいかに勇敢に戦ったかを繰り返し聞かされたが、国のために戦ったという人がひとりもいないことに驚いた。キャンプに入るために日本人は身分証明書（パス）が必要で、キャンプ入口にはチェックポイント（検問所）が設けられていた。パスを示して出入りするたびに、小学生のころ大手門や五色沼周辺で自由に遊んだことを思い出し、敗戦の現実を苦々しく味わった」。

ちなみに、米軍が昭和二十五年に発行した地図によると、川内の検問所は現仙台国際センター前、仙台二高交差点、亀岡町入り口、天守台裏坂降り口の四カ所。

司令部で電話交換業務の職員だった泉区南光台、影山博さんは「司令部には連日のようにソ連から帰還した旧軍人軍属が呼ばれて、向こうの様子を聞かれていた」という。地図には載っていない重要施設もあったのだろう。青葉山には強力な

「キャンプ・センダイ」全景。このような占領軍施設の写真はほとんど残っていない（仙台市戦災復興記念館所蔵）

通信施設が設置された。

「キャンプ・センダイ」が完成すると、前の司令部、簡易保険局は172ステーション・ホスピタルとなった。朝鮮戦争で負傷した兵士が運ばれ、多いときには二百五十床に五百人以上が入院し、廊下にまでベッドが置かれたという。遺体安置所としても使われ、戦死した遺体を米国に送り届ける前にここできれいにする作業を日本人医師が高給で手伝ったという話も聞いた。

昭和二十七年の講和条約発効で全国に展開していた占領軍は次々引き揚げた。仙台の川内、原町苦竹キャンプが返還されるのはそれから五年後の昭和三十二年十一月十三日になってから。広範囲な担当区域を抱えた第九軍にはいろいろと残務整理もあったのだろう。仙台はわが国で最も遅くまで米軍が駐留した町となった。

東北大が移ってきた

青葉山、川内地区で最も広い土地を所有しているのは片平地区と同様、東北大である。教員二千六百余、学部、大学院生合わせて一万七千余を擁するわが国有数の国立大学は、川内のほか、仙台市内だけでも片平に本部、専門職大学院、研究棟、星陵に医学部と付属病院などを持っている。

川内キャンパスは南北ブロックに分かれ、北側は各学部の一、二年生が一般教養の授業を受けるための校舎群、南側には文学、教育、法学、経済学部の文系研究棟と、約二百五十万冊の蔵書を持つ付属図書館、開学百周年を記念して改修した川内萩ホールがある。萩ホールは最新の音響設備を導入し千二百三十五席。この奥に藩政時代からの自然林が残る東北大植物園が広がっている。

市地下鉄東西線川内駅はキャンパス内にあり仙台駅まで六分。直線距離で一キロほどの奥に自然科学系の諸学部、研究棟を集約した同大青葉山キャンパス、新キャンパスがある。

一般教養を四カ所で分散授業

米軍が使っていた川内地区を東北大が取得するまでには約二年を要している。同大は明治四十年（一九〇七）創立の帝国大学だが、戦後の学制改革で文部省直轄の旧制二高、仙台高等工業、県立の宮城女専、宮城師範、宮城女子師範を包摂し、新制東北大としてスタートした。

そこでさっそく問題になったのが一般教育と体育を主とする二年間の教養部の授業をどこでやるかだった。一カ所にまとめてやる校舎がない。富沢の旧制二高（文、法、理、農）、南六軒丁の仙台高工（経、理、工）、向山の宮城女専（文、法、農）、北七番丁の宮城師範（教育）で分散授業をすることになった。そうなると四カ所を回って講義をしなければならない教官がでてくる。学生も同じ学部でありながら顔も知らない状態が続いた。

昭和三十二年（一九五七）四月からは一般教養の授業が教育教養部を除き富沢に統合した。ここ

川内の東北大キャンパス（志賀）

は敗戦まで陸軍が幼年学校として使い、戦後は戦災に遭った旧制二高が移ってきた。富沢にほぼ一本化したのはよかったが、当時の富沢は市街地から離れた郊外で、交通は不便、市中心部に近い川内の「キャンプ・センダイ」は魅力ある場所であった。同大は、「川内地区を東北大に」と国有財産を管理する東北財務局に申請した。

自衛隊も県、仙台市もほしがった

米軍撤退後の川内地区をほしがっていたのは東北大だけではなく自衛隊も同様であった。陸上自衛隊第6管区総監部は昭和三十三年度予算に川内地区の補修費一億円を要求、防衛庁（現防衛省）はそのうちの三千万円を承認した。敗戦まで陸軍が使っていた場所だから、そういう思いが募るのは当然かもしれない。

これが報道されると河北新報には市民から「やっと米軍から返還されるのに、時を移さず自衛隊に独占されるのは悲しい」「杜の都、学都仙台として今度は東北大に一部を使用させたらどうだろうか」「東北大だけで使用するのではなく、勤労者の住宅、在仙各大学の寮、市民劇場、公園にしたら素晴らしい」などの反対意見が次々寄せられた。

このほかにも仙台城跡を中心に近代的公園構想を持つ仙台市、仙台空港の爆音に悩まされている国立玉浦療養所や県立聾学校の移転地として宮城県からも手があがり、「川内キャンプ奪い合い」と報道された。

東北大は「防衛庁が強敵」と見ていた。ところが防衛庁は市民から反対の声が大きいことを知ってか原町苦竹キャンプ（元東京第一陸軍造兵廠仙台造兵廠）の取得に軌道修正したので、最強の競争相手は消滅した。

東北財務局が間に入って、東北大、県、市の三者会談が何回も行われた。東北大植物園の設置は簡単にまとまったが、ほかはいろいろ異論が出て長引き、現在のかたちで決着するのは昭和三十二年（一九五七）十一月、キャンプが返還されるわずか二日前だった。最後まで難航したのは二の丸跡地の活用方法で、基本的に市が主張する市民広場として使用することが付帯条件となった。

学生が通過するだけの町か

川内には富沢と北七番丁から教養部が、片平からは文学、経済、法学、教育学部が移転して来た。占領軍が建てた司令部、体育館、教会、映画館、将校用宿舎、かまぼこ兵舎、焼け残った旧陸軍の兵舎など「キャンプ・センダイ」の大部分はそのまま残っていたので新校舎ができるまではそれらを使って授業や研究が行われた。

当時文学部（考古学）の学生だった元明成高校校長小島信弥さんは「将校用宿舎が私たちの研究室に充てられた。広い家で、バス・トイレは二階にあり、水洗トイレの使い方を誰も知らない。先輩がどこかから知識を仕入れてきて使い方を教えてくれた」。新校舎建設と並行してこれら軍の施設は解体された。

一世紀の歴史がある東北大は仙台市民にとって浅からぬ因縁がある「私たちの大学」である。ところが最近は「仙台にありながら仙台の大学ではない」との声が聞こえてくる。平成二十六年度、大学院理系修士課程就職者のうち宮城県に残った

大橋から眺めた公園センターの完成イメージ。広場の奥に旧片倉邸を一部再現する

のはわずか五・二%、六十二人に過ぎず、産業の創出に不可欠な頭脳の九割以上が県内を離れて行った。他の学部、大学院でも共通した傾向が見られ「学都仙台とは、研究室があり、学生が通過するだけの町なのか」との意見を多くの人が持っている。

公園センターに武家屋敷を再現

川内は東北大のほか、仙台二高、宮城県美術館、仙台市博物館、仙台国際センターが点在する文教地区である。県美術館は昭和五十六年（一九八一）の開館で、従来の観賞中心の美術館とは異なり、創作活動を重視したのが特徴。市博物館は仙台城三の丸跡地に同三十六年開館し、美術館ともども数々の特別展を開催している。それだけではなく、仙台城跡に近い観光地であり、緑にあふれ、広瀬川のせせらぎが聞こえる散策地でもある。

陸軍の訓練場、射撃場があった追廻地区は戦後、戦災者や引き揚げ者の住宅となったが、青葉山公園のうち、公園センターとして装いを一新する。仙台市の計画では地区全体を仙台城の「御裏林」に対して「オモテ林」と位置付け、約一万坪の敷地に白壁調の塀を配した仙台藩の重臣・片倉家の屋敷の一部を再現することになっている。

青葉山開拓地の苦悩

伊達政宗騎馬像が立つお城の裏手に青葉山の森林が広がり、東北大と宮城教育大の建物群が緑を邪魔しないように点在している。東北大青葉山キャンパスには自然科学系の工学部、理学部、薬学部と複数の研究施設が集約され、このうち工学部は全学生の三分の一を占めるマンモス学部。ノーベル化学賞受賞者の田中耕一さんも電気工学科で学んだ。

隣接する旧県有地八一・四㌶には平成二十九年(二〇一七)、農学部が青葉区堤通雨宮町から移って来た。青葉山新キャンパスと呼ばれる。新キャンパスには、国内初の次世代型放射光施設を官民共用で建設することが決定しており、二〇二三年度から運用を開始する予定。何度聞いても難しくて理解できないが、新素材や燃料電池、新薬開発など幅広い分野に活用できる最先端の分析拠点になるのだという。近くに地下鉄東西線の青葉山駅がある。

接収解除が一転、また接収

藩政時代、青葉山は仙台藩の御裏林として何人も立ち入り禁止の場所であった。城のすぐそばということだけでなく、出羽（山形県）に向かう避難路が通っていたし、城で使う水の水源地でもあった。竜ノ口峡谷を挟んで城と隣接する越路山（現八木山）一帯も防衛上の理由から藩の所有地で、山守を複数置いて侵入者を警戒した。

江戸のころ藩の武術演習地として使われた青葉山は明治になると陸軍用地になり、「工兵山」と呼ばれて各部隊の訓練地になった。敗戦直前の昭和二十年（一九四五）食糧難に苦しむ軍は競って青葉山に畑をつくり野菜を栽培した。最も成育が良かったのは軍馬をたくさん所有していた輜重（しちょう）隊だったという。馬糞は当時、貴重な肥料だった。

敗戦後、川内、青葉山の陸軍用地は米軍に接収される。と、どういうわけか青葉山の部分だけが間もなく返還される。政府は海外からの引き揚げ者など三十八戸に七十五㌶を開放、入植させた。亀岡地区へ通じる道路の建設も決まり、「交通は便利になるし、一戸当たり約二㌶の土地を開墾するぞ」と張り切っていた矢先の昭和二十二年二月、米軍は突然、「前の話は無効」と青葉山一帯を再接収し、通信施設をつくってしまう。米軍は超法規的存在だったので誰も反対できなかった。

開拓者は米軍施設と同居するかたちで一戸平均〇・八㌶の耕地に野菜を栽培した。電気、ガス、水道はなく、天秤（てんびん）にバケツをつけて沢から水をくみ上げる毎日だった。ジャガイモは土質が良くて長町の青果市場では高く売れたという。

ゴルフ場、次は東北大、宮城教育大

昭和三十二年（一九五七）、駐留していた米軍が仙台から撤退し、土地は日本政府に返還される。「今度こそ」と開拓者は期待した。ところが地元財界は返還を見越して青葉山の一〇〇㌶にゴルフ場建設を計画し、実現濃厚となっていた。開拓者の要望で当時の大沼知事があっせんに入り一一〇・二ヘクタルは開拓用地に、九一・九ヘクタルはゴルフ場用地にすることが決定する。

　これで一段落と思ったら、同三十七年、東北大が青葉山を大学用地に希望していることが判明する。開拓者側は猛反発し、国有財産を管理する東北財務局が県、東北大などと再三協議を続けた結果、二十九戸の開拓者一戸当たり二ヘクタルの代替地、総額二億三千万円の補償金―を支払うことで合意した。

　一難去ってまた一難、今度は新設予定の宮城教育大から青葉山に校舎を建てたいと希望が出される。それまで県内の教員養成は東北大教育学部が担っていたが、独立した国立の学芸大学がほしいと県民から要望が出され、県議会も一致して運動を展開した結果、敷地の問題さえ解決すれば昭和四十年度にも開学可能となった。

　そうなると開拓者への代替地提供はもはや難しい。開拓者側と県の交渉がぎりぎりまで続けられ、同四十年一月①青葉山西南の国有林を代替地として提供②移転補償費は総額二億三千万円③離農者には宅地を提供する―ことで解決した。二十戸は離農、九戸は国有林を取得したり青葉山に再入植したりで農業を続けることになった。

　開拓者の先頭に立って大蔵省（現財務省）、外務省、宮城県などと長い間交渉を続けた大場三郎さん（大正十三年生まれ）は『青葉山開拓回想史』（私家版）を残している。それを読むと中央官庁に何度も陳情に行き、相手に会うため六時間も待たされたこともあった。東北財務局、県との交渉には何回も臨んだ。昭和三十九年（一九六四）九月には県側の不誠意をなじり県庁副知事室で「国や県は何度だませば気が済むのだ。これではおれについてきた人たちに申し訳ない。おれは戦争の生き残りだ。死んで皆におわびする」と持っていたジャックナイフで割腹自殺を図り二十四針縫うけがをする事件も起きている。

モミ、コナラ、松など二つの植物林

　青葉山には昔のままの森林がまだ残っている。東北大青葉山植物園（電話022―795―6760）がその一つ。川内から青葉山にかけての丘陵地四九ヘクタルにモミの美林やコナラ、松など約七百種の木々が茂る。園内では湿地帯、最上古道、望洋台、沢道をたどる、モミノキ道、カタクリ道、見晴らし坂などいろいろの見学コースがある。昭和四十七年（一九七二）国の天然記念物に指定された。

もう一つは、宮教大付近から三居沢までの仙台市都市公園青葉の森緑地である。明治時代、仙台市が小学校基本植林山を経営するため三居沢発電所を経営していた宮城紡績電灯会社から買収した土地で、広さは一一四ヘクタル。六・六キロの遊歩道の周囲にはヒノキ、杉、アカマツ林が林立し貴重な植物や野鳥、動物が見られる。「青葉の緑を守る会」は二、八月を除く毎月第二日曜日、約二時間コースで視察会をしている。

モミ、コナラなどの木々が茂る東北大の植物園（村上）

青葉山と八木山は深さ七十メートルの竜ノ口峡谷によって隔てられ、遠く離れた印象を持つが、実は徒歩で行き来できる。市民団体「青葉山・八木山フットパスの会」は平成三十年六月、両地区の散策マップ「青葉城奥の細道」を作成、地下鉄駅を起点にして自然や地質、歴史など地域の魅力を体験してもらおうと活用を呼び掛けている。駅を起点に八コースがあって、距離は一・二〜四・七キロ、時間にして五十分から二時間十分程度。初級「青葉の森・金剛沢コース』、中級『亀岡八幡コース』などがある。

同会事務局の内山隆弘さんらが実際現場を歩き、歴史や地質などに詳しい人から話を聞くなどして両地区の鳥瞰（ちょうかん）図を作成した。

このほか、東北大青葉山キャンパスには同大理学部自然史標本館があり、同大大学院生が平成十一年（一九九九）に竜ノ口峡谷で発見したクジラの頭部から胸までの複製模型化石や、恐竜の全身骨格模型、動植物の化石、鉱物など約千二百点を公開している。

青葉山は市民誇りの山

青葉山を愛して止まない人のひとりに宮城教育大、高橋宏明元教授がいた。この山にはなにかと縁のある方で、終戦間際の昭和二十年、徴兵により仙台の師団に入営すると、米軍の本土上陸作戦に備え「工兵山」で訓練を重ねた。七月十日の仙台空襲の夜は軍馬とともに青葉山に避難して、猛火に包まれる仙台中心部や川内の兵舎を眺めながら一夜を過ごしている。

終戦後、高橋さん一家は朝鮮から引き揚げてきて青葉山に入植する。高橋さんは和歌山県で教職に就いていたが、親孝行したいと青葉山の家族のところに移り、宮城県内の高校、短大で教える傍ら開拓を手伝い、後に宮城教育大に勤務する。

「青葉山に居を移したのは自然に対する愛着があったからで、自然に触れる喜びは十分満たされました。自然の営みは興味深く、草木や虫、小鳥たちの語る自然界の物語にはすごい魅力があります。それを求めて人々がやってくる。いこいの山、散策の道、自然が息づく青葉山一帯は仙台市民誇りの山です」。

おわりに

道路を歩いていると後ろから来た人に追い越されることが多くなった。横断歩道を全力疾走してもそれは同じ。七回目の「戌（いぬ）年」を迎えた老残の身であるから、まあ、こんなものだろう。

最近、かつての常識が、常識として通じなくなったように思う。誰が悪いのでもない。これが時の流れというものか。仙台の近現代史に興味を持ち始めた三昔前、市電はもう走っていなかったが、誰でも市電の思い出は持っていた。かなり風化したにしろ、仙台の町が米軍機の空襲で焦土と化したことを多くの人が知っていた。今、その話をすると「へぇー、仙台にも市電があったんだ」とか、「このきれいな街が焼け野原になったことがあるんですか。想像もできない！」と驚きの声が返ってくる。

戦後生まれが全体の八割を超え、しかもよその土地から移ってくる人の多い町である。そのうちに本書で扱った「国鉄長町貨車操車場」や「X橋」、ルネサンス式の優雅な「前の県庁舎」や、消滅寸前の「屋台」のことなど分からなくなる日がくるに違いない。だからこそ私たちの住むこの町の履歴や歴史文化遺産、伝統、風土などを書き残す意味があると思っている。

仙台の歴史のなかでも最大の事件は、あの太平洋戦争である。たくさんの人が亡くなり、傷つき、家を失った。そのことは以前、『七月十日は灰の町――仙台空襲と戦争中のこと』（河北新報出版センター）で書いたことがある。特に極限状態に達したのが敗戦の年、昭和二十年（一九四五）で、戦場も銃後もなく「一億総特攻」を合言葉に、腹をすかし、空襲の恐怖におののいたものだった。そして敗戦、占領。その年、私は今でいう小学生だったが、戦争体験者の端くれとして「敗戦の年の仙台、宮城県」といったものを早急にまとめ、戦争の恐ろしさ、平和のありがたさを知ってもらいたいと思っている。史上初の米朝会談で、戦争がいつ起きても不思議ではない状態から、すぐには戦争が起きそうにない状態になったのはいいことだが、世の中どう変わるか予測はつかない。

六年余にわたり挿絵をお願いした日展会友、絵の恩師でもある小﨑隆雄先生は平成二十七年九月、八十六歳で他界された。常に現場主義に徹し、病を押して訪れスケッチに没頭していた姿は忘れられない。今回も先生の作品をたくさん掲載した。ゆっくり味わっていただきたい。

ほかにも、直接ご指導いただいた「仙臺文化」発行人渡邊慎也氏、「四ツ谷用水」の佐藤昭典氏、「おてんとさんの会」の富田博氏、仙台郷土研究会伊勢民夫氏の訃報が相次いだ。あらためて弔意を表し、お礼を申し上げます。

出版に際して河北仙販「ひまわり」編集部の皆さん、河北新報出版センターの大和田雅人常務、水戸智子さんには大変お世話になった。ありがとうございました。五十五年間、支えてくれている妻弘子にも感謝。

石澤　友隆

主要文献

「仙台市史」「仙台市史特別編・市民生活、地域史」「宮城県史」「宮城県百科事典」（河北新報社）「宮城県郷土史年表」（菊池勝之助、宝文堂）「河北新報」「仙台郷土研究」「仙臺文化」

【仙台万華鏡】「仙台屋台史」（村上善男、駒込書店）「仙台市立病院五十五年のあゆみ」「同七十年記念誌」「さよなら昭和の殿堂　旧宮城県庁舎の記録」（宮城県）「土井晩翠──栄光とその生涯」（土井晩翠顕彰会、宝文堂）「蛍の光と稲垣千頴──栄国民的唱歌と作詞者の数奇な運命」（中西光雄、ぎょうせい）「唱歌・童謡ものがたり」（読売新聞文化部、岩波書店）

【仙台美人論】「秋田美人の謎」（新野直吉、中公文庫）「美人諸国話」（小沢昭一、PHP研究所）「仙台人気質」（石沢友隆、河北新報出版センター）「河北新報の百年」「幕末明治　美人帖」（ポーラ文化研究所編、新人物往来社）「宮城の女性」（中山栄子、金港堂）

【X橋は見た】「駅東口・仙石線沿線かわりゆくまち」（地元学の会編）「地元学」（新しい杜の都の都市づくり宮城野区協議会）「宮城県警察史」「みやぎ聞き書き村草子、第八巻」「旧第二師団軍事施設配置に関する歴史的研究」（加藤宏）「歩兵第四聯隊史」「仙台空襲」（仙台『市民の手でつくる戦災の記録』の会編、宝文堂）「宮城県の空襲略記（上下）」（新関昌利）「七月十日は灰の町」（石沢友隆、河北新報出版センター）「仙台とっておき散歩道」（西大立目祥子、無明舎出版）

【ＮＨＫ東北うたの本】「『東北うたの本』と戦後の子ども」（和歌山大嶋田由美教授）「仙台放送局『東北うたの本』の音楽文化史的意義に関する研究」（学習院大嶋田由美教授）「私の『とうほくうたのほん』」（潮田久子、日本文学館）「とうほくうたのほん」（全五巻、ＮＨＫ仙台中央放送局）「おてんとさん会報」「おてんとさんの世界展みやぎの子どもにみやぎの歌を～」（仙台文学館）

【広瀬川の岸辺】「宮城町史」「廣瀬川の歴史と傳説」（三原良吉、宝文堂）「歴史探訪・関山街道を歩く」（平川新編集、東北建設協会）「青葉区宮城地区雑記控え」（宮城地区郷土史探訪会）「広瀬川ハンドブック」（仙台市都市総合研究機構）「癒しの微笑み　東北のこけし」（高橋五郎、河北新報出版センター）「写真集広瀬川の四季」（小野泰正ほか、河北新報社）「仙台市水道局五十年史」「仙山線物語」（仙山線物語編集委員会）「鉄道建設物語――盛岡工事局六十年の歩み」「歩いて確かめた昔」（佐藤達夫）「週刊文春」「もうひとつの広瀬川」（佐藤昭典）「四ツ谷堰物語」（新関昌利）「宮城県の歴史」（高橋富雄、山川出版）「文明開化は長崎から」（広瀬隆、集英社）「杜の都の名木・古木」（仙台市百年の杜推進課）「水力発電は仙台から始まった」「仙台はじめて物語」（いずれも逸見英夫、創童舎）「八幡町の歴史と町人文化」（青葉区八幡町研究会）「忘れかけの街・仙台」（河北新報出版センター）「片平地区平成風土記」（片平地区連合町内会他編集）「骨が語る日本史」（鈴木尚、学生社）「仙台市制八十八年あれこれ」（仙台市、宝文堂）「仙台・川と橋の物語」（関根一郎、創栄出版）「根岸橋と南岸の歴史」（三原良吉）「せんだい市史通信」「河原町界隈物語」（若林区役所）「宮城庶民伝」（ＮＨＫ仙台放送局編、日本放送協会）「第二高等学校史」「東北学院の歴史」（東北学院）「流行歌『ミス・仙台』」（石沢友隆、河北新報出版センター）

【青葉山、川内四代記】「仙台城歴史散歩」（宮城文化協会）「名城をゆく・仙台城」

（小学館）「東北大学百年史」「東北大学五十年史」「東北大100年——学び究めて」（河北新報社編集局編、東北大出版会）「宮城県戦後開拓史」（県農政部農地開発課）「政宗と御裏林」（渡邊洋一、八木山まち物語）「青葉山散歩」（高橋宏明、あづま書房）「植物園に行こう」（東北大出版会）「青葉山自然観察ガイドブック」（青葉の緑を守る会）「青葉城奥の細道」（青葉山・八木山フットパスの会）

【著　者】石澤　友隆（いしざわ・ともたか）

昭和9年、仙台市出身。仙台高、早稲田大卒。河北新報社で長いこと記者生活を送り、平成6年3月、広報局長を最後に定年退社。後に河北リサーチ・センター社長。現在河北・TBCカルチャーセンター講師。

著書に『八木山物語』、『流行歌「ミス・仙台」』、『七月十日は灰の町――仙台空襲と戦争中のこと』、『「仙台人」気質』（いずれも河北新報出版センター）、共著に『北上山地に生きる』（勁草書房）、『鉱山の息――三菱細倉じん肺裁判運動の歩み』（細倉じん肺訴訟終結5周年記念誌編集委員会編）、『八木山まち物語』、『柏木界隈物語』など。

【挿　絵】小崎　隆雄（こさき・たかお）

昭和4年、宮城県登米市出身。東北大卒。宮城県内の小中学校、仙台市教委、県教委に勤務、市教委指導課長、長町小学校長を歴任。日展入選20回、日展会友、日洋会運営委員、河北美術展参与、宮城県芸術協会参与。平成27年9月死去。

【挿　絵】志賀　一男（しが・かずお）

昭和10年、福島県相馬市出身。東北大卒、岩沼市にアトリエ開設。日展入選20回、日本水彩画展、河北美術展などで多くの入賞歴がある。日展会友、日洋会評議員、宮城県芸術協会評議員、河北美術展参与。平成28年まで宮城水彩画会会長。

【挿　絵】村上　典夫（むらかみ・のりお）

昭和3年、仙台市出身、宮城師範、法政大卒、仙台市内の小中学校で教鞭を取り、平成元年3月、仙台市東六番丁小学校教頭を最後に定年退職。宮城水彩画会参与、宮城県芸術協会絵画部運営委員。地域紙「柏木界隈物語」を活用して街を元気にする会会長などを務めた。

石澤友隆の著作

『八木山物語』

江戸時代、仙台藩の防衛林だった越路山（現在の八木山）を買い取り、昭和初期、私費で山に２本の幹線道路と、ベーブ・ルースがホームランを打った野球場や公園、運動場をつくり、そっくり宮城県に寄付した仙台の富豪・八木久兵衛の２代にわたる物語。国民病と言われ死亡率の高かった結核患者を少しでも減らそうという社会奉仕だった。戦後の八木山宅地開発、市動物公園や市野草園、東北工大、TBC 東北放送、仙台赤十字病院など山にある諸施設誕生の歴史もたどった。

『流行歌「ミス・仙台」―― 郷土・仙台の近現代史散歩』

昭和初期から戦後にかけて、市民歌のように愛唱された流行歌「ミス・仙台」は謎の多い歌である。作詞は西條八十ではなく、地元の新聞記者とする説や、この歌が戦時中から戦後にかけて「仙台音頭」という別の名前で歌われていたのはなぜだろう。このほか「市民が愛した仙台四郎」「賊軍にされた戊辰戦争」「東北帝国大学の誕生」「大正時代の仙台を歩く」「進駐軍の命により」。短編として「明治のころの競馬場」「仙台と２・26 事件」などを収録。

『七月十日は灰の町 ―― 仙台空襲と戦争中のこと』

太平洋戦争中の３年８カ月間、日中戦争を含めると８年間、仙台はもちろん、宮城県に住んでいた人たちはどのような戦時下の暮らしをしていたかを克明に調べた。戦争は、開戦当初、東南アジアに点在する米英オランダの植民地を占領する勢いだったが、米軍の反撃により国の一部沖縄県も占領され、全国の都市の大半は空襲によって破壊された。仙台も例外ではなかった。本の題名は仙台空襲を予告する米軍のビラの文面、「仙台よい町森の町　七月十日は灰の町」から採った。

『よもやま探訪記「仙台人」気質』

仙台生まれ、ほぼ仙台育ちの筆者は、この町が自慢の町だった。社会人になって他県の人たちと付き合うようになると、仙台人はあまり好感を持たれていないのではないかと感じるようになる。「仙台人の住んだあとにはぺんぺん草も生えない」と悪口を言われていることも知った。そこで「仙台人気質」とは、を考えたのが本書である。このほか「亜炭と仙台」「仙台市電の半世紀」「東日本大震災」「古い顔の歌とその周辺」、短編として「横綱谷風のトイレ」「仙台時代の島崎藤村」など。

仙台を探訪する55話
—政宗さんは美男子でやさ男

発行日　2018年12月13日　第1刷
　　　　2020年　6月27日　第2刷
著　者　石澤　友隆
発行者　佐藤　　純
発　行　河北新報出版センター
〒980-0022
仙台市青葉区五橋1丁目2-28
河北新報総合サービス内
TEL　022-214-3811
FAX　022-227-7666
https://kahoku-ss.co.jp
印　刷　笹氣出版印刷株式会社

定価は表紙カバーに表示してあります。乱丁·落丁本はお取りかえいたします。
ISBN978-4-87341-380-8
日本音楽著作権協会（出）許諾 第1812181-801号